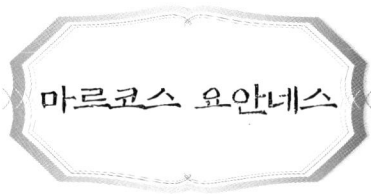

제2권

마르코스 요한네스 제2권

초판인쇄 2011년 6월 7일
초판발행 2011년 6월 11일

지은이 김 성 일
발행인 박 경 진
펴낸곳 도서출판 진흥

주소 (130-812) 서울특별시 동대문구 신설동 104-8
전화 영업부 2205-5113 편집부 2230-5155
팩스 영업부 2205-5112 편집부 2230-5156
전자우편 publ@jh1004.com
홈페이지 www.jh1004.com
ISBN 978-89-8114-364-0
ISBN 978-89-8114-362-6

정가 / 11,000원

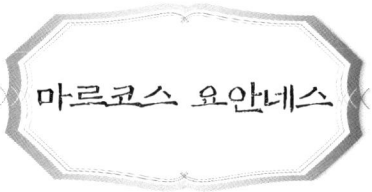

김성일 신작 장편소설

제2권

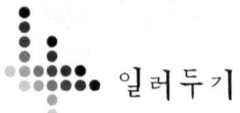 일러두기

1. 이 소설에 나오는 인명과 지명 중 유대 쪽의 것은 대부분 개역 한글판 성경의 표기를 따랐으나 헬라적 의미가 강한 이름은 헬라어 발음을 따랐음.
   (예: 마가 요한 → 마르코스 요안네스)

2. 신약 성경의 원문에서 헬라어로 표기된 이름도 로마적으로 사용된 이름은 로마식으로 표기했음.
   (예: 로마 시민권을 가진 파울로스 → 파울루스)

3. 한글 개역 성경에서 편의상 두음 법칙을 썼던 이름은 본래대로 바로잡았음.
   (예: 나사로 → 라사로)

4. 이 소설의 소재는 신·구약 성경을 바탕으로 하고, 요세푸스의 '유대고대사' 유세비우스의 '교회사' 그리고 외경 '베드로 행전'과 야고부스 데 보라기네의 '황금전설'을 참고로 했으나, 이미 발표된 기타 공식 자료에 없는 인물이나 사건은 모두 소설의 극적 구성을 위해 사용한 필자의 픽션임.

소설 '마르코스 요안네스' 관련 연표

AD 30	예수 그리스도의 고난과 부활
AD 37	카이우스 황제 즉위
AD 41	클라우디우스 황제 즉위
AD 47-48	파울루스의 1차 전도 여행
AD 49	예루살렘 공회
AD 50-52	파울루스의 2차 전도 여행
AD 53	파울루스의 3차 전도 여행 출발
AD 54	네로 황제 즉위
AD 58	파울루스, 예루살렘에서 체포됨
AD 60	파울루스의 로마 도착
AD 62	야고보의 순교
AD 63	파울루스 석방
AD 64	로마 대화재
AD 67	파울루스 재투옥, 순교
AD 68	페트로스의 순교, 네로 자살, 갈바 황제 즉위
AD 69	오토, 비텔리우스, 베스파시아누스 황제 즉위
AD 70	예루살렘 함락

등장인물 소개

마르코스 요안네스	복음서 '카타 마르콘'의 저자
아폴로스	마르코스의 친구
게메로스	마르코스의 친구
율리아	수리아의 보안대 요원
아레스	아폴로스의 조카
로데	마르코스의 모친 마리아의 양녀
페트로스	나사렛 예수의 세사
파울루스	율법학자에서 회심한 이방 전도자
바나바	마르코스의 외삼촌
루카스	필립포이 출신의 의사
마태오스	나사렛 예수의 제자
요한	나사렛 예수의 제자

마르코스 요안네스

  감람산에 있는 이드란의 묘소를 확장하여 야고보의 시신을 장사한 후 남은 제자들과 집사들은 다시 마르코스의 집 다락방에 모여 감옥에 갇혀 있는 게바를 위해 기도하기 시작했다. 그 다락방은 제자들이 위험에 처했을 때마다 피신한 곳이었고 오순절의 기적이 일어났던 장소이기도 했다.
  "교회의 역사를 끝내려 하십니까?"
  다락방의 기도에 참여하지는 않았으나 마당 한 귀퉁이에서 마르코스는 밤하늘을 바라보며 그렇게 중얼거렸다. 나사렛의 예수는 반석, 즉 게바 위에 교회를 세우리라 했고 천국의 열쇠를 게바에게 준다고 했다. 그런데 이제 그 게바가 잡혔고 애절한 기도 소리만 밤하늘에 울려 퍼졌다.
  "당신의 뜻은 무엇입니까?"
  게바가 갇힌 감옥을 네 명으로 된 네 개의 경비조가 삼엄하게 지키고 있었다. 때가 마침 무교절 기간이므로 절기가 끝나면 그를 백성들 앞에 끌어내어 처형하려는 것이었다. 그것이 바로 내

일이었다.

"세바스테와 다메섹과 안티오키아……"

그의 목소리는 불만으로 가득 차 있었다.

"그 교회들은 어찌 하구요?"

마르코스는 아그립바 왕을 만나기 위해 그가 동원할 수 있는 모든 인맥을 끌어들여가며 애를 썼다. 그러나 아그립바에게로 연결된 모든 경로는 다 막혀 있었다. 밤 하늘을 바라보고 있던 그는 길게 한숨을 내쉬며 방으로 들어갔다. 그러나 방 안에 들어가서도 그는 잠을 이루지 못했다.

"나사렛 예수의 꿈은 여기서 끝나는가."

철학과 수학으로도 채울 수 없는 텅 빈 인간의 가슴을 메워줄 것으로 기대했던 예수의 꿈이 무너져 내릴지도 모른다는 상념에 시달리면서 그는 밤새 몸을 뒤척이고 있었다.

"……?"

누군가 문을 두드리는 소리가 들린 것 같았다.

"이 밤중에 누구지?"

그 소리는 계속해서 들려왔다. 이어 신발 끄는 소리가 대문 쪽으로 다가갔다.

"누구세요?"

그렇게 묻고 있는 것은 로데의 목소리였다.

"나다."

문 밖에서 대답하는 소리가 들렸다. 마르코스는 깜짝 놀랐다. 그것은 게바의 음성 같았던 것이다. 헤롯궁의 감옥에 갇혀 있을 게바의 음성이 성벽 근처까지 날아와 마르코스의 집까지 이르렀을 리가 없었다. 그러자 뒤이어 다락방으로 뛰어 올라가는 로데의 발소리가 들렸고 그 목소리도 들렸다.
"게바님이 오셨어요."
다락방의 문이 열리고 기도하던 사람들이 모두 몰려나오는 것 같았다.
"그게 무슨 말이냐?"
"네가 지금 헛소리를 하고 있구나."
그러나 로데의 목소리는 단호했다.
"아뇨, 정말이에요. 게바님이 오셨다구요."
예수가 다시 살아났다는 소식을 들었을 때처럼 누군가 말했다.
"혹시 게바의 영이 왔는가?"
사람들이 웅성거리며 모두들 밖으로 몰려나올 때 마르코스도 더 이상 방 안에 머물러 있지 못하고 밖으로 나섰다. 그의 모친 마리아가 급히 달려나가 대문을 열자 정말 게바가 문 밖에 서 있었다.
"게바님……"
그러자 게바가 어쩔 줄을 모르는 마리아와 동료들에게 손짓을 했다.
"조용히들 하시오."
게바는 모두와 함께 다락방으로 올라갔고 마르코스도 그들을 따라 들어갔다. 게바는 우선 형제들 가운데서 요한을 찾아 그의 손을 잡았다.
"야고보의 일로 상심이 크겠지?"

"스테파노스에 이어 주님의 나라를 위한 두 번째 영광을 얻은 것이지요."

"장사는 잘 치루었나?"

"감람산에 있는 마르코스 집안의 묘에 장사를 했습니다."

"어머니는 어디 계신가?"

"지금 베다니에 계십니다. 그런데 게바님은 어떻게 된 것입니까? 아그립바가 놓아 주었습니까?"

"주님께서 놓아 주셨다네."

"뭐라구요?"

게바는 형제들을 한 번 더 둘러보고 나서 자신이 감옥에서 나오게 된 경위를 그들에게 설명하기 시작했다.

"내가 두 명의 경비병 사이에서 두 개의 쇠사슬에 매인 채 누워 자고 있었는데 갑자기 옥 안이 환해지더니 천사가 나타났소. 그리고 내 옆구리를 쳐서 깨우며 급히 일어나라고 말했소."

사람들이 입을 다물지 못하고 있을 때 그가 말을 이었다.

"내가 보니 쇠사슬은 어느새 두 손에서 다 벗어졌는데 천사가 또 말하기를 '띠를 띠고 신을 신으라' 하여 그대로 하자 겉옷을 입고 나를 따라오라고 하더이다. 나는 그를 따라 가면서도 꿈을 꾸고 있는 줄로 알았소."

"지키던 경비병들은요?"

"그들은 무슨 일이 일어났는지도 알지 못한 채 그대로 서 있었지. 첫째와 둘째 초소를 지나 성으로 통하는 철문에 이르자 문은 저절로 열렸고 문을 나와 한 거리를 지나자 천사는 사라졌소이다."

"오, 주여……"

"나는 비로소 정신을 차리며 깨달았소. 주님께서 그의 천사를 보내 나를 헤롯 아그립바의 손에서 벗어나게 하신 것과 우리를 미워하는 유대인들의 모든 박해로부터 빠져나오게 하신 것을 알게 되었던 것이오."

"주여, 감사합니다."

게바는 그들에게 다시 말했다.

"내가 사라진 것을 알게 되면 그가 혈안이 되어 찾을 것이니 아무래도 당분간 예루살렘을 떠나 있어야 할 것 같소. 또 나뿐 아니라 주님의 당대 제자였던 분들도 일단 피신을 하는 것이 좋을 것 같소이다."

게바의 아우 안드레가 입을 열었다.

"형님께서 무사히 나오셨으니 이제 저도 예루살렘을 떠나겠습니다."

"어디로 갈 생각이냐?"

"폰투스를 지나 북방으로 가보려구요."

그 말을 듣고 가룟 유다의 빈자리로 들어온 맛디아가 말했다.

"저는 남쪽으로 가겠습니다."

"남쪽이라면?"

"에티오피아 쪽으로요."

"안드레와 맛디아뿐 아니라 사도들은 모두 예루살렘을 떠나는 것이 좋을 것 같습니다. 어디로 갈 것인가는 각자가 주님과 상의하십시오."

게바가 다시 좌중을 둘러보며 물었다.

"주님의 아우이신 야고보 형제는 지금 어디 계시오?"

안드레가 대답했다.

"베다니를 지키고 계십니다."

"우리가 예루살렘을 떠나 있는 동안 아무래도 야고보님께서 예루살렘 교회를 맡아 주셔야 할 것 같은데 여러분의 생각은 어떻소?"

사도들이 모두 피신한 후의 예루살렘 교회를 이끌어가기 위해서는 그들에 못지않을 정도로 권위 있는 인물이 필요했다. 나사렛 예수의 아우라는 명분은 충분히 형제들을 순복하게 할 수 있을 것 같았다.

"그게 좋겠군요."

그러자 요한이 자신의 의견을 덧붙였다.

"주님께서 십자가에 달려 계실 때 저에게 그 모친을 저의 어머니처럼 모셔달라고 당부하셨습니다. 아그립바 왕이 크게 주님의 모친을 표적으로 삼을 수도 있으니 그분 역시 예루살렘을 떠나 계시게 하는 것이 어떻겠습니까?"

게바가 그에게 물었다.

"마리아님은 지금 어디 계시오?"

"역시 베다니에 계십니다."

"마리아님을 어디로 모시면 좋겠소?"

그들의 의논을 듣고 있던 마르코스가 생각해 두었던 것을 말했다.

"지금으로서는 안티오키아가 제일 안전할 것 같습니다."

수리아 총독이 주재하는 안티오키아는 헤롯 아그립바가 손댈 수 없는 곳이었다.

"그게 좋겠군요."

게바가 요한을 바라보았다.

"그러면 요한 형제는 지금 곧 베다니로 가서 마리아님을 모시고 안티오키아로 출발해 주시오."

"그렇게 하겠습니다."

"요한 형제의 모친은 어떻게 하실 것인지 의향을 여쭤 보시오. 두 아드님 중 하나를 잃고 슬픔에 잠겨 계실 텐데 안티오키아로 함께 가실 것인지, 아니면 베다니에 그냥 남아 계실 것인지."

"여쭤 보겠습니다."

의논을 계속하는 제자들의 눈에 다시 생기가 돌고 있었다. 나사렛의 예수는 그가 반드시 다시 올 것이며 그 전에 환난이 있으리라고 예고했다. 환난과 박해가 계속되는 것으로 보아 어쩌면 그들의 스승인 나사렛의 예수가 머지않아 다시 올지도 모른다는 소망이 싹트기 시작했던 것이다.

마르코스 요안네스

날이 새기 전에 안드레는 북쪽으로, 맛디아는 남쪽을 향해 떠났고 게바도 열심당 출신의 시몬과 다대오를 데리고 서둘러 예루살렘을 벗어났다. 게바와 시몬은 파르티아 쪽으로 갈 예정이었고 다대오는 나다나엘이 먼저 가 있는 아르메니아로 갈 생각이었다.

"마르코스, 우리 때문에 공연한 걸음을······."

세바스테까지 함께 가겠다며 따라나선 마르코스와 아레스에게 게바가 그렇게 말하자 그는 고개를 저으며 대답했다.

"어차피 세바스테 쪽에 볼일이 있었거든요."

"볼일이라고?"

"사마리아 지역의 판매망을 새로 만들려고 합니다."

게바가 고개를 끄덕였다.

"그 쪽도 기근이 시작되었지."

"이럴 때 곡물상은 한 몫 보는 거죠."

"가난한 자들과 굶는 자들을 외면하지는 말게."

"율법에 어긋나는 일은 하지 않습니다."

"그래야지."

사무엘의 고향인 라마를 지날 때 날이 밝았고 야곱이 하늘의 문을 보았던 벧엘에 이르렀을 때에는 해가 이미 중천에 떠 있었다. 그들이 잠시 버드나무 그늘에서 쉬고 있을 때 다대오가 그들이 오던 길을 바라보다가 말했다.

"저기 나귀를 이끌고 오는 사람이……"

시몬이 그 말을 받았다.

"요한 같은데."

"나귀 위에 앉은 분이 주님의 모친일 것 같군요."

"걸어오는 두 여인은 누구지?"

그들은 요한의 모친 살로메와 막달라의 마리아였다. 경호를 맡은 크라투스도 그들과 동행하고 있었다. 게바가 일어나 먼저 예수의 모친 마리아에게 인사하고 야고보와 요한의 모친인 살로메 앞에 섰다.

"주님의 위로가 함께 하시기를 바랍니다."

"걱정 말게, 내 소원대로 되었으니."

"네?"

"자네도 알고 있었지? 나의 두 아들을 주님의 좌우편에 앉게 해달라고 내가 그분께 부탁드린 적이 있었거든."

"아……"

그녀가 나사렛 예수에게 두 아들을 높은 자리에 앉게 해 달라고 당부했던 것은 공교롭게도 그가 자신의 죽음과 부활에 대하여 세 번째로 예고한 직후였다. 당시 그 사실을 알게 된 다른 제자들은 모두 그녀를 못마땅하게 생각했었다. 요한이 멋쩍어 하며 당시의 일을 털어놓았다.

"실은 내가 어머니께 그렇게 말씀드려 달라고 졸랐었지."

그의 모친이 손을 내저었다.

"어쨌든 이렇게 먼저 데려가셨으니 주님께서 내 소원을 들어주신 거야."

그녀는 씁쓸하게 웃었다.

"그래도 하나는 그냥 놔두시면 좋겠는데."

예수의 모친 마리아가 그녀를 슬픔으로부터 떼어 놓기 위해 화제를 돌렸다.

"모두들 걷는데 나만 나귀를 탔네."

마르코스는 일행이 예루살렘에서 조금이라도 더 빨리 멀어지도록 하기 위해 그들에게 말을 태우려고 했었다. 그러나 말을 타면 눈에 띄기 쉬울 뿐만 아니라 또 모두가 걷기를 원해서 마리아만 나귀를 타게 되었던 것이다.

"모친께서는 전에도 나귀를 타신 적이 있으시지요?"

게바가 아는 척을 했다.

"맞았어, 그 때도 나귀를 탔었지."

막달라 마리아도 그녀의 감회를 알고 있었다.

"주님께서 복중에 계실 때를 말씀하시는 거로군요."

"요셉은 그 때 나를 여왕처럼 모셨어."

모든 속주의 호적을 정리하라는 아우구스투스 황제의 명령 때문에 당시 마리아의 남편 요셉은 만삭의 아내를 나귀에 태워 고향 베들레헴으로 올라갔고 마리아는 거기서 아들을 출산했던 것이다.

"객관에 빈 방이 없었다면서요?"

"실은 만삭의 여자에게 방을 내주기가 싫었던 거야."

"결국 마굿간에서……"

"태어난 아기를 강보에 싸서 구유에 눕혔지."

그 아기의 탄생이 그들 모두의 운명을 바꿔 놓았던 것이다. 그들은 모두 나름대로의 감동에 잠기며 실로를 지났다. 사사 시대의 성막이 있던 곳이었다. 예수의 모친 마리아가 또 다시 입을 열었다.

"그 때는 사람들이 사마리아 길로 다니기를 싫어했기 때문에 요단 길을 따라 베들레헴으로 올라갔었어."

앗수르 군대가 사마리아를 유린할 때 살만에셀 왕은 이방의 연맹군을 투입하여 이스라엘 여자들을 겁탈하게 했다. 그 결과 혈통을 자랑하던 사마리아는 잡종의 땅이 되어버렸고 유대인들은 그 더럽혀진 땅을 피해서 다녔던 것이다.

"그러나 주님께서는"

요한이 또 끼어들며 말을 보탰다.

"이 길을 따라 야곱의 우물을 지나셨지요."

마침 그들의 일행은 그리심산과 에발산 사이에 있는 야곱의 우물에 이르렀다. 야곱이 세겜 성 밖의 땅을 사서 팠던 우물이었다. 모세에게서 백성을 인계받은 여호수아는 가나안 땅에 들어가면 그리심산과 에발산 사이에서 축복과 저주의 말씀을 선포하라고 한 모세의 명령을 다 시행했다. 그 후 1,440년이 지나 예수는 그 우물가에서 한 여인을 만났던 것이다.

"여기서 사마리아 여자를 만났다고 했던가?"
"그렇습니다."
다섯명의 남편과 살았고 또 다른 남자와 동거하고 있었다는 그 여인은 처음부터 예수에게 도전적이었다. 유대에서는 메시야가 유다 지파에서 온다 했고 사마리아 사람들은 요셉 지파에서 온다고 믿었던 것이다. 예수는 여러 남편을 섬겨온 이스라엘과 유다의 역사를 생각하며 그녀에게 말했다.
"내 말을 믿으시오. 이 산도 아니고 예루살렘도 아니고 이제는 아버지께 신령과 진정으로 예배할 때가 되었습니다. 아버지께서는 그렇게 자기에게 예배하는 자들을 찾고 계십니다."
율법으로 백성을 지배하는 제사장들과 이스라엘의 독립을 위해 투쟁하는 열심당 그리고 새 성전의 건축을 다짐하는 레갑 사람들 사이에서 오직 하나님의 말씀만을 전하던 예수는 그 여인과의 대화 속에서 아버지의 뜻을 읽어냈다. 그는 신령과 진정의 예배 공동체를 만들기로 했던 것이다.
"여기서 결심을 굳혔다지?"
마리아의 물음에 요한이 대답했다.
"그렇습니다. 자신이 할 일은 이스라엘의 독립을 위한 투쟁이 아니라 사람들로 하여금 아버지께로 돌아오게 하는 것임을 확인하신 거죠."
"실은 나도 역시……"
예수의 모친 마리아가 감회에 잠기며 말했다.
"예수를 흔드는 일에 동참했었지."
메시야에 대한 그녀의 기대 역시 교만한 자들을 내리치고 권세 있는 자들을 거꾸러뜨리는 것이었다. 그래서 예수의 아우들 즉 야고보, 요셉, 시몬, 유다와 함께 그를 설득하려 했던 것이다. 그러나 예수의 반응은 단호했다.

"내 아버지의 뜻대로 행하는 자가 내 어머니이고 내 형제입니다."

그들의 이야기를 들으며 마르코스도 자신의 입장을 생각하고 있었다. 어머니는 외삼촌 바나바를 따라 안티오키아로 갈 것을 권했다. 로마 제국에게 안티오키아는 세계 경영의 거점이고 예수의 제자들에게는 복음 전파의 교두보이기도 했다. 모친은 아들이 전도자가 되기를 원했으나 그는 장사의 길을 택했다.

"내가 과연 옳은 길을 택한 것인가?"

그는 예수의 공동체에 도움을 주기 위해 장사의 길을 택했노라고 어머니와 외삼촌에게 강조하곤 했다. 그러나 그의 마음속에는 장사의 길을 택한 또 한 가지의 이유가 있었던 것이다.

"마술사의 가위."

욥바에서 보았던 마술사의 람다형 가위와 모친의 이야기 속에 나왔던 가위에 관한 암시를 통해 알렉산드리아에서 결론을 얻어냈다. 아버지 이드란을 살해한 자는 재단사도 제본공도 아닌 바로 마술사라는 확신이 섰다.

"마술사 시몬."

아버지가 살해되었을 때 알렉산드리아에서 가장 인기를 끌었던 마술사는 유대인 시몬이었다. 그러고 보니 마르코스가 알렉산드리아에서 부친의 사건에 대한 조사를 본격적으로 시작할 때 시몬은 그곳을 떠났다. 게메로스의 말대로 시몬은 세바스테에 있었고 게바도 거기서 그를 만났다고 했다. 아버지가 살해된 지 17년 만에 마르코스는 그 세바스테로 가고 있었다.

"로마와 유대…… 그리고 복음과 복수."

하나님은 원수 갚는 일을 내게 맡기라 했고 예수는 원수를 사랑하라고 말했다. 그러나 마르코스는 범죄한 자를 찾아내고 악행한 이유를 밝혀내는 일을 포기할 수 없었다. 진실을 규명하지 않으면 악한 짓이 더욱 늘어나고 세상도 자꾸만 사악해질 것이기 때문이었다.

"신령과 진정의 예배란 도대체 무엇입니까?"

그는 나사렛 예수가 그의 아버지와 독대했다는 야곱의 우물을 지나며 그리심산과 에발산 사이에 펼쳐져 있는 파란 하늘을 향해 묻고 있었다.

마르코스 요안네스

　세겜 성을 지나 세바스테로 들어가는 길목에서 그들은 일단 헤어져야 했다. 요한이 모시고 가는 예수의 모친 마리아와 그 자신의 모친 살로메 그리고 막달라 마리아는 곧장 카이사랴로 내려가 배를 타야 하고, 게바와 그를 따라가는 다대오와 시몬은 다메섹 쪽으로 가야 하기 때문이었다.
　"저만 세바스테로 들어가야겠군요."
　마르코스가 작별 인사를 했다. 빌립 집사의 보고를 받고 게바와 요한이 세바스테에 내려와 세례 받은 자들에게 안수할 때 그들이 성령을 받았고 예수의 가르침을 따르는 무리가 더욱 많아져서 세바스테 교회가 생겼다. 그러나 지금 게바와 요한은 세바스테 교회에 갈 형편이 아니었다.
　"빌립 집사가 세바스테의 교우들을 돌보겠지만,"
　게바가 마르코스에게 말했다.
　"자네도 그들을 잘 보살펴 주게."
　"그들은 주로 어디서 모이고 있습니까?"

"지금 느다넬이라는 형제의 집을 집회 장소로 쓰고 있는데 아그립바의 박해가 어느 정도 진정될 때까지 그들도 조심을 해야 할 거야."

"느다넬이라면 혹시……"

"아는 사람인가?"

마르코스가 아레스를 바라보았다.

"느다넬의 사무소가 광장 남쪽에 있다고 했지?"

"네, 맞습니다."

마르코스가 다시 게바에게 물었다.

"혹시 곡물상을 하고 있는 사람인가요?"

"그렇다네. 아, 그가 자네 사업과 관계가 있을지도 모르겠군."

"우리가 알고 있는 그 느다넬이 맞는 것 같습니다. 마침 그에게 사마리아 지역의 대리점을 맡기려던 참이어서 이번에 만나게 되어 있지요."

"잘 부탁하네."

"알겠습니다, 염려 마세요."

게바는 다시 요한을 바라보았다. 그와도 헤어져야 할 시간이었다.

"그러면 요한, 마리아님을 잘 부탁하네."

"게바님도 조심하세요."

요한의 성품도 많이 다듬어져 있었다 그의 부친 세배대기 가버나움에 여러 척의 어선을 보유하고 있는 선주였고 게바는 부친의 배에서 고기를 잡는 어부여서 늘 함부로 대했는데 이제는 그에게 꽤 공손해져 있었다.

"아, 크라투스."

마르코스는 요한의 일행과 함께 카이사랴로 내려갈 크라투스를 불렀다.

"카이사랴도 이분들에게 안전하지 못한 것은 알고 있겠지?"

"네. 배를 타실 때까지 경계를 늦추지 않겠습니다."

"코넬리우스 백부장과도 연락을 하고."

"염려 마십시오."

그는 다시 아내를 베다니에 두고 온 게바에게 말했다.

"혹시 여행 중에 부인의 도움이 필요하시면 제게 연락해 주십시오. 말씀만 하시면 언제라도 제가 모시고 가겠습니다."

"걱정 말게나."

게바는 마리아에게도 작별을 고했다.

"조심해서 가십시오."

"게바, 나는 그대가 더 걱정이야."

마리아가 웃으면서 건넨 그 말에는 어느 정도의 진심이 들어 있었다. 나사렛 예수의 제자들 중 게바와 야고보와 요한은 성미가 급하고 과격한 편이었다. 예수는 늘 그 셋을 데리고 다녔는데 신임해서라기보다는 곁에 두고 감독하기 위해서였다. 그들 중 야고보는 이미 죽었고 이제 게바와 요한만 남은 것이다.

"저도 이제는 제법 다듬어졌는데요."

게바가 목을 움츠리며 말하자 마리아가 고개를 끄덕였다.

"암, 그래야지."

마리아의 일행은 카이사랴로 내려가는 왼쪽 길로 들어섰고 게바는 다대오, 시몬과 함께 다메섹을 향해 떠났다. 언제 다시 만날 수 있을지는 알 수 없어도 예수가 다시 오는 날이 가까워지고 있다는 믿음으로 그들은 모두 들떠 있었다.

마르코스 요안네스

　세바스테 성으로 들어가면서 마르코스는 두건으로 얼굴을 반쯤 가렸다. 어디서 갑자기 마술사 시몬을 만나게 될지 모르기 때문이었다.
　"시몬, 이제 너의 정체를 드러내라."
　마르코스는 그가 있다는 세바스테로 들어가고 있었다. 알렉산드리아에서 만났던 엘루마의 문하생 시몬이 아니라 어쩌면 그의 부친을 살해한 범인일 수도 있는 마술사 시몬을 만나러 가고 있었다. 람다 형의 가위를 휘둘러가며 관객을 속이고 사람을 해치는 그 시몬을 마르코스는 만나야 했다.
　"이세벨의 성에서 너를 잡으리라."
　솔로몬의 아들 르호보암과 결별한 북왕국 이스라엘의 왕위는 늘 반역으로 승계되었다. 북왕국을 세운 여로보암의 아들 나답은 바아사에게 죽었고 바아사의 아들 엘라는 시므리에게 죽었다. 그 시므리를 군대장관 오므리가 죽이고 다섯 번째 왕이 되었다. 그가 시작한 사마리아 성의 건축을 그 아들 아합이 완공했다.

'아합은 시돈 왕의 딸 이세벨을 아내로 삼고 바알을 섬겼다.'

이스라엘 열왕기는 그렇게 기록해 놓았다. 시돈은 가나안의 장자 지파였고 그들의 땅은 레바논 산맥의 서쪽 해안 즉 헬라인들이 페니키아라고 부르는 곳이었다. 가나안의 바알 신과 아세라 여신을 사마리아에 끌어들인 이세벨은 레위인 6만여 명을 다 죽이고 바알과 아세라의 제사장들로 그 자리를 채웠다.

"개들이 아합의 피를 핥을 것이며"

선지자 엘리야는 그들의 종말을 예고했다.

"이세벨의 살을 먹으리라."

그 말대로 아람과의 전쟁에서 죽은 아합의 전차를 사마리아 못에 씻을 때 거기 고여 있던 아합의 피를 개들이 와서 핥았다. 후일 예후가 반란을 일으켰을 때 내관들은 이세벨을 창 밖으로 던졌다. 이스라엘 열왕기에 그 일이 적혀 있다.

"예후의 지시를 받은 수하들이 이세벨을 장사하려고 가보니 개들이 그녀의 살을 다 먹어 두개골과 손과 발만 남았다."

아합의 아들 71명을 다 죽이고 그의 상아궁을 차지한 예후가 왕의 자리에 앉았을 때 하나님의 음성을 들었다.

"네 자손이 이스라엘 왕위를 이어 4대를 지나리라."

그가 바알과 아세라의 신전은 없앴으나 여로보암이 벧엘과 단에 세운 금송아지를 그대로 두었으므로 그 집의 왕위를 4대로 제한한 것이다. 그 4대가 지나자 북왕국은 다시 거듭되는 반역으로 왕위를 이어가다가 앗수르에 멸망당했다.

"저는 내 아내가 아니며 나는 저의 남편이 아니다."

북왕국이 멸망하기 전 선지자 호세아는 이스라엘을 음행한 아내로 비유한 하나님의 음성을 전하며 사마리아가 큰 수치를 당하리라고 경고했다. 후일 사마리아의 여자들은 앗수르 왕 살만에셀의 연합군에게 모조리 겁탈을 당했다. 사마리아는 혼혈의 땅이 되었고 호세아의 예언은 성취되었다.

"그대에게 남편 다섯이 있었으냐"

야곱의 우물에 물을 길러 나온 사마리아 여자에게 예수는 그렇게 말했다. 메소포타미아의 주인이 바뀜에 따라 사마리아는 앗수르에서 바벨론으로 그리고 다시 페르시아를 거쳐 헬라로 넘어갔다가 알렉산더가 죽은 후에는 프톨레마이오스 왕조의 지배를 받았다. 남편이 다섯 번 바뀐 것이다.

"지금 함께 사는 자도 그대의 남편이 아니구나."

다시 사마리아의 주인이 된 로마도 역시 남편은 아니었던 것이다. 로마 황제 아우구스투스에 의해 왕으로 임명된 헤롯 1세는 10년 걸려 사마리아 성을 재건하고 그 이름을 세바스테로 바꿨다. 세바스테는 아우구스투스의 헬라식 이름이었다. 성벽의 규모는 매우 컸고 높은 망루들이 둘러서 있었다.

"마술사 시몬, 네가 여기 있느냐?"

성문을 들어서자 웅장한 대리석 신전이 눈에 들어왔다. 헤롯 1세는 세바스테에 신전을 건축하고 아우구스투스 황제를 신으로 모셨다. 예루살렘이었다면 큰 소동이 났을 것이나 세바스테는 외지인들이 섞여 사는 곳이었기에 그것이 가능했다. 코린트식 돌기둥이 늘어선 회랑을 지나자 거대한 신상이 나타났다.

"아우구스투스."

그것은 존엄한 사람이라는 뜻이었다. 악티움 해전에서 안토니우스를 제압한 옥타비아누스에게 로마 원로원이 그런 경칭을 헌정하자 헤롯 1세가 재빨리 그를 신으로 추켜세웠던 것이다. 아우구스투스의 거대한 신상이 지키고 있는 이 세바스테에서 마술사 시몬은 흥행에 취해 있을 것이다.

"내가 보니 너는 악독이 가득하여 불의에 매여 있구나."

게바가 마술사 시몬을 가리켜 한 말이었다.

"네 돈과 네가 함께 망할지어다."

신전을 둘러보고 밖으로 나온 마르코스는 헤롯 1세가 재현해 놓은 아합왕의 상아궁과 아우구스투스 신전 사이에 조성된 광장으로 들어섰다. 무시로 폭동과 검문이 반복되는 예루살렘과는 달리 세바스테의 광장은 평온했다. 알렉산드리아의 아고라처럼 곳곳에 토론하는 사람들이 보였다.

"나사렛의 예수는 메시야입니다."

누군가 거기서 예수의 가르침을 전하고 있었다.

"그분은 모든 선지자들이 예언한 대로 세상에 오셨습니다."

빌립 집사는 보이지 않았으나 그가 뿌려 놓은 복음의 씨앗 때문인지 세바스테 광장에서 그 열매들이 조금씩 고개를 내밀고 있었다. 한 사마리아 사람이 전도자에게 질문을 했다.

"예수는 어느 지파 사람이요?"

"그분을 잉태한 마리아의 남편 요셉은 유다 지파였습니다."

질문을 꺼냈던 사마리아 사람이 빈정댔다.

"사마리아에서는 메시야가 요셉 지파에서 나올 것으로 믿고 있소."

그것은 야곱의 우물이 있는 곳에서 사마리아 여자가 예수에게 했던 말과 같은 것이었다. 사마리아 사람들이 그렇게 주장하는 것은 야곱의 유언 때문이었다. 그가 죽기전 12명의 아들들을 축복한 내용들이 각 지파에 대한 예언으로 해석된 탓이었다. 그는 넷째 아들 유다에게 장자권을 인계했다.

"왕권이 유다를 떠나지 아니하며 치리자의 지팡이가 그 발 사이에서 떠나지 아니하리니, 모든 백성이 그에게 복종할 것이다."

그것은 누가 보아도 메시야가 유다 지파에서 나오리라는 의미였다. 그러나 야곱의 축복이 순번을 따라 내려가다가 열한 번째 아들 요셉의 차례에 이르렀을 때 그는 잠시 당황했다. 애굽의 총리가 되어 아비를 편안히 모신 아들 요셉의 차례에서 그의 마음이 흔들린 것이다. 더구나 요셉은 그가 가장 사랑했던 라헬의 소생이었다.

"요셉의 활이 도리어 굳세며 그 팔에 힘이 있으니 전능자의 손을 힘입음이라, 그로부터 이스라엘의 반석인 목자가 날 것이다."

요셉 지파는 그것을 메시야 강림에 대한 예고로 해석했다. 그래서 요셉과 유다 두 지파의 주도권 경쟁이 시작된 것이다. 가나안 공격을 지휘한 여호수아는 요셉 지파였고 그 땅에 왕국을 세운 다윗은 유다 지파였다. 다윗의 아들 솔로몬이 죽자 요셉 지파의 여로보암은 10지파와 함께 북으로 올라가 그들의 왕국을 따로 세웠다.

"예수 그리스도는 지파와 관계가 없습니다."

복음을 전하던 자가 외쳤다.

"그분은 아브라함과 이삭과 야곱에게 약속하신 복의 근원이며 성령으로 잉태되어 태어난 하나님의 독생자이십니다."

"여자가 어떻게 혼자 아들을 낳을 수 있습니까?"

"사람은 못하지만 하나님은 하실 수 있습니다. 이미 하나님은 아담의 때로부터 여자의 아들이 뱀의 머리를 상하게 할 것이라고 일러 주셨습니다. 여러분이 그분의 말씀으로 세례를 받고 그의 피로 죄 사함을 받으면 성령을 받고 하나님의 자녀가 되는 권세를 주실 것입니다."

복음을 전하는 이들 주위에 점점 더 많은 사람들이 모여들고 있었다. 마르코스는 모여드는 사람들 속에서 아레스에게 말했다.

"느다넬 상점으로 가자."

마르코스 요안네스

    마르코스가 아레스와 함께 광장 남쪽에 있는 느다넬의 상점에 이르자 이미 연락을 받고 기다리던 점주 느다넬이 급히 달려나오며 인사를 했다.
    "어서 오십시오, 행수."
    아그립바의 군대장관 실라스가 마르코스에게 사용했던 경칭 프리무스를 그는 행수라고 불렀다.
    "반갑습니다, 느다넬."
    이미 여러 차례의 거래가 있어서 마르코스는 그의 이름을 알고 있었다.
    "현지의 상황을 좀 정확히 파악하려고 왔습니다."
    "잘 오셨습니다, 우선 안으로……"
    느다넬의 안내로 그의 사무소 안으로 들어가 자리에 앉자 사환 아이가 무화과 열매로 끓인 차를 그들 앞에 가져다 놓았다. 마르코스가 찻잔을 들며 잠시 주위를 둘러본 후 그에게 물었다.
    "사마리아 지역의 상황은 어떻습니까?"

느다넬의 안색은 별로 밝지 못했다.

"남쪽에서부터 시작된 극심한 가뭄이 점점 북상하고 있습니다."

"매우 비관적입니까?"

"마치…… 아합왕 때의 재난이 다시 시작되는 것 같은 느낌입니다."

왕비 이세벨이 레위 지파의 제사장 6만 명을 학살했던 당시의 극심한 가뭄은 엘리야 선지자와 레갑의 단원들이 갈멜산에서 바알의 제사장 450명과 아세라의 제사장 400명을 잡아 처치할 때까지 3년 6개월간이나 계속되었던 것이다.

"어디 한번 현황을 들어 봅시다."

느다넬은 미리 준비해 놓은 현황판을 꺼내 놓고 설명을 시작했다.

"아시다시피 사마리아 지역은 세바스테를 중심으로 북쪽의 므깃도와 수넴 일대 그리고 남쪽의 고프나와 바셀리스 일대로 나눌 수 있는데……."

극심한 가뭄 지역마다 붉은 색으로 표시가 되어 있었다.

"고프나와 수넴의 포도는 어떻습니까?"

"작황이 좋지는 않습니다만."

"값을 좀 더 쳐주더라도 포도 물량을 확보하세요."

"네?"

"아시다시피 포도의 맛은 가뭄이 심한 해에 가장 좋습니다. 올해 수확된 포도는 별도로 관리해서 이탈리아와 아카야 지역에 명품 포도주로 출시할 생각입니다. 견과류는 어떻습니까?"

"밀이나 보리보다는 나은 편입니다만."

"그 품목도 역시 넉넉하게 매입해 두십시오. 밀과 보리가 등귀하면 견과류의 값도 따라서 오르게 마련이니까. 외국에서 곡물을 사들이려면 이쪽에서도 내다 팔 상품이 있어야 하거든요."

"아마와 양털이 있습니다만 역시 극심한 가뭄 때문에……"

"그래서 날씨의 영향을 받지 않는 상품이 필요합니다."

마르코스는 극심한 가뭄이 더 계속될 경우 늘어나게 될 곡물 수요의 월별 예측을 상세하게 점검했다. 그리고 아레스가 따로 작성해 놓은 애굽과 소아시아, 그리고 아카야 지역과 이탈리아 지역의 생산 추세를 비교해가며 물량을 조정했다.

"피데스와는 협조가 잘 되고 있습니까?"

크라투스가 이끌고 있는 경호업체를 말하는 것이었다.

"큰 도움이 되고 있습니다."

"화재나 강도 등 사고를 당했을 경우의 손실을 보전할 대책도 충분히 세워 놓으셔야 합니다. 이드란 상회는 모든 거래선과 대리점들의 안정적인 발전을 우선적 목표로 하고 있거든요."

"네, 최선을 다하도록 하겠습니다."

마르코스는 지역의 윤곽을 대략 파악하고 나서 말했다.

"나와 아레스가 한동안 이곳에 머물 것이니 긴밀하게 정보를 교환하며 대책을 세우도록 하십시다. 아무래도 사마리아와 유대는 올해와 내년 사이에 큰 변화를 겪을 것 같습니다."

업무상의 협의를 마친 다음 마르코스가 화제를 돌렸다.

"이곳 교회의 사정은 어떻습니까?"

"네?"

느다넬의 표정이 굳어졌다.

"게바님에게서 이야기를 들었습니다."

"실례지만 행수께서는……?"

그는 당신도 신자인가를 묻고 있었다. 마르코스는 그가 겁을 먹지 않도록 자신에 대해서 좀더 알려 줄 필요가 있었다.

"혹시 주님의 유월절 식사에 대해서 들으신 적이 있나요?"

느다넬의 눈동자가 갑자기 커졌다.

"그럼 행수께서 바로?"

마르코스는 평소에 별로 달갑지 않게 생각하던 그 사실을 인정했다.

"그렇습니다. 내가 그 마르코스 요안네스입니다."

느다넬의 얼굴에 그제서야 안도와 감동의 빛이 떠올랐다.

"마르코스님이 이런 큰 사업을 하고 계실 줄은 미처 몰랐네요."

"돌아가신 부친의 덕을 보고 있는 셈이지요."

그의 신분을 확인한 느다넬이 게바의 안부를 물었다.

"게바님은 어떻게 되셨습니까?"

"감옥에서 빠져나와 일단 피신을 하셨습니다. 그리고 예루살렘을 떠나시면서 내게 세바스테 교회를 잘 보살펴 달라고 당부하셨지요."

"고맙게도 그런 부탁을."

"당분간 빌립 집사가 세바스테에 머물면서 교회를 도울 것입니다."

"잘 되었네요."

"앞으로 기근이 본격화되면 규모가 큰 재난으로 확대될 가능성이 있습니다. 그럴 때에 대비해서 교회도 식량과 자금을 비축해 놓아야 하겠지요. 이드란 상회도 장사와는 별도로 도울 일이 있으면 돕겠습니다."

"감사합니다."

"참, 그리고"

그는 느다넬에게 한 가지를 더 물었다.

"게바와 요한 두 분의 사도가 세바스테에 왔을 때 시몬이라는 마술사가 있었다고 들었는데 혹시 그를 아십니까?"

"그럼요. 당시 돈을 들고 게바님을 찾아와서……"

"그가 지금도 세바스테에 있습니까?"

"아뇨, 보이지 않은 지가 꽤 오래 되었습니다."

"그의 행방을 알 수 없을까요?"

느다넬이 고개를 갸웃거리며 잠시 생각해 보다가 무릎을 치며 입을 열었다.

"아, 하닷에게 물어보면 알 수 있겠네요."

"그가 누구지요?"

"역시 마술사입니다. 세바스테에 온지 한 4년쯤 되는 것 같은데요. 마술사 시몬의 직계 제자임을 자처하며 세바스테 연극장에서 자주 공연을 하고 있지요. 아마, 오늘도 공연이 있을 것 같습니다."

"하닷이라……?"

마르코스 요안네스

　광장 남쪽에 있는 느다넬의 집에는 사람들이 가득 차 있었다. 빌립 집사가 카이사랴에서 왔다는 말을 전해 듣고 세바스테 교회의 형제들뿐만 아니라 그들로부터 나사렛 예수의 가르침을 전해들은 사람들이 많이 몰려왔던 것이다. 빌립의 곁에는 그가 데리고 온 네 명의 처녀들이 앉아 있었다.
　"이 아이들은 제 딸들입니다."
　"따님들이 어려운 걸음을 했군요."
　그녀들을 보며 느다넬이 인사를 하자 빌립 집사가 말했다.
　"내가 오늘 이 아이들을 세바스테에 데리고 온 것은 저들이 예언의 은사를 받았기 때문입니다. 아가보 선지자께서도 카이사랴에 오셔서 이 아이들이 전하는 말을 다 듣고 그것이 성령의 은사임을 확인해 주셨습니다."
　"사마리아에 대한 예언도 있습니까?"
　"물론 있습니다."
　"유대와 사마리아는 언제 다시 하나가 된답니까?"

하나님이 선택한 장자의 민족이라고 믿는 이스라엘 사람들에게는 유대와 사마리아로 갈라진 상태로 있는 것이 가장 큰 아픔이었다. 솔로몬이 죽은 후 요셉 지파의 여로보암이 10지파를 이끌고 북상하여 따로 나라를 세운 후 그들은 1천 1백년 이상을 서로 외면하며 살아왔던 것이다.

"하나가 될 수 없다고 하십니다."

빌립 집사가 잘라 말했다.

"네?"

모여 있던 사람들이 웅성거리기 시작하자 느다넬이 물었다.

"에스겔 선지자의 예언은 어떡하구요?"

바벨론에 포로로 끌려간 에스겔이 그 이방의 땅에서 하나님의 말씀을 받았다. 하나님은 그에게 유다와 그 짝 이스라엘 자손이라고 쓴 막대와, 요셉과 그 짝 이스라엘 온 족속이라 쓴 막대를 네 손에서 합쳐 하나가 되게 하라고 이른 다음 그들이 장차 하나가 될 것을 예고했다.

내가 열방에 흩어진 이스라엘 자손을 다 꺼내어
그들을 모아 고토로 돌아오게 하고
이스라엘 모든 산에서 그들로 한 나라를 이루어
한 임금이 그들을 다스리게 하리니
다시는 두 민족, 두 나라로 나누이지 아니할지라

빌립 집사의 네 딸들이 서로 바라보더니 그들 중 하나가 입을 열었다.

"에스겔의 손은 예수 그리스도의 손을 의미합니다."

그의 이름 에스겔은 하나님이 강하게 하신다는 뜻이었다. 빌립 집사의 다른 딸이 다시 말을 이었다.

"갈라진 백성, 이스라엘과 유다는 그리스도 안에서만 하나가 될 수 있습니다. 오늘 이 자리에서도 여러분은 요셉 지파와 유다 지파를 가리지 않고 모두 형제가 되어 함께 앉아 있습니다. 에스겔 선지자의 예언은 이것을 말한 것입니다."

"그렇다면"

궁금해하는 사람들을 대표해서 느다넬이 다시 물었다.

"이스라엘의 모든 산이란 무엇입니까?"

빌립 집사의 세 번째 딸이 그에게 되물었다.

"여러분이 알고 계신 이스라엘이란 이름은 무슨 뜻입니까?"

"하나님과 겨루어 이겼다는 뜻이지요."

하나님은 얍복강가에서 그들의 조상 야곱과 밤새 씨름을 한 끝에 그의 이름을 이스라엘로 바꿔주었던 것이다. 그러나 빌립의 딸은 고개를 저었다.

"하나님께서 모세에게 이르시기를 이스라엘은 내 장자라고 하셨습니다. 하나님의 장자는 하나님께서 다스리시는 백성이고 그 땅은 하나님의 나라를 의미합니다. 그러므로 이제는 장자의 의미가 바뀌었지요."

"의미가 바뀌다니요?"

이번에는 다시 네 번째 딸이 말을 이었다.

"주님께서 말씀하시기를 하나님의 나라를 너희는 빼앗기고 그 나라의 열매 맺는 백성이 받으리라고 하셨습니다. 그분의 독생자를 거부한 야곱의 자손이 아니라 그분을 믿고 따르는 백성이 하나님의 장자가 된다는 것이지요."

그러자 듣고 있던 사람들이 일제히 화답했다.

"할렐루야!"

느다넬이 한 가지 더 궁금한 것을 물었다.

"유다와 사마리아 땅은 장차 어떻게 되겠습니까?"

빌립의 첫 번째 딸이 그 질문에 대답했다.

"주님이 말씀하신 대로 될 것입니다."

"말씀하신대로?"

"멸망의 가증한 것이 거룩한 곳에 서게 될 것입니다."

사람들 틈에 앉아서 네 딸들의 말을 흥미 있게 듣고 있던 마르코스의 옆구리를 누군가가 쿡 찔렀다. 그는 아레스였다.

"보고드릴 것이 있습니다."

마르코스는 가만히 일어나 그곳을 빠져나왔다.

"무슨 일이야?"

"예루살렘 쪽에서 소식이 왔습니다."

"어떤 소식이?"

"아그립바가 카이사랴로 내려갔답니다."

"뭐라구?"

"게바님이 탈옥했다는 보고를 받고 아그립바가 불같이 화를 내며 군대장관 실라스를 투옥했답니다. 그리고 감옥을 지키던 경비병 16명을 모조리 처형하라고 명령한 후 카이사랴로 내려갔다는 것입니다."

"카이사랴로 갔다면 마리아님 일행이 위험한데."

"크라투스가 안내하고 있으니 이미 셀류기아로 가는 배를 탔을 겁니다. 혹시 배편이 늦어지더라도 코넬리우스 백부장이 안전하게 보호해 줄 것이구요."

"그렇다면 다행인데."

"계속 여기 계실 건가요?"

"아니…… 잠시 가볼 데가 있어."

그는 아레스와 함께 연극장 쪽으로 발걸음을 옮겼다.

"극장에 가시는 겁니까?"

"아레스, 권력자가 백성을 장악하는 가장 좋은 방법이 뭔지 알아?"

통치 집단의 군사력이 팽창하고 영토가 확장되면 많은 백성을 효과적으로 지배하고 민심의 분산을 막아내는 통제 수단이 필요했다. 그것을 위해 가장 중요한 책략은 백성의 몸과 마음을 어떻게 관리하느냐 하는 것이었다. 아레스가 잠시 생각해보다가 대답했다.

"전쟁과 건설이지요."

헬라 신화에서 아레스는 전쟁의 신이었다.

"아레스다운 대답이로군."

전쟁과 건설은 권력이 백성을 지배하는 양면 전략이었다. 영토 확장의 명분으로 끊임없이 전쟁을 일으켜 백성을 전쟁터에 몰아넣고 평화가 오면 다시 복구의 명분으로 대형 공사를 만들어 사역장에 끌어냈다. 그렇게 몸을 확보해 놓으면 백성은 통치자의 감시망을 벗어날 수 없었다. 몸과 함께 백성의 마음을 조종하고 동원하는 방법에도 역시 두 가지가 있었다.

"통치자가 백성의 마음을 지배하는 수단은?"

아레스의 대답은 먼저보다 더 신속했다.

"볼거리와 먹거리겠지요."

알렉산더도 그랬고 아우구스투스도 마찬가지였다. 왕들은 사람들이 모여 사는 곳마다 극장과 경기장을 건설했다. 백성들의 반감은 곡예와 마술이 공연되는 극장에서 마비되고 그들의 불만은 전차 경기와 검투사의 싸움이 벌어지는 경기장에서 발산되었다. 그리고 공연의 환각과 경기의 흥분 끝에 밀려드는 허탈감을 가장 효과적으로 달래주는 먹거리는 술이었다.

"보암직도 하고 먹음직도 하고……"

뱀이 금단의 열매를 먹으라고 유혹할 때 여자는 그 열매를 바라보았다. 창세기는 그것이 보암직도 하고 먹음직도 했다고 기록해 놓았다. 사람이 볼거리와 먹거리에 약한 것을 시사하는 대목이었다. 극장에서는 매일 곡마단의 공연이 계속되었고 곡예와 마술도 역시 권력의 중요한 도구로 사용되고 있었다.

"시몬, 너는 어디 있느냐?"

마르코스와 아레스가 부채꼴 모양의 계단식 극장에 들어섰을 때 극장 안은 나팔 소리와 피리 소리로 가득했다. 날이 꽤 어두웠으나 무대의 조명은 대낮처럼 환하고 불꽃놀이처럼 현란했다.

"여러분, 드디어 환상의 세계가 열립니다."

요란한 나팔 소리와 함께 무대에 마술사와 미녀가 등장했다.

"알렉산드리아에서 수행을 마치고 돌아온 우리들의 위대한 영웅 하닷과 그가 데려온 미녀 아르자를 소개합니다."

"아니, 저들은?"

마르코스가 그렇게 중얼거리자 아레스가 물었다.

"아는 자들인가요?"

자리가 뒤쪽이어서 자세히 볼 수는 없었으나 무대에 등장한 남자와 여자는 4년 전 마르코스가 욥바의 거리에서 보았던 그들이 분명했다. 다만 달라진 것은 남자의 속옷과 외투가 검은 색으로 바뀐 것과 여자는 팔과 다리를 드러낸 금빛 투니카로 갈아 입은 것 뿐이었다.

"제법 무대 마술을 보여 줄 모양이로군."

마술은 그 규모에 따라 크게 세 가지가 있었다. 작은 탁자를 놓고 벌이는 거리 마술과 여러 가지 장치를 준비해 무대에서 보여주는 무대 마술, 그리고 개방된 장소에서 많은 사람들을 상대로 펼치는 야외 마술이 그것이었다. 규모가 작으면 손재주가 중요하나 커질수록 기술과 장치의 수준도 높아야 했다.

"와아……"

관객들이 갑자기 탄성을 질렀다. 흐느적거리는 악기의 선율과 함께 팔과 다리를 드러낸 아르자의 매혹적인 춤이 시작되었기 때문이었다. 그녀는 자주 손끝으로 하닷을 가리키며 관객들의 시선을 그쪽으로 옮겨 주었다. 하닷이 돌리던 지팡이가 하얀 노끈으로 변하자 그는 람다형 가위로 노끈을 잘랐다. 그 노끈이 다시 처음 길이로 이어지자 박수가 터져나왔다.

"난 저걸 어떻게 하는지 알고 있어."

관객 중의 하나가 아는 체를 했다. 그럴 줄 알았다는 듯 하닷은 속임수의 비밀을 알려 주었다. 그는 노끈의 중간을 자르는 것처럼 하면서 사실은 그 끝을 잘랐던 것이다. 그것도 상당한 연습을 필요로 하는 동작이었다. 그가 다시 노끈을 주먹 안에 밀어 넣자 다른 쪽으로 흰색의 보자기가 되어 빠져 나왔다. 그리고 보자기 속에서 하얀 비둘기 한 마리가 솟아나왔다.

"여러분."

몇 가지 재주가 더 소개된 후에 다시 사회자의 음성이 들렸다.

"이제부터 진짜 실력을 보여드립니다."

갑자기 펑 소리가 나며 무대의 네 구석에서 불꽃이 타오르기 시작했다. 두 명의 사내가 끌고 나온 큰 원반에는 화살의 과녁처럼 검고 붉은 동심원들이 그려져 있었다. 원반을 밀고 들어온 사내들이 아르자의 양 손목과 발목을 당겨서 그 원반에 묶었고 하닷에게는 붉은 보자기가 덮인 탁자가 배달되었다. 보자기를 벗기자 탁자에 꽂혀 있는 8개의 단검이 드러났다.

"여러분, 이제부터 하닷이 8개의 단검을 던집니다."

하닷은 탁자에서 단검 하나를 뽑아 오른 손에 쥐었다. 그리고 번개 같은 동작으로 아르자를 향해 그것을 던졌다. 관객들의 비명 소리와 함께 단검은 아르자의 목을 살짝 스치며 왼쪽에 꽂혔다. 박수가 터져나왔다. 하닷은 계속 단검을 던졌다. 또 하나는 머리 위에 꽂혔고 다른 하나는 두 다리 사이로 날아가 박혔다.

"엇?"

관객들이 놀라는 사이 하닷은 양 손으로 두 개의 단검을 뽑더니 그것을 동시에 던졌다. 두 개의 단검은 아르자의 양쪽 겨드랑이 밑에 꽂혔다. 그런 다음에는 객석이 갑자기 조용해졌다.

"저런……"

관객들이 숨을 죽였다. 하닷이 왼손으로 두 개의 단검을 한꺼번에 뽑아들었기 때문이었다. 그리고 왼손에 쥐고 있던 두 개의 단검을 던졌다. 그가 왼손으로 던진 두 개의 단검은 아르자의 가냘픈 허리 양쪽에 박혔다. 객석에서 환성과 갈채가 터져 나왔다. 그리고 이제 단검 한 개가 남아 있었다.

"남은 한 개의 단검으로 뭘 하려는 거지?"

그 때 하닷이 탁자 밑에서 하얀 손수건 하나를 꺼내 들고 아르자에게로 뚜벅뚜벅 걸어갔다. 그리고 손수건의 한쪽 귀퉁이를 아르자의 이로 물게 했다. 그가 제 자리로 돌아오자 아르자가 묶여 있는 원반이 빙글빙글 돌기 시작했다. 아르자의 몸도 돌았고 그녀가 물고 있는 손수건도 팔랑거렸다.

"아악!"

하닷이 다시 돌고 있는 원반을 향해 단검을 던졌다. 단검은 아르자가 물고 있던 손수건을 뚫고 들어가 그녀의 얼굴 바로 오른쪽에 꽂혔다. 우뢰와 같은 박수 소리가 터져 나왔다. 하닷이 원반에서 풀려난 아르자와 함께 웃으며 객석에 답례를 했다. 마르코스가 고개를 끄덕이며 중얼거렸다.

"연습을 많이 했군."

하닷의 마지막 마술은 아르자의 몸을 두 토막으로 자르는 것이었다. 상자 속에 들어가서 얼굴과 손과 발만 내놓고 있는 아르자의 몸에 뚜껑을 덮고 그 중간에 철판으로 된 칼날 두 개를 끼워 넣었다. 상자는 두개로 분리되었고 아르자의 몸도 역시 아래 위가 분리되었다. 하닷은 반토막으로 분리된 두 개의 상자를 빙글빙글 돌리다가 다시 조립하고 뚜껑을 열었다.

"아르자여, 영원하라!"

43

하닷이 그렇게 외치는 것과 함께 멀쩡한 아르자가 상자에서 나왔고 객석에서는 다시 박수가 터져 나왔다. 하닷은 아르자와 함께 객석을 향해 여러 번 답례를 하고 크게 만족하여 무대 뒤로 걸어나왔다.

"아르자, 수고했어."

그녀가 옷을 갈아입기 위해 옆방으로 들어가자 하닷은 청동 거울을 들여다보며 만족의 미소를 띠었다. 그 때였다.

"하닷, 고개를 돌리지 말고 내 말을 들어라."

음산한 목소리가 어디선가 날아들었다.

"누, 누구냐?"

청동 거울을 통해 보이는 의상장과 책장 그리고 소도구 상자 어느 곳에도 사람의 그림자는 보이지 않았다.

"내가 묻는 말에만 대답해라. 마술사 시몬은 지금 어디 있느냐?"

하닷의 표정이 싸늘해졌다.

"나는 모른다."

"대답하지 않으면,"

"어쩔 테냐?"

보이지 않은 자의 목소리가 더 낮아졌다.

"내 부하들이 네 마술 도구와 장치들을 신전 앞 광장으로 실어내서 모든 사람들에게 그 비밀을 공개할 것이다."

하닷이 잠시 조용해졌다. 재빨리 계산을 하고 있었던 것이다. 마술의 비밀이 공개되면 자신의 생업이 끊어질 뿐 아니라 마술사들의 조직에서 제명당해 영원히 마술을 공연하지 못하게 될 것이었다. 마침내 그의 입이 열렸다.
 "안티오키아…… 안티오키아로 가셨습니다."
 "언제?"
 "내가 이곳으로 오기 전에."

마르코스 요안네스

　사마리아 지역의 작황을 실사하기 위해 세바스테에 머물며 인근 지역을 돌아보고 있던 마르코스는 사태가 더욱 심각해가고 있음을 감지하고 있었다. 이두매와 유다 광야에서 시작된 극심한 가뭄이 사마리아를 거쳐 갈릴리는 물론이고 데카폴리스와 드라고닛 지역에까지 영향을 미치고 있었다.
　"나바테아와 바벨론 쪽은 어떻습니까?"
　느다넬이 고개를 가로 저었다.
　"그쪽도 벌써 출하를 조절하기 시작했습니다."
　"혹시, 그렇게 해서 가격을 올려 받으려는 것은 아닌가요?"
　"근본적으로는 역시 작황에 문제가 있는 것 같습니다."
　"그러면 어쩔 수 없이 수리아와 길리기아 쪽으로 가야 한다는 것인데……"
　사마리아 쪽의 판매망 구상을 마무리 해 놓고 수리아 쪽으로 가겠다던 계획이 벌써 반년이나 늦어지고 있었다. 카이사랴에서 율리아를 만난 후 벌써 한 해를 훌쩍 넘어 두 달이 더 지나고 있었던 것이다.

"그 쪽 역시 조짐이 좋지 않던데요."

수리아 지역 역시 바벨론 쪽에서 나오는 물량에 대한 의존도가 컸다. 느다넬이 조사한 자료와 그의 예측에 의하면 지중해 연안에 있는 거의 모든 지역의 상황이 예사롭지 않았다.

"정말 심판의 날이 가깝다는 것인가?"

선지자 아가보의 말대로 천하에 큰 흉년이 든다면 그것이 나사렛 예수가 예고한 심판의 징조일 수도 있었던 것이다. 외출했던 아레스가 들어오다가 마르코스가 한 말을 알아듣고 큰 소리로 물었다.

"심판이라구요?"

마르코스가 그의 질문에 대답하지 않은 채 오히려 되물었다.

"예루살렘 쪽의 동향은 어떤가?"

아레스가 잠시 마르코스의 눈치를 보다가 되물었다.

"도미누스, 예루살렘에는 언제 가실 겁니까?"

"지금 이 상태로는 갈 수가 없지."

오순절이 벌써 지났는데도 그는 세바스테를 떠나지 못하고 있었다. 그로서는 이미 진행되고 있는 남쪽의 일을 조정하는 것보다 북방의 상황을 감지하고 예측하는 것이 더 급했던 것이다.

"예루살렘에서 비명을 지르고 있습니다."

"무슨 말이야?"

"도미누스가 직접 와야 해결될 일이 산적해 있다는 겁니다."

"거긴 어머니가 계시지 않나?"

모친의 기민한 판단력은 때로 마르코스를 앞지를 때가 많았던 것이다.

"그렇더라도 인원은 보충해 줘야 할 것 같은데요."

"그것도 어머니가 알아서 하실 거야."

아레스가 제기하는 문제는 거기서 그치지 않았다.

"예루살렘은 그렇게 한다고 해도 지금 알렉산드리아는……"

"다브네스에게서 또 연락이 왔어?"

"거래량이 점점 늘어나게 되니까 베가 어른과 의논을 해도 그분 혼자서 결정하기 어려운 일들이 있는 모양입니다."

"작은 거나 큰 거나 요령은 마찬가지야."

이야기를 하다 말고 갑자기 아레스가 밖으로 뛰어나가더니 다시 들어왔다.

"왜 그래?"

"며칠 전부터 이상한 놈들이 이곳을 기웃거리고 있거든요."

느다넬의 얼굴이 굳어졌다.

"저도 얼마 전부터 그런 낌새를 느꼈습니다."

"뭐지?"

확실한 증거가 없이는 좀처럼 말하지 않는 아레스가 고개를 갸웃거렸다.

"아무래도…… 하닷의 수하들인 것 같은데요."

"뭐라구?"

"몸을 숨기는 기법에서 마술사의 냄새가 나거든요."

마술사들에게는 관객을 속이기 위해 몸을 기이한 형태로 접거나 늘이고 줄이며 스며들고 빠져나가는 것이 중요한 기술 중의 하나였다. 나타났다가 사라지기도 하고 안 보이다가 보이게도

해서 사람의 눈을 속여야 하기 때문이었다.

"그들이 나를 추적하고 있단 말인가?"

"혹시 하닷에게 꼬리를 잡히신 것은 아닙니까?"

"알아채지 못했을 텐데."

마르코스가 잠시 생각에 잠겼다가 느다넬을 바라보았다.

"이곳의 보안은 어떻게 하고 있습니까?"

"워낙 치안이 어려운 지역이기 때문에 피데스 외에도 제 수하에 십여 명의 경호원을 두고 있지요."

"치안 당국과의 협력은?"

"세바스테 경비대와 긴밀한 관계를 유지하고 있습니다."

마르코스가 잠시 생각을 정리하다가 말했다.

"아시다시피…… 곡마단의 이권이 크기 때문에 마술사들의 조직과 정보력은 군대와도 비교할만한 수준입니다. 4년 전에 안티오키아에서 곡마단끼리 전쟁을 했을 정도로 저들의 조직이 막강하거든요."

"그렇다면 경비대 정도로도 견제하기가 어렵겠군요?"

"가장 좋은 방법은…… 시장 정보에 대한 협력을 핑계로 저들 중 소외된 자들을 정보원으로 심어 놓는 것입니다. 또 저들 조직의 세력 구조를 파악해 한쪽 계파를 넝쿨째 포섭해 놓는 것도 괜찮구요."

"그렇게 투자할만한 가치가 있을까요?"

"하나님의 나라를 위해 투자하는 것이기도 하지요."

"네?"

"속임수로 돈을 버는 자들에게는 두 가지 길밖에 없습니다.

본래의 정직한 영혼으로 돌아오거나, 아니면 멸망의 길을 그대로 가거나."

"그렇겠군요."

"우리가 그들을 포섭하게 되면 그 정보와 조직을 선한 사업에 활용할 수 있을 뿐 아니라 그들을 돌이켜 정직한 성품으로 회복시켜 주면 30배, 60배, 100배의 이득을 거둘 수도 있겠지요."

듣고 있던 느다넬의 눈에 감동이 고이고 있었다.

"맞는 말씀입니다."

마르코스는 다시 아레스를 불렀다.

"그런데 아레스."

그는 책상 위에 펼쳐 놓은 지도를 들여다보며 말했다.

"네, 도미누스."

"베다니에 잠시 다녀와야겠다."

"제가요?"

"거기 가면…… 나사렛 예수의 제자 중에 삭개우스라는 사람이 있을 거야."

아레스가 고개를 갸웃거렸다.

"열 두 제자 중에는 삭개우스가 없는데요."

"지금은 그도 제자가 되어 있어."

"가룟 유다 대신 들어간 제자는 맛디아라고 하던데."

"사도가 아니라니까."

가룟 유다 대신으로 들어간 맛디아까지 열 두 명의 제자들을 그들의 공동체에서는 사도라고 불렀다. 그리고 예수의 생전에 그를 따르던 이들을 모두 제자라고 했던 것이다. 그들의 대화를 듣고 있던 느다넬이 끼어들었다.
"삭개우스라면, 그 여리고의?"
그는 본래 여리고 지역의 세리장이었던 것이다. 마르코스가 고개를 끄덕이며 아레스에게 일렀다.
"그 삭개우스라는 분을 찾아서 모셔와야겠다."
"세바스테로요?"
마르코스가 아레스의 입에서 나올만한 질문을 미리 막았다.
"사업상 필요해서 그러는 거야."

57

마르코스 요안네스

　아직 동이 트기 전인데도 도로는 후끈거리는 열기로 달아오르고 있었다. 카이사랴로 내려가는 길의 흙먼지 속에서 질주하고 있는 한 필의 말이 나타났다. 바람을 기다리는 것보다는 달려서 바람을 만들어내려는 기세였다.
　"이러다 정말 심판의 날이 오지 않을까?"
　나사렛 예수가 말한 것처럼 금방이라도 심판을 알리는 나팔 소리가 울리고 사람들이 무서워 부르짖는 소리가 들릴 것 같은데 정작 예수 자신은 예루살렘 성에 들어갈 때 나귀를 타고 들어갔다.
　"왜 그는 나귀 새끼를 탔을까?"
　스가랴 선지자가 남겨 놓은 예언을 이루기 위해서였을 수도 있었다. 나사렛 예수가 세상에 오기 500여 년 전, 바벨론에서 풀려나 돌아온 유대 백성들이 성전의 재건을 서두르고 있을 때 선지자 스가랴는 메시야의 도래를 예언했다.

시온의 딸아, 크게 기뻐할지어다
  예루살렘의 딸아, 즐거이 부를지어다
  보라, 네 왕이 네게 임하나니
  그는 공의로우며, 구원을 베풀며
  겸손하여서 나귀를 타나니
  나귀의 작은 것 곧 나귀 새끼니라

 그의 예언적 가르침 속에는 언제나 긴박함이 서려 있었다. 멸망의 가증한 것이 거룩한 곳에 서면 유대에 있는 자들은 산으로 도망하라고 했다. 지붕 위에 있는 자들은 집 안에 있는 것들을 가지러 내려가지 말며 밭에 있는 자들은 겉옷을 가지러 뒤로 돌이키지 말라고도 했다.
 "그런 급한 시기에 왜 나귀 새끼를 탔을까?"
 사람이 서둘러도 일의 결과는 아버지 손에 달렸다는 뜻일 수도 있었다. 그러나 성미 급한 게바가 평소에 말 타기를 삼가고 걸어다니는 것은 주님보다 빠른 것을 타기가 송구스럽기 때문인 듯 했다.
 "그래도 다비다를 구하러 갈 때엔 게바도 말을 탔어."
 어쨌든 마르코스는 말을 더 선호했다. 하나님의 계획이 이미 정해져 있다고 하더라도 사람은 최선을 다해야 한다는 생각이었다.
 "심판의 날이 오기 전에."
 그는 조금이라도 더 빨리 더 많은 곳을 달리고 싶었다. 하나님은 아브라함에게 네가 행하는 곳을 네게 주리라 했고 갈렙에게도 네가 밟는 땅을 네게 주리라고 했던 것이다. 그가 흙먼지 속에서 빠져나오자 카이사랴의 신전이 보이고 있었다. 헤롯 1세는 카이사랴에도 아우구스투스의 신전을 건축해 놓았던 것이다.

"팍스 로마나."

곡물의 값이 올라도 힘들어지는 것은 백성들이고 그들이 낸 세금으로 세상을 다스리는 자들에게는 상관이 없었다. 기근이 더욱 심해지고 있어도 카이사랴는 로마의 평화에 취해 있었고 거리마다 축제 분위기로 들떠 있었다. 클라우디우스 황제의 생일을 기리기 위한 축제가 시작되었던 것이다.

"코넬리우스 백부장을 만나러 왔습니다."

이탈리아 부대의 영문에 도착한 마르코스가 그렇게 말하자 경비병이 동이 트기도 전에 군부대를 찾아온 그를 놀란 눈으로 바라보았다.

"누구시라고 할까요?"

"마르코스 요안네스라고 하시오."

경비병이 지휘소에 연락을 하자 곧 군관 리누스가 달려나와 그를 안내했다.

"어서 오세요, 마르코스 형제."

코넬리우스 백부장은 이제 그를 형제라고 불렀다.

"너무 일찍 찾아온 것은 아닌가요?"

"괜찮습니다. 우리 이탈리아 부대는 언제나 비상 대기 상태니까요."

그가 권하는 대로 자리에 앉으며 마르코스는 우선 인사말부터 했다.

"사도 요한의 일행이 신세를 졌더군요."

"제가 할 일을 한 것뿐이지요."

"셀류기아로 가는 배의 출항이 늦어져서 아그립바 왕의 행렬과 마주칠 뻔 했다고 들었습니다."

"주님의 모친과 그 일행을 하나님께서 지켜 주신 것이지요."

"백부장이 여기 계셔서 큰 도움이 되고 있습니다."

"도울 일이 있으면 언제라도 말씀하세요."

"실은 제가 이렇게 온 것은……"

마르코스가 본론을 꺼내자 코넬리우스도 정색을 하며 귀를 기울였다.

"백부장도 아시다시피 유대와 사마리아에 이미 기근이 시작되었습니다."

코넬리우스도 이미 그 정황을 알고 있었다.

"그래서 오늘 저희 부대도 조금 긴장하고 있지요."

"네?"

"페니키아 사람들이 지금 카이사랴에 많이 몰려 왔거든요."

로마도 헬라가 그랬던 것과 마찬가지로 레바논 산맥 서쪽의 두로와 시돈 땅을 페니키아라 부르고 있었다.

"왜요?"

"페니키아 사람들은 여러 나라와 교역을 하고 있지만 곡물만은 거리가 가까운 에스드렐론 평야의 것을 수입하고 있었습니다. 그들이 평소에는 곡물의 구매자 입장에서 아그립바 왕에게 꽤나 거만하게 굴었지요."

"그런데요?"

"기근이 차츰 심각해지자 아그립바 왕은 페니키아로 보내는 곡물의 양을 대폭 줄여버린 겁니다. 페니키아 사람들이 왜 몰려왔는지는 모르나 아그립바 왕에게 행패를 부릴 수도 있거든요."

마르코스가 사태를 알고 고개를 끄덕였다.

"가뭄의 피해가 꽤 넓은 지역으로 확대되는 것 같습니다."

"문제가 곧 해소될 것 같지는 않더군요."

"실은 그래서 저도 백부장께 한 가지 정보를 얻으려고 온 것입니다."

"어떤 정보를요?"

마르코스는 잠시 생각을 정리하고 나서 말했다.

"로마는 이 문제를 어떻게 대처하고 있는지 알고 싶어서요."

코넬리우스가 어깨를 흠칫 했다.

"로마는 문제가 없지요."

"네?"

"모든 속주에서 생산된 곡물이 로마로 들어오고 있습니다. 작황이 나쁜 지역에 특별히 감세를 해 주는 수도 있지만 로마의 속주는 전세계에 있거든요."

"아……"

"한 지역에 문제가 생겨도 문제없는 다른 지역이 있으니까요."

"요즘처럼 동부 지역의 작황이 나쁠 때 거기서 부족해지는 분량은 주로 어떤 지역에서 보충이 됩니까?"

"로마의 속주는 워낙 많거든요. 유대나 수리아 또는 바벨론 지역 심지어는 마케도니아 지역까지 다 나빠진다고 하더라도 로마의 북방에는 게르마니아가 있고 서쪽에는 갈리아 지역, 그리고 더 멀리에는 브리타니카도 있지요."

로마가 그 많은 군비를 들여가며 세계를 경영하는 이유가 바로 그것이었다. 그렇게 널려 있는 속주들 중에서 비록 어느 한 부분에 공백이나 문제가 발생하더라도 그 반대편에서 부족한 것을 보충하거나 대책을 세울 수 있기 때문에 로마의 권력은 여전히 확고할 수 있었던 것이다.

"게르마니아나 갈리아의 곡물은 어떻게 수송됩니까?"

코넬리우스는 벽에 걸려 있는 지도를 가리키며 대답했다.

"게누아를 거쳐 로마로 들어오지요."

이탈리아 반도 서쪽 바다의 북쪽 끝에 있는 게누아는 게르마니아와 갈리아에서 나오는 상품들을 지중해로 끌어내는 중요한 항구이기도 했다.

"다른 곳으로 실어가려면요?"

"예를 들어 로마가 이곳 카이사랴에 와 있는 이탈리아 부대의 군량을 수송하려면 이탈리아 남부에 있는 크로토네 항에서 선적을 합니다."

"크로토네……"

마르코스가 잠시 숨을 멈추었다가 길게 내쉬었다. 그의 부친 이드란의 마지막 항로에도 그 크로토네 항이 포함되어 있었던 것이다. 그러나 지금 마르코스의 머리 속은 게르마니아와 갈리아로 꽉 차 있었다. 바벨론과 파르디아까지 가뭄의 영향을 받아 어려워진다면 그 다음의 대안은 게르마니아와 갈리아뿐이었다. 그 때 군관 리누스가 들어오며 보고를 했다.

"아그립바 왕이 연극장 쪽으로 오고 있습니다."

코넬리우스가 일어서며 물었다.

57

"연극장에?"

마르코스도 따라 일어섰다.

"왕이 곡예나 마술을 하려는 것은 아니겠지요?"

코넬리우스가 라누스에게 다시 물었다.

"페니키아 사람들은 어떻게 하고 있다던가?"

"어제 밤에 왕의 시종 블라스도를 통해 청을 넣어 곡물의 추가 배정을 왕에게 탄원했답니다."

"아그립바 왕의 대답은?"

"그 대답을 연극장에서 할 것 같습니다."

"어쨌든 왕이 나타났다면 예사로운 일은 아니다. 부대원들이 연극장으로 출동하도록 긴급 명령을 하달하라."

"알겠습니다."

군관 리누스가 물러가자 그가 마르코스에게 말했다.

"아그립바 왕이 연극장에서 무엇을 하려는지 함께 가서 보실까요?"

마르코스 요안네스

푸른 바다를 향해 부채꼴 모양으로 펼쳐진 연극장은 벌써 사람들로 꽉 들어차 있었다. 동쪽의 신전 쪽에서 떠오른 해가 무대를 비추기 시작했을 때 갑자기 사람들이 큰 소리로 외쳤다.

"아그립바 왕 만세!"

바다를 배경으로 아침 햇살을 받으며 아그립바 왕이 무대에 나타났다. 은으로 장식한 왕의 제복이 햇살을 받아 그의 온 몸은 은빛으로 번쩍였다. 마치 사람이 아닌 신처럼 등장한 그의 신비한 모습을 보고 극장을 가득히 메운 백성들은 두 손을 흔들고 발을 구르며 열광했다.

"저건 사람이 아니라 신이야."

"우리의 왕, 우리의 하나님이시여."

그가 두 팔을 높이 치켜 올리자 백성들은 일시에 조용해졌다.

"나의 백성들이여."

그러자 바다를 향한 계단식 객석에 있는 백성들에게 왕의 목소리가 바다 바람을 타고 해일처럼 덮쳐들었다.

"유대와 사마리아 그리고 갈릴리와 그리고 베뢰아와 드라고 닛에서 온 나의 백성들이여. 그리고 멀리 이방의 두로와 시돈에서 내게 경의를 표하기 위해 찾아온 나그네들이여."

바다 바람은 그의 목소리를 수십 배의 크기로 울리게 했다. 객석의 백성들은 모두 그 자리에 꿇어앉으며 떨리는 목소리로 부르짖었다.

"주여, 우리를 구하소서."

페니키아에서 온 자들이 더욱 열광적으로 외쳤다.

"오 신이시여…… 우리에게 자비를 베푸소서."

아그립바 왕은 흡족하여 백성들을 향해 외쳤다.

"유대와 사마리아여, 영원하라. 드라고닛과 베뢰아여, 강건하라."

백성들이 그에게 화답했다.

"오, 신이시여."

"두로와 시돈이여, 번영하고 창대할지어다."

"아그립바여, 영광을 받으소서."

왕이 백성들로부터 신으로 추앙받는 모습을 보며 코넬리우스의 얼굴이 어두워졌다. 그가 신음하듯 중얼거렸다.

"친구의 길을 그도 따라가고 있군."

아그립바와 친했던 칼리굴라도 역시 신이 되려다가 부하의 칼에 맞아 죽었던 것이다. 그 때 갑자기 극장 안을 메우고 있던 백성들이 일제히 비명을 질렀다. 무대 위에서 신처럼 포효하던 아그립바가 배를 움켜쥐며 쓰러졌던 것이다. 시위대 병사들이 달려나와 왕을 살펴보더니 그의 몸뚱이를 들고 나갔다. 놀란 사람들이 떠들어대는 가운데 코넬리우스가 말했다.

"우리가 만날 수 있는 날도 얼마 남지 않은 것 같습니다."

"네?"

"제가 로마로 돌아갈 날이 다가온 것 같아서요."

코넬리우스의 말에 마르코스가 놀라며 다시 물었다.

"무슨 말씀이죠?"

"아시다시피 이탈리아 부대가 카이사랴에 파견된 것은 칼리굴라의 친구였던 아그립바를 감시하기 위해서였거든요. 이제 그가 죽으면 이탈리아 부대의 임무가 끝난 것이니 로마로 돌아가야지요."

"귀임하신 후에도 저희를 도울 일이 있을 겁니다."

"저 같은 군인이 무슨……"

"주님께서 직접 말씀을 하시겠지요."

59

마르코스 요안네스

    카이사랴의 극장에서 쓰러진 아그립바 왕이 5일만에 숨을 거두자 유대와 사마리아에서는 오히려 그를 규탄하는 혼란이 일어났다. 아그립바의 측근들은 혼란의 틈새를 이용하여 투옥되어 있던 군대장관 실라스를 살해했다. 로마는 아그립바의 17세된 아들 아그립바 2세로 뒤를 잇게 하고 쿠스피우스 파두스를 총독으로 임명하여 어린 왕의 통치를 감독하게 했다.
    "아무래도 이대로 버티기는 어려울 것 같군요."
    느다넬의 얼굴이 어두워져 있었다.
    "곡물 대금으로 변제할 상품도 이제는 바닥이 났습니다."
    사마리아의 극심한 가뭄이 마침내 재앙의 단계로 접어든 것이었다. 세바스테를 떠나지 못하고 있는 마르코스에게 애굽의 다브네스는 이제 더 이상 곡물의 선적이 어렵다는 연락을 해 왔고 밀레도와 에베소 쪽에서도 역시 마찬가지였다.
    "신용 대출도 가망이 없습니까?"
    "그나마 어린 왕이 들어선 후로 사마리아의 미래에 기대를 거는 상인들은 아무도 없습니다."

이미 아그립바 2세에 대해서는 좋지 않은 소문이 파다하게 나 있었다. 전왕 아그립바에게는 베레니케, 마리암네, 드루실라 등 세 딸이 있었는데 그 중 숙부와 결혼한 베르니케는 어렸을 때부터 친오라비인 아그립바 2세와 근친상간의 관계를 맺고 있었다는 것이었다.

"수리아 총독도 바뀌었다죠?"

"카시우스 롱기누스가 새로 부임했답니다."

이는 유다와 수리아의 극심한 가뭄으로 로마의 동방 경영도 쉽지 않음을 말해주고 있었다.

"뭔가 획기적인 방안이 있어야 하는데."

마르코스가 이마를 두드리고 있을 때 아레스가 한 사내와 함께 들어섰다. 오순절이 지나서 마르코스의 지시를 받고 떠난 아레스가 여름을 다 보내고 초막절이 가까운 때에 나타났으니 거의 넉 달이나 걸린 셈이었다.

"너무 늦었습니다, 도미누스."

그와 함께 온 작은 사내를 눈여겨보며 마르코스가 대답했다.

"들노루보다 빠르다는 말은 이제 영 틀렸군."

"보고를 자주 올렸습니다만…… 이분을 찾기가 너무 힘들었거든요."

마르코스는 벌써 그가 누구인가를 짐작하고 있었다.

"삭개우스 선생님?"

그가 고개를 숙이면서 말했다.

"네, 제가 여리고의 세리장이었던 삭개우스입니다."

마르코스가 일어나 그에게 정중한 태도로 인사하고 자리를 권했다.

"잘 오셨습니다, 선생님."

"다락방집 아드님이 어떤 분인지 보고 싶었는데 반갑습니다. 주님께서 잡히시던 밤에도 함께 계셨다지요?"

"부끄럽지만 그 때는 무서워서 도망을 쳤는데요."

"당시엔 모든 제자들이 다 도망쳤다니까 부끄러울 일이 아닐 것 같습니다. 저는 그 때 여전히 여리고에 있었지요. 주님께 약속한 대로 재산의 반을 처분해서 가난한 사람들에게 나눠 주고 토색한 것을 찾아내 변상해 주느라고."

"큰일을 하셨군요."

그는 우선 함께 있던 느다넬 점주를 그에게 소개했다.

"빌립 집사가 지도해 주고 있는 세바스테 교회의 느다넬 형제입니다. 제 일을 도와주고 있는 동료이기도 하지요."

함께 오면서 아레스가 다 설명을 해 주었는지 삭개우스는 세바스테의 상황을 잘 알고 있는 것 같았다.

"어려울 때에 수고가 많으십니다."

"선생님께서 여기까지 오시느라고 수고하셨지요."

느다넬의 인사말을 들으면서 아레스가 그동안 삭개우스를 찾느라고 애썼던 자신의 수고도 털어 놓았다.

"몸집도 작으시면서 어찌 그리 온 세상을 휩쓸고 다니시는지."

삭개우스가 고개를 끄덕였다.

"작은 것도 감사하지요. 그래서 주님을 만났으니까."

나사렛 예수가 마지막으로 여리고에 들렀을 때 많은 사람들이 그를 보려고 나와서 에워쌌다. 키가 작은 세리장 삭개우스는 근처의 높은 뽕나무에 올라가서 예수를 바라보다가 그의 눈에 띄었던 것이다. 예수는 그에게 내가 오늘 당신의 집에 머물 터이니 거기서 내려오라고 했다. 삭개우스는 아직도 그 때의 일에 감격하고 있는 듯 했다. 마르코스가 그에게 물었다.

"그런데, 어디를 그렇게 다니셨습니까?"

"내가 본래 모아 놓은 재산이 좀 있었거든요. 여기 저기 재난이 있는 곳마다 찾아다니며 힘들고 어려운 사람들을 조금씩이나마 도와주고 또 그들에게 주님의 가르침을 전하곤 했지요."

그가 세리장으로 있었던 여리고는 온 세상의 상인들이 모여드는 곳이었다. 그래서 모든 지역에 대한 정보가 그의 손 안에 있었고 또 여러 나라의 방언도 할 수 있어서 자유롭게 다닐 수가 있었을 것이었다.

"그런데 이제는 유대와 사마리아가 재난 지역이 되었습니다."

"주님의 날이 가까워 오는 징조겠지요."

나사렛의 예수는 이미 그 일을 예고했었다.

"그 날이 가깝다고 하더라도 사람이 해야 할 일은 해야 한다고 저는 생각하고 있습니다."

마르코스가 그렇게 말하자 삭개우스는 빙그레 웃으며 그를 바라보았다.

"씩씩하신 모친을 많이 닮았군요."

"제 어머니를 만난 적이 있으십니까?"

"일부러 찾아가서 뵌 적이 있습니다. 주님의 식사 자리를 마련해 드렸고 성령의 강림이 있었던 그 댁의 복 많은 주인이 어떤 분인지가 궁금했거든요."

"장사에 끌리는 것은 아버지를 닮은 것 같습니다만."

삭개우스는 고개를 끄덕이더니 다시 물었다.

"자, 저를 찾으신 이유가 무엇인지 어디 들어볼까요?"

"혹시 베다니에서 선지자 아가보를 만난 적이 있으십니까?"

"네, 만난 적이 있지요."

"그 분의 말씀에 의하면 유대와 사마리아는 지금 큰 재난 속으로 들어서고 있습니다. 뿐만 아니라 이번 극심한 가뭄과 기근은 온 천하로 번져나갈 기세입니다. 지금 이드란 상회도 천하의 모든 지역에서 곡물을 들여와 유다와 사마리아의 수요를 대고 있습니다만 상황은 점점 더 어려워지고 있습니다."

"결국은 주님께서……"

삭개우스는 다시 나사렛 예수의 말을 인용했다.

"더 큰 환난이 오기 전에 믿는 자들을 예루살렘 밖으로 빼내실지도 모릅니다. 겉옷을 가지러 집으로 돌아가지 말라고 하신 말씀은 결국 신속하게 재난의 지역을 빠져나가라는 뜻인 것 같기도 합니다."

마르코스가 고개를 끄덕였다.

"바로 그것입니다. 유대인들이 필라투스 총독에게 그분을 죽여달라고 청원할 때 그 피를 우리와 우리 자손에게 돌리라고 했거든요."

"이미 많은 형제들이 유대를 떠나 다메섹과 안티오키아로 옮겨갔지요."

"아그립바의 박해로 사도들도 일단 몸을 피했습니다만 아직도 예루살렘과 베다니에는 저의 모친을 비롯해서 많은 사람들이 그대로 남아 있습니다. 아가보 선지자의 예언대로 된다면 그들이 예루살렘에서 더 버티다가는 유대인들과 함께 재앙을 당할 수도 있을 것입니다."

전왕 아그립바가 급사한 후로 나사렛 예수를 따르는 베다니 사람들에 대한 박해가 어느 정도 수그러들기는 했으나 그들을 적대시하는 유대인의 눈총이 덜해진 것은 아니었다. 게다가 극심한 가뭄이 계속되고 기근이 심해지면 유대인들은 또 예수의 제자들을 재앙의 원인으로 몰아 박해할 수도 있었다.

"그래서…… 어떤 계획이 있습니까?"

"제가 알아본 바로는 유대와 사마리아 그리고 수리아와 파르티아와 페르시아의 모든 지역에 극심한 가뭄과 기근이 번지더라도 로마 제국의 입장에서 본다면 그나마 극심한 가뭄의 영향을 받지 않는 지역이 있습니다."

"그게 어디지요?"

마르코스가 지도를 펼쳐 보였다.

"로마 북쪽에 있는 게르마니아와 서부의 갈리아 지역입니다. 지금도 그쪽 지역의 곡물이 들어오고 있기 때문에 로마는 이쪽의 극심한 가뭄에 아무런 영향도 받지 않고 있는 것입니다."

"그래서요?"

"저희 이드란 상회는 이미 애굽 지역의 상황까지 나빠져서 게르마니아와 갈리아 지역의 곡물을 수입해보려고 합니다. 그러나……"

"그러나?"

"곡물을 들여오려면 그 대가로 현금이나 상품을 지불해야 하는데 지금 유대와 사마리아는 현금도, 신용도 바닥이 난 상태이고 아마와 양털도 생산이 저조합니다. 결국 원자재를 들여다가 상품으로 가공해서 팔아야 하는데"

"수공업이나 제조업이 필요하다는 거로군요?"

"그렇습니다. 페니키아 사람들이 염색 공업을 발달시켜 붉은 옷감으로 교역의 주도권을 잡은 것처럼 우리도 보석이나 유리의 세공이라든가 또는 도자기와 수예품, 가죽 제품과 금속 제품처럼 손의 품을 파는 일이 필요합니다."

"그렇다면 내가 할 일은?"

"염직물이나 수예품 사업을 확산시키는 일은 이미 여리고의 클로리스 점주에게 부탁을 해 놓았습니다만 그 기술과 조직을 유대와 사마리아 모든 지역에 확대하는 일에는 선생님처럼 정보에 밝으신 분이 필요합니다."

"나더러 수예품 조합을 만들라고?"

"뿐만 아니라 보석과 유리의 세공, 도자기의 제조, 가죽 제품과 금속 제품 등 새로운 분야의 기술을 수집, 연구하여 가르치고 보급해야 합니다. 그런 사업과 시장을 개척하려면 아무나 할 수 있는 일이 아니거든요."

"나는 기술자가 아니라 세금쟁이요."

"선생님은 어떤 사업을 해야 세금을 많이 낼 수 있는지 알아내는 탁월한 감각을 지니고 계실 것입니다. 그것도 역시 하나님께서 주신 재능이 아니겠습니까? 그러나 실은 삭개우스님께 부탁드릴 더 중요한 일이 있습니다."

"더 중요한 일?"

마르코스는 티레니아 바다의 북쪽, 즉 이탈리아 반도 위의 서쪽 해안에 있는 게누아 항구를 손끝으로 짚었다.

"갈리아와 게르마니아에서 나오는 곡물과 모든 상품은 이 게누아 항에서 선적하여 지중해로 실어내고 있습니다. 그래서 게누아 항은 서부 지중해의 교역 중심지로 크게 각광을 받고 있거든요."

"그런데요?"

"저는 아직 사람들이 관심을 갖고 있지 않은 새로운 항구와 새로운 교역 항로를 개척하고 싶습니다."

"새로운 항구?"

장사에 능한 페니키아 사람들이 이미 지중해의 구석구석까지 들어가 항구와 도시들을 개발했고 그들이 개척한 항로를 따라 헬라 사람들이 들어가 자리를 잡았으며 다시 로마의 권력이 그 모든 지역들을 장악하고 있었다. 그들이 남겨둔 사각 지대란 있을 수 없었던 것이다.

"바로 여깁니다."

삭개우스는 물론이고 아레스와 느다넬도 눈을 크게 뜨고 지도의 한 지점을 짚은 마르코스의 손끝을 바라보았다.

"······?"

그들은 서로의 얼굴을 마주 보았다. 마르코스의 손끝이 짚고 있는 지점은 헬라와 이탈리아 반도의 사이, 그러니까 아드리아 바다의 북쪽 끝에 있는 베네토 지역이었다. 삭개우스가 고개를 들어 마르코스를 바라보았다.

"왜 그 지역에 항구가 없는지 아십니까?"

"항구를 만들기 어려워서지요."

"그렇습니다. 내가 알기로 베네토 근처의 해안은 모두 개펄인 데다가 백여 개의 섬들이 해초처럼 떠 있어서 그 섬들 사이로 배가 드나들 수도 없고 개펄에 방파제를 만들 수도 없기 때문입니다."

고개를 끄덕이고 있던 마르코스가 입을 열었다.

"그래서 바다 위에 항구를 만들려구요."

삭개우스가 눈을 크게 떴다.

"뭐라구요?"

"왜 항구를 바닷가의 땅에만 만들어야 합니까? 섬과 섬을 연결하여 방파제를 만들고 그 방파제들을 다시 모두 연결하여 그 위에 도시를 건설하는 것입니다. 도로 대신 방파제 사이의 물길로 작은 배가 다니고 부두를 만들어 큰 배가 정박할 수 있게 한다면 최초의 수상 도시가 될 것입니다."

"그게 가능하겠습니까?"

"제 친구 아폴로스의 부친 요아스님이 지금 알렉산드리아의 천문대의 일을 거의 끝내서 시간을 내실 수 있는 상태입니다. 그분께 베네토의 새 항구를 설계하도록 부탁을 드릴 생각입니다."

아레스가 놀라며 그를 보았다.

"정말이에요?"

마르코스가 빙그레 웃으며 삭개우스에게 아레스와의 관계를 설명했다.

"요아스님은 아레스의 조부와 사촌간이거든요."

"그런데…… 왜 그토록 어렵게 새 항구를 건설하려는 거죠?"

마르코스가 숨을 깊이 들이마신 후 대답했다.

"예루살렘에 심판의 날이 닥쳤을 때 베다니의 형제들이 옮겨 갈 피난처를 미리 준비하는 것입니다. 그러기 위해서는 아무도 관심을 갖지 않아 버려진 지역을 찾아내 새로운 근거지를 만드는 것이 필요했습니다."

"그러나 아무리 버려진 땅이라 하더라도 로마 제국이 자기네 겨드랑이에 새로운 항구를 만들도록 방관하겠습니까?"

"안티오키아 교회를 돕는 율리아 자매의 부친 페트로니우스 행정관이 황제의 측근에 있고 카이사랴에서 게바님의 세례를 받은 코넬리우스 백부장이 귀국하여 베네토 부근 라벤나 군단의 지휘관으로 있습니다."

삭개우스와 아레스 그리고 느다넬도 고개를 끄덕였다. 그들이라면 새 항구의 건설을 상부에 긍정적으로 보고해 줄 수 있을 것 같았다.

"그렇다면,"

삭개우스가 다시 물었다.

"내게 부탁할 더 중요한 일은 뭡니까?"

"선생님께서 그 새로운 항구의 총괄 책임자가 되어 주셨으면 합니다."

"뭐라구요?"

"우선은 지난날 선생님 밑에서 함께 일하던 세리들을 모두 회심시켜 베다니 공동체에 끌어들여야 합니다."

"그건 지금도 하고 있는 일이지요."

"그들로 하여금 유대와 사마리아와 베뢰아의 모든 지역에서 보석과 유리의 세공, 도자기의 제조, 수예품, 가죽 제품, 금속 제품 등의 기술과 상품화를 지도하고 그들의 조직을 관장해 놓아야 합니다. 비상시가 되면 언제라도 즉시 집단 이주가 가능하도록 준비해야 하니까요."

"그래도 내가 어떻게 그런 일을?"

"베네토에 건설할 새 항구는 수공업의 중심지가 되면서 게르마니아와 갈리아의 생산품들을 운송하는 항구로서 게누아와 맞먹는, 그리고 그곳과 경쟁할 수 있는 상업 도시가 되게 할 생각입니다."

"그래야겠지."

"새 항구를 그런 교역의 중심지로 만들려면 여리고에서 각국의 상인들을 상대하며 일했던 선생님의 체험과 능력이 절대적으로 필요합니다."

삭개우스는 눈을 감으며 두 손을 모았다.

"오, 주여……"

마르코스 요안네스

헤롯 1세가 건설한 뛰어난 작품 중의 하나인 카이사랴의 인공 항구에 마르코스는 다시 서 있었다. 로마의 지배에 대하여 저항적이었던 욥바 항과 별도의 군사 교두보가 필요했던 로마 제국을 위해 그는 스트라토 망대가 있던 바위투성이의 바닷가에 인공 항구를 건설했던 것이다.

"건축가로서는 훌륭했어."

어느 누구도 그의 능력을 깎아내릴 수 없었다. 그는 80규빗 깊이의 바다에 집채만한 바위들을 채워 넣어 폭이 120규빗이나 되는 거대한 방파제를 조성하고 전함이나 상선이 이중으로 정박할 수 있는 부두를 12년 만에 완공했다. 선원들은 카이사랴 항의 규모가 아테네의 피래우스 항보다 훨씬 크다고 했다.

"이두매 사람인 그가 이런 일을 해냈다면"

야곱의 형이었던 에돔을 헬라 사람들은 이두매라는 이름으로 불렀고 그의 자손들을 이두매인이라고 했다. 장자권을 잃어 변방 족속이 된 이두매 출신의 헤롯이 80규빗 깊이의 바다를 바위로 메워 인공 항구를 건설했는데 야곱의 자손이 베네토의 개펄에 인공 항구를 만들지 못할 것도 없었다.

"알렉산드리아 배가 들어온다!"

사람들이 부두에 모이기 시작했다. 배의 이름은 5년 전 그가 두 친구와 함께 타고 알렉산드리아를 떠났던 그 베레니케 호였다. 그 때로부터 5년 하고도 반년이 더 흘러서 그는 32세가 되어 있었다.

"아저씨!"

승객들 중에서 낯익은 얼굴을 찾아낸 그가 손을 흔들었다.

"아, 마르코스."

요아스는 마치 아들을 만난 듯 그를 포옹했다.

"벌써 3년이 지났네요."

이드란 상회를 재건하기 위해 알렉산드리아에 갔을 때보다 흰머리가 더 는 것 같았다. 요아스의 나이가 마르코스의 부친 이드란과 동갑이니 이제 그도 60에 접어들었을 것이었다.

"베레니케 호를 타셨으니 달로스 선장을 만나셨겠군요."

달로스는 친구 게메로스의 부친이었다.

"음. 게메로스는 아직 파포스에 있다고 하더군."

"아폴로스 소식은 들으셨습니까?"

"여전히 아테네의 아카데미아에서 철학자들과 떠들고 있는 모양이야."

"필로의 후계자가 하나 더 나오겠군요."

그는 유대인의 토라를 헬라적 논리로 해석하여 인정을 받은 대학자였다.

"칼리굴라의 권력 앞에서는 필로도 소용없던걸."

그는 마르코스 쪽에 더 관심이 많았다.

"알렉산드리아에서 베가로부터 자네 이야기를 자주 들었어. 지난 5년 동안 부친이 하던 일을 거의 다 복구했다고 하더군."

"아직도 그냥 아버지의 그늘에서 뛰고 있습니다."

요아스는 심호흡을 하며 인공 항구 카이사랴의 방파제와 부두, 그리고 연극장과 신전과 총독궁 등을 둘러보고 있었다.

"헤롯은 역시 대단했어."

그는 하늘을 가로지르는 인공 수로를 바라보며 중얼거렸다.

"건축가로서의 헤롯을 말씀하시는 건가요?"

"물론이지."

"이제 아저씨도 그런 일을 하실 때가 되었습니다."

"내가?"

세관을 통과하자 마르코스는 일단 요아스를 객관으로 모셨다.

"카이사랴에 저희 대리점이 있기는 합니다만 우선 중요한 일을 말씀드리기 위해 이 객관으로 모셨습니다."

"중요한 일이라고?"

마르코스의 연락을 받고 무세이온 연구실에 있는 그를 카이사랴로 오도록 애쓴 사람은 알렉산드리아의 다브네스였다. 그를 카이사랴로 초청한 것은 그만큼 중요한 일이 있기 때문이었다.

"다브네스의 연락을 받으셨지요?"

"매우 똑똑한 아가씨를 두었더군. 목적을 분명히 말해주지 않으면서도 나로 하여금 카이사랴로 가는 배를 타지 않고는 못 배기게 만들었거든."

"실은 저도 그 아가씨에게 꼼짝을 못한답니다."

요아스가 잠시 숨을 돌리도록 기다려서 그는 품 안에 들어 있던 지도를 꺼내 객실의 탁자 위에 펼쳐 놓았다.

"이건…… 이탈리아가 아닌가?"

"그렇습니다."

그의 손가락이 이탈리아 반도의 동쪽 겨드랑에 있는 베네토를 짚고 있었다.

61
마르코스 요안네스

인공 항구의 조성으로부터 시작된 헤롯 1세의 카이사랴 건설은 그 도시의 구상에서부터 저장 시설과 민간 주택, 그리고 상하수도의 설계에 이르기까지 깊이 들어가면 들어갈수록 탄복할만한 것이었다. 유대인의 초막절이 임박하여 시작된 요아스의 현장 실사는 하누카의 절기까지 계속되고 있었다.

"이두매 사람에게 이런 재능이 있었다니."

하스몬 왕조의 공주였던 아내 마리암네를 비롯하여 두 아들까지 처형해 잔혹한 인물로 알려진 헤롯 1세는 베들레헴에서 유대인의 왕이 될 아기가 태어났다는 말을 듣고 두 살 이하의 어린 아이를 모조리 죽이라고 명령했던 폭군이었다. 요아스가 그런 인물의 재능에 감탄하자 마르코스가 말했다.

"그도 셈의 후예, 아브라함의 자손일 테니까요."

하나님이 노아에게 방주를 만들도록 했을 때 농사를 짓던 노아의 세 아들은 배를 건조하는 데 필요한 기술을 익혔다. 셈은 건축 기술을 배웠고 함은 금속의 제련과 기계 제작을, 그리고 야벳은 운항 기술을 익혀서 거대한 방주를 건조할 수 있었던 것이다. 홍수가 끝난 후 셈의 손자 가이난은 그가 전수받은 건축 기술을 바벨탑 건축에 제공하여 파문을 당했다.

"이상한 일이야."

"네?"

"건축 기술은 인간의 삶을 위해 쓰여야 하는데."

"하나님을 대적하는 일에 사용되었지요."

가이난이 니므롯의 바벨탑 건축을 도운 이후로 인간은 늘 신전과 왕궁의 건축에 동원되었다. 애굽에 들어간 야곱의 자손들은 노예가 되어 신전과 피라미드를 건설했고 아합은 가나안 신들의 신전을 건축했다. 북과 남이 다 멸망한 후에 백성들은 바벨론에 끌려가서 노역에 시달렸고 또 헤롯의 시대에는 로마의 신들과 황제들을 위한 신전 공사에 나서야 했다.

"하나님을 떠나면 인간은 짐승이 되는 거야."

"헤롯 1세는 어떤가요?"

"묘한 인간이지."

"네?"

"권력을 쟁취하고 지키는 데 열중하면서도"

그는 유대인의 환심을 사기 위해 크고 장엄한 성전을 건축했다. 46년을 걸려 완공한 대공사였다. 그러면서도 그는 세바스테와 카이사랴 등 여러 곳에 아우구스투스의 신전을 비롯하여 여러 신전을 세웠던 것이다.

"그의 도시 설계는 놀라운 것이었어."

"하나님이 모든 사람에게 재능을 주셨지만"

마르코스가 요아스의 말을 자신의 생각으로 해석했다.

"제 욕망을 위해 그것을 사용하면 그게 재앙이 되는 것 같군요."

"자네가 베네토에 새 항구를 건설하겠다는 것은"

요아스가 혼잣말처럼 중얼거렸다.

"욕망인가, 공의인가?"

"적어도 저의 욕망을 위해서는 아닙니다."

"그런데 왜 굳이 크리스티아누스만을 이주시키려는가?"

안티오키아에서 나사렛 예수의 가르침을 따르는 사람들에게 붙여진 그 호칭이 어느새 알렉산드리아까지 들어가 요아스도 그것을 알고 있었던 것이다. 그러나 요아스는 아직 유대인이었고 레갑의 후예였다. 그는 베네토에 새 항구 건설을 계획하면서 유대인을 염두에 두지 않는 것에 대해 유감으로 생각하고 있었다.

"크리스티아누스가 조용하기 때문이지요."

"조용하다니, 무슨 뜻이지?"

"칼리굴라의 말년에 알렉산드리아를 비롯해 각지에서 일어난 유대인 폭동을 아시지요? 유대인은 시끄럽고 폭력적입니다. 그러나 크리스티아누스는 예루살렘과 안티오키아 그리고 다메섹에서도 말썽을 일으키지 않았거든요."

"자네도 크리스티아누스가 된 거야?"

마르코스가 잠시 화제를 우회시키며 되물었다.

"아저씨, 나사렛의 예수가 레갑의 후예였다는 것은 아시죠?"

요아스도 유다 지파의 자손이고 알렉산드리아로 건너간 레갑의 후예였다.

"나사렛의 목수였다는 것은 알고 있지."

"그가 나사렛을 다시 방문했을 때 레갑 사람들이 그를 죽이려 했지요."

"성전 건축에 관심이 없었기 때문이겠지."

요아스는 17살 때 하누카의 축제에서 마르코스의 부친 이드란과 만났고, 유대인의 손으로 새 성전을 건축하자는 것에 의기 투합하여 함께 알렉산드리아로 건너갔던 것이다. 그러나 나사렛 예수는 성전 건축에 부정적이었다. 하나님은 성전에 계신 것이 아니라 사람 안에 있다고도 했다.

"아저씨께서 말씀하신 것처럼 건물보다 중요한 것은 인간이거든요. 나사렛의 예수가 전한 하나님의 나라는 곧 인간의 나라였던 것 같습니다."

"인간의 나라?"

"아버지가 자녀의 행복을 바라듯 하나님이 사람을 창조하신 것은 그들이 행복하게 살도록 하기 위해서가 아니었을까요?"

"내 생각도 그래."

그도 역시 인간의 행복을 위한 건축에 전념해 왔던 것이다..

"그러나 많은 사람들이 하나님의 이름으로 인간을 불행하게 만들어 왔습니다. 율법사들이 사람의 행복을 둘러막았고 성전의 제사장들은 그것을 가로챘으며 왕들은 폭력의 사슬로 인간을 묶었습니다. 나사렛 예수는 상실한 인간의 행복을 되찾아 주기 위해 십자가에 달렸던 것은 아닐까요?"

"그러나, 그러나……"

요아스는 조상들의 전통과 자부심을 선뜻 던져버리기가 쉽지 않은 것 같았다. 그것은 또 그가 60 평생을 추구해 온 것이기도

했다.

"베다니의 크리스티아누스 집회에서 많은 병자들이 치유되는 것을 보고 아폴로스와 저는 당황했지요. 그러나 우리의 결론은 분명했습니다. 인간에게 병을 준 자는 나쁘고 그들의 병을 고쳐 주는 자는 선하다는 것이지요."

"맞는 말이야."

요아스가 고개를 끄덕이자 마르코스의 말에 힘이 실렸다.

"나단 선지자가 다윗에게 전한 하나님의 말씀…… 네게서 날 자가 내 집을 세울 것이라는 그 의미를 나사렛 예수는 성전이 아니라 인간을 하나님의 자녀로 회복시켜 주는 하나님의 나라로 해석했던 것 같습니다."

"하나님의 나라……"

요아스가 그의 말에 끌려들자 마르코스가 힘주어 말했다.

"저는 베네토에 그런 항구를 건설하고 싶습니다. 인간이 인간을 불행하게 하지 않는, 서로가 서로를 행복하게 하는 그런 항구를요."

그 때 방문 밖에서 인기척이 들렸다.

"말론 점장이 온 모양입니다."

도시 설비의 안내를 위해 마르코스가 그를 불렀던 것이다. 객실 안으로 들어온 말론이 뒤를 돌아보며 그들에게 말했다.

"저, 손님을 모시고 왔는데요."

"손님?"

그를 따라 들어온 사람은 바로 삭개우스였다.

"어서 오세요, 기다리고 있었습니다."

마르코스가 요아스에게 그를 소개했다.

"이 분은 한 때 여리고의 세리장으로 일하셨던 삭개우스 선생이십니다."

요아스는 이미 마르코스로부터 그가 장차 베네토 항구의 운영을 맡게 될 것에 대해 들었기 때문에 말론 점장이 있는 자리에서는 그런 이야기를 하지 않았다.

"반갑습니다."

마르코스가 다시 삭개우스에게 인사를 했다.

"아레스에게서 보석과 유리 세공 사업이 예루살렘과 사마리아에서 순조롭게 진행되고 있다는 보고를 받았습니다."

"도자기와 가죽 제품 그리고 금속 사업도 곧 궤도에 오를 것 같습니다. 가죽 제품 개발에는 욥바의 갖바치 시몬이 힘을 썼지요."

"한 해 동안 대단한 성과를 올리셨네요."

"그게 우리의 살 길이니까."

"혹시, 예루살렘에 다른 변화는 없나요?"

"예루살렘에 나타난 마술사가 문제를 일으키기 시작했지요."

"마술사요?"

마르코스는 마술사 시몬을 생각하며 눈을 크게 떴다.

"테우다스라는 마술사가 길거리에서 손재주로 인기를 끌더니 윗성의 연극장에서 공연을 하게 되자 선지자를 자칭하며 백성을 미혹하기 시작했지요. 그러나 유대인들은 오히려 그를 떠받들고 있습니다."

"마술사들의 조직은 왕궁이나 관청에까지 손을 뻗고 있어 유대인들에게도 무시 못 할 존재였다. 그러나 유대인들이 그를 두둔하는 것은 그의 마술로 베다니에서 나타나는 기적을 제압하려는 의도임이 분명했다.

"위험한 일이 생겼군요."

"테우다스도 자신의 능력이 예수보다 위라고 떠들고 있습니다."

"지혜롭게 대처해야 할 것 같습니다."

마르코스는 잠시 말론을 바라보고 나서 요아스와 삭개우스에게 말했다.

"오늘은 카이사랴의 밑바닥을 안내하려고 합니다."

"밑바닥이라고?"

그는 일어서며 말론에게 물었다.

"준비가 되었나요?"

"네, 말씀하신 대로 모두 수배해 놓았습니다."

말론은 준비한 대로 그들을 안내했다. 총독궁 관리의 협조 지시가 이미 모든 시설에 하달되어 있었다. 그는 등불을 켜 들고 카이사랴의 지하에 설치된 수조, 곡물 저장고 등 지하 시설로 그들을 안내했다. 저장실 중 일부는 항구와 바다까지 지하 통로로 연결되어 물자의 직접 운반이 가능하도록 되어 있었다.

"지하 역시 지상 못지않게 아름답군."

요아스가 아름답다고 하는 것은 모양이 아닌 기능이었다.

"배수 설비는 더 놀랍습니다."

말론은 배수를 위한 통로로 그들을 안내했다.

"보시다시피 이 통로는 경사지게 설계되어 있습니다. 신전이나 관청, 목욕탕 등은 물론이고 가정의 하수까지 카이사랴에서 나오는 모든 하수는 이곳에 모여 바다로 흘러 들어가게 되어 있습니다."

"빗물은 어떻게 하지요?"

"생활 하수와 성분이 다르므로 별도의 배수관이 설치되어 있습니다."

"하수가 바다로 흘러들어가면 오염이 심각해질 텐데?"

"중간에 자갈과 모래와 숯 등으로 만들어진 여과 장치가 일정한 간격으로 설치되어 있어 오폐물을 걸러내고 있습니다."

"그것은 어떻게 처리하지요?"

"이 배수로는 다른 지하 통로들과 연결되어 있어서 수시로 점검이 가능하고 여과 장치는 지상과 연결되어 정기적으로 청소를 합니다."

"배수로 자체의 청소는?"

"밀물 때마다 바닷물이 들어와 배수로를 씻어 내리게 되어 있습니다."

지하 통로에서 말론의 설명을 들으며 요아스는 눈을 크게 뜨고 카이사랴의 지질까지 주의 깊게 관찰하고 있었다. 베네토의 개펄 위에 세워질 새 항구의 모습이 어둠 속에서 그 눈동자에 선명하게 그려지기 시작하고 있었던 것이다.

마르코스 요안네스

나사렛 예수처럼 레갑의 후예인 요아스는 마침내 마르코스가 제안한 베네토의 인공 항구 건설에 자신의 여생을 걸기로 마음먹기 시작했다. 카이사랴의 인공 부두와 도시의 하부 구조를 면밀하게 조사한 요아스는 이탈리아의 크로토네로 가는 배를 타기 위해 부두로 나섰다. 그는 크로토네에서 다시 아드리아 해로 들어가 라벤나 쪽으로 갈 예정이었다.

"아테네에 들르시면 아폴로스를 만나실 수 있겠네요."

요아스가 고개를 저었다.

"난 어서 아드리아 바다를 보고 싶네."

새 항구가 들어설 베네토의 개펄을 답사하는 것이 더 급하다는 뜻이었다.

"도와드릴 분들은 수배가 되었나요?"

"알렉산드리아에서 함께 일하던 제자 두 명과 크로토네에서 만나기로 했어."

"기초 조사가 끝나면 도와드릴 사람을 더 보내겠습니다."

"누구를?"

"레갑의 후예들인 나사렛 사람들 중에 우수한 기술자들이 아직 남아 있을 것입니다. 그 중에서도……"

"생각해 둔 사람이 있나?"

"나사렛 예수의 아우들 중 요셉이라는 분이 있습니다."

"요셉?"

유대인 중에 요셉이라는 이름도 흔했다. 야곱의 열한 번째 아들로 애굽에 팔려가 총리가 된 사람도 요셉이었고 나사렛 예수의 아버지도 요셉이었다.

"아시다시피 그의 부친 요셉도 나사렛의 헬리 선생이 후계자로 꼽았던 기술자였습니다. 나사렛 예수도 그에게서 기술을 배웠거든요. 예수의 아우 요셉도 지금은 예루살렘에서 크리스티아누스의 집회소와 가옥들을 수리해 주고 있는데 상당한 기술적 재능을 물려받은 것 같습니다."

"나이가 얼마나 되었는데?"

"예수보다 네 살이 아래니까…… 지금 43살쯤 되었을 겁니다."

"기회가 되면 한번 권해 보게."

마르코스는 다시 한 가지를 더 당부했다.

"라벤나 군단의 코넬리우스 조영관을 꼭 만나보세요."

"염려 말게."

부두에 함께 나온 삭개우스도 그에게 인사를 했다.

"주님께서 함께 하시기를 바랍니다."

"기도해 주십시오."

마르코스 요안네스

아름다운 인공 항구 카이사랴의 하늘에도 갈색의 바람이 불고 있었다. 바다에는 푸른 물이 넘실거려도 땅은 목이 타서 허덕거렸다. 추수도 제대로 못한 채 겨울을 맞는 산과 들은 말라 죽은 풀과 나무로 덮여 있었다. 삭개우스와 함께 총독궁으로 향하면서 마르코스가 한숨을 쉬었다.

"지금 상태로 간다면 유대와 사마리아는 사람이 더 이상 살 수 없는 땅이 되고 말 것 같습니다. 저의 모친이 들려준 나사렛 예수의 마지막 말씀에는 유대와 사마리아 다음에 땅끝이라는 어휘가 사용되었다고 하더군요."

삭개우스가 고개를 끄덕였다.

"그 때 여리고에 있었지만 전해 듣기는 했지요."

"유대와 사마리아와 땅끝까지 이르러……"

"그 땅끝은 어디일까요?"

"아마도 이방의 모든 땅이겠지요."

"결국 주님께서는 이 땅에 남아 있는 크리스티아누스를 다 끌어내 모든 땅끝으로 보내실 것 같군요."

그들이 총독궁의 정문에 이르자 마르코스가 경비병에게 일렀다.

"수직 군관에게 총독 면담을 신청했습니다만."

"누구십니까?"

"이드란 상회의 대표인 마르코스 요안네스입니다."

"잠깐만 기다리십시오."

경비병은 연락병을 통해 면담이 승인되었는지 여부를 확인하고 나서 그들을 통과시켰다. 총독의 집무실 앞에는 수직 군관이 나와 있었다. 이미 마르코스는 수직 군관과 총독에게 적절한 선물을 보내 놓았던 것이다.

"총독께서 기다리고 계십니다."

"고맙소."

마르코스와 삭개우스는 총독의 집무실로 안내되었다. 수직 군관이 권하는 의자에 앉아서 잠시 기다리자 쿠스피우스 파두스 총독이 집무실로 들어섰다. 마르코스와 삭개우스는 다시 일어나서 총독을 맞았다.

"이렇게 면담을 허락해 주셔서 감사합니다. 저는 이드란 상회의 대표인 마르코스 요안네스이고 여기 함께 온 분은 유대와 사마리아 지역 수공업체 조합의 삭개우스 선생입니다."

파두스 총독이 쾌활한 목소리로 대답했다.

"반갑습니다. 요즘 같이 어려운 때에 지역을 살리기 위해 애쓰시는 분들이 총독인 나에게는 가장 큰 손님입니다."

총독은 그들에게 자리를 권한 후 자신의 말을 계속했다.

"이드란 상회가 내 관할 지역의 식량 수급에 크게 기여한다고 들었습니다."

"요즘처럼 천재지변이 있을 때에는 생존을 위한 인간의 노력이 필요하지요. 다행히 그동안 삭개우스 선생의 조합이 이 지역에서 수공업을 크게 발전시켜 곡물을 수입하는 데 많은 도움이 되었습니다."

"지금 총독으로서는 두 분께 절이라도 하고 싶군요."

"아닙니다. 이 모든 것이 다 총독 각하의 민첩한 판단과 지원 덕분입니다."

마르코스의 칭찬에 총독은 기분이 좋았다.

"그런데 내가 도와드려야 할 일이라도 있습니까?"

그러자 마르코스가 다시 자세를 바로 잡으며 말했다.

"실은 그 일로 저희가 뵙기를 청했습니다."

"말씀하십시오, 내가 할 수 있는 일이면 적극 돕겠습니다."

"감사합니다."

마르코스는 잠시 사이를 두었다가 입을 열었다.

"혹시 각하께서는 예루살렘에서 벌어지고 있는 최근의 사태에 대해서 보고를 받으신 적이 있으십니까?"

"어떤 사태지요?"

칼리굴라 황제 때에는 폭동이 문제였고 아그립바 때에는 유대인들이 크리스티아누스에 대한 단속을 요구하며 소동을 벌였었다. 그러나 이제 칼리굴라도 사라지고 아그립바도 죽었는데 무슨 사태냐는 듯 총독이 그들을 바라보았다.

"마술사 테우다스의 문제입니다."

총독은 아직도 이해가 가지 않는다는 얼굴로 물었다.

"어느 곳에나 마술사가 있지 않습니까?"

"테우다스의 경우, 그는 자신의 인기에 편승하여 스스로를 신이 보낸 선지자라고 주장하며 민심을 현혹하고 있는 것이 문제입니다."

"내가 들은 바에 의하면"

총독은 유대에 대하여 잘 알고 있다는 듯 말했다.

"유대에는 늘 그런 일이 있었다더군요."

마르코스는 다시 정색을 하며 사태를 설명했다.

"그러나 이번 테우다스의 언행은 매우 큰 위험을 내포하고 있습니다."

"위험이라니요?"

"유대인들은 그들 종교에서 파생된 나사렛 예수의 종파를 혐오하여 계속해서 박해를 시도해 왔는데 아그립바 왕의 죽음으로 그것이 일시 중단되었습니다. 그러자 이번에는 유대인들이 테우다스를 이용하여 그들을 박멸하려는 것입니다."

총독이 고개를 갸웃거렸다.

"아시겠지만 로마는 속주의 종교 분쟁에 개입하지 않습니다."

"그러나 이번에는 문제가 다릅니다."

"뭐가 다르지요?"

"지금 유대와 사마리아에서 수공업에 종사하고 있는 사람들은 대부분이 나사렛 예수를 믿는 크리스티아누스들입니다. 그들이 또 박해를 당하여 수공업의 생산이 중단되면, 타국에 내다 팔 상품이 단절되어 곡물을 수입할 수 없게 되고, 결국 이 땅은 아사한 시체로 뒤덮이게 되겠지요."

그제서야 총독의 안색이 달라지고 있었다.

"그래서?"

"로마 제국이 강대하기는 하나 유대와 사마리아에 필요한 모든 식량을 무상으로 배급할 수는 없을 것입니다. 이 지역의 유일한 수입원이 고갈되고 곡물 수입이 중단되어 아사자가 속출하게 되면……"

마르코스는 더 이상 말하지 않았다. 그 다음의 상황은 총독 자신이 계산해야 할 몫이기 때문이었다. 속주에 아사자가 늘어나면 폭동이 빈발하여 치안이 무너지게 되고 그런 사태가 로마 당국에 보고되면 황제가 할 수 있는 일이라고는 총독을 교체하는 것 밖에는 없었다.

"마르코스, 내가 어떻게 해야 되겠소?"

"말썽이 될 수 있는 원인을 제거하셔야 할 것입니다."

"그렇겠군."

총독은 밖에서 대기 중인 수직 군관을 불렀다.

"펠레우스."

그러자 마르코스와 삭개우스는 서로 눈짓을 하고 자리에서 일어섰다. 일개 상인의 말을 듣고 정책을 결정하는 장면을 못 본 것으로 하여 총독의 자존심을 세워 주기 위함이었다. 그들이 공손하게 허리를 굽혀 인사하자 총독은 고개를 끄덕이며 손짓으로 돌아가도 좋다는 신호를 했다.

마르코스 요안네스

　파두스 총독과의 면담을 끝내고 나온 마르코스는 삭개우스와 함께 세바스테 쪽으로 가다가 마침 안티파트리스 가는 길로 들어서는 두 사람의 뒷모습을 보고 깜짝 놀랐다. 둘 중의 하나가 그의 외삼촌 바나바 같았기 때문이었다.
　"잠깐만요."
　마르코스는 걸음을 빨리 하여 두 사람의 뒤를 쫓았다.
　"외삼촌."
　두 사람 중의 하나가 뒤를 돌아보았다. 역시 그는 바나바였다.
　"아, 마르코스. 어쩐 일이냐?"
　"카이사랴에 볼 일이 있어 왔었거든요."
　바나바는 동행하던 사람을 그에게 소개했다.
　"안티오키아에서 함께 일하는 사울 선생님이시다."
　"아……"
　타르소스 출신으로 가말리엘 문하에서 율법을 배운 수재이고 나이가 30을 갓 넘었을 때부터 이미 대학자 필로와 맞먹는 석학이라고 평가받았던 그 사울이었다. 나사렛 예수의 추종자들을 박멸하기 위해 다메섹으로 달려가다가 예수의 음성을 들었다는 그 사울이 바로 마르코스의 눈 앞에 있었다.

"마르코스 요안네스입니다."

얼른 보기에도 사울은 기인이었다. 타르소스의 명문 출신이고 로마 시민권을 가지고 있어서 얼마든지 넉넉하게 보일 수 있는 처지였다. 그러나 그의 헝클어진 머리와 초췌한 얼굴 그리고 땀 냄새가 마구 번져나올 것처럼 허름한 옷은 그 이름만 아니면 별 볼일 없는 잡인과 다를 바가 없었다.

"바나바에게서 자네에 관해 좀 들었지. 알렉산드리아에서 공부를 했다고?"

"네, 그렇습니다."

좀 자세히 보니 그의 눈에서 쏟아져 나오는 빛이 예사롭지 않았다.

"그리고 이분은……"

마르코스가 뒤따라온 삭개우스를 소개하려 하자 바나바가 그를 알아보았다.

"아니, 삭개우스님이 아니십니까?"

그는 이미 여리고에서 삭개우스 세리장을 만났고, 후일 삭개우스가 예루살렘에 올라왔을 때 함께 마르코스의 모친 마리아를 만나러 간 적도 있었던 것이다. 그는 사울에게 삭개우스를 직접 소개했다.

"이분이 바로 여리고의 세리장이었던 그 삭개우스 선생입니다. 뽕나무에 올라갔다가 주님의 눈에 띄었던 바로 그분이죠."

"아, 들은 적이 있습니다."

그들의 만남 역시 기이한 것이었다. 석학이었던 사울과 세리장이었던 삭개우스가 나사렛 예수의 제자로 한 형제가 되어 만났던 것이다. 그들의 인사가 끝나기를 기다려 마르코스가 다시 외삼촌에게 물었다.

"안티오키아로 가신 요한 사도와 마리아님도 안녕하십니까?"

"아, 율리아 아가씨가 잘 돌봐드리고 있지."

율리아는 이미 안티오키아 교회의 교우로 인정받고 있는 것 같았다.

"그런데 두 분은 어쩐 일이십니까?"

"예루살렘의 기근 소식을 듣고 안티오키아 교회의 형제들이 연보한 부조를 전달하기 위해 우리가 온 거야."

"그럼 왜 욥바 항으로 가시지 않고?"

"빠른 배편이 없었어."

카이사랴에서 하선한 그들은 안티파트리스를 지나 아얄론 골짜기를 거쳐 예루살렘으로 올라가려는 모양이었다.

"걸어서 가시는 건가요?"

"말보다 빨리 달려야 하겠지."

바나바의 그 말은 선지자의 글을 인용한 것이었다.

"보행자와 함께 달려도 피곤하면 어찌 말과 경주하려느냐…… 예레미야지요?"

"역시 레위 지파 출신의 티가 나는구나."

선지자 예레미야도 레위 지파 출신이었던 것이다.

"이드란 상회가 빠른 속도로 복구되고 있다는 소식은 들었다."

바쁜 중에 그런 것을 어찌 들었는지 궁금했으나 외삼촌이 설명을 보태 주었다.
"율리아 자매에게서 들었어."
그러나 이드란 상회의 곡물 거래가 기근을 겪고 있는 유대와 사마리아에서 어떤 역할을 하고 있는지에 대해서는 언급이 없었다. 그는 두 사람에게 말을 빌려 주겠다고 하려다가 그만두었다. 예수의 다른 제자들과 마찬가지로 나귀보다 빠른 것을 타지 않겠다는 성향이 전에 말을 타고 다메섹으로 달려가다 예수를 만났던 사울에게도 있을지 모르기 때문이었다.
"그런데, 예루살렘으로 가는 길이야?"
"아뇨, 저희는 세바스테 쪽에 좀 더 볼 일이 있거든요."
바나바가 사울을 바라보며 말했다.
"그럼 우린 다시 서둘러 가야겠군요."
마르코스가 보기에 외삼촌의 나이가 사울보다 위일 것 같은데도 바나바는 마치 웃어른을 대하듯 사울에 대한 태도가 공손했다. 사울이 두 사람에게 인사를 했다.
"주님의 평강이 함께 하시기를."
"그리고 두 분에게도."
바나바와 사울은 몸을 돌이켜 걷기 시작했다. 그러다가 사울이 갑자기 뒤를 돌아보며 한 마디를 남겼다.
"우리가 돌아갈 때에는 사마리아 길로 갈 겁니다."
그것은 즉 세바스테를 거쳐 갈 것이니 다시 만날 수도 있다는 뜻이었다.
"세바스테 교회에 들러 주시면 형제들이 기뻐할 것입니다."

마르코스는 그들의 뒷모습을 한참 동안 바라보고 있었다. 오래간만에 만난 외삼촌도 그렇고 특히 인생의 극적인 전향을 한 사울은 더욱 그랬다. 그들의 눈빛은 보통 사람들과 달랐다. 어쩌면 그들의 눈은 나사렛 예수에게서 천국의 열쇠를 받았다는 게 바보다도 더 깊이 빛나고 있었다.

마르코스 요안네스

카이사랴에서 돌아온 후에도 마르코스는 예루살렘의 일을 아레스에게 맡겨 놓은 채 곡물의 새 공급처를 확보하는 일에 전력을 다하고 있었다. 이드란 상회의 지점으로 승격된 세바스테 상점의 느다넬은 폰투스와 갑바도기아, 그리고 메소포타미아 북방의 아디아베네에서 파르티아와 메대에 이르기까지 그 모든 지역의 상인들을 마르코스에게 연결시켜 주고 있었다.

"좋은 소식이 있습니다."

"뭔데요?"

"아디아베네 왕 이사테스의 모후 헬레나가 유대의 기근 소식을 듣고 이를 돕기 위해 예루살렘으로 오고 있답니다. 그녀가 예루살렘에 전달하기 위해 알렉산드리아와 키프로스에 주문한 곡식이며 말린 과일들이 이미 선적되어 욥바 항으로 들어오고 있답니다."

느다넬의 보고를 들으면서 마르코스는 또 다른 헬레나를 생각하고 있었다. 아디아베네의 헬레나는 유대를 돕기 위해 오고 있다는데 마술사 시몬을 따라간 헬레나는 그의 바람잡이가 되어 있을 것이기 때문이었다.

"다브네스가 말했던 특별한 고객이 바로 그녀였군."

"그렇습니다."

"그녀가 왜 유대를 도우려는 거죠?"

"그게 모두 게바님의 전도 때문입니다."

"게바님이 아디아베네까지 갔단 말씀입니까?"

그가 다메섹을 거쳐 비투니아, 북부 갈라티아와 갑파도키아를 지나 폰투스까지 올라갔다는 말을 들었으나 아디아베네로 들어간 것은 아직 모르고 있었다.

"헬레나 모후는 아디아베네에 거주하는 유대인들의 메시야 신앙에 관심을 가지고 있었는데 게바님이 그 메시야가 바로 나사렛의 예수임을 알려 주고 그분의 가르침을 그녀에게 전했던 것입니다."

"태후가 예루살렘으로 간다면 세바스테를 지날 것 아닙니까?"

아디아베네에서 육로를 통해 유대로 가려면 팔미라와 다메섹을 거쳐 세바스테를 지나가게 되어 있었다.

"사흘 후면 세바스테에 도착합니다."

"저런."

그는 삭개우스를 불렀다.

"선생님, 수공예품 전시관은 다 되어 갑니까?"

"이틀 정도면 다 끝날 것 같습니다."

"잘 되었군요."

그는 느다넬에게 빠른 어조로 말했다.

"세바스테 전시관을 태후의 도착과 때를 맞추어 사흘 후에 개관합시다. 그녀를 개관 행사의 주빈으로 하고 파두스 총독과 세바스테 성의 행정관을 귀빈으로 모실 것이니 급히 초청장을 보내십시오."

"알겠습니다."

"아그립바 2세는 지금 어디 있습니까?"

"아직 카이사랴에서 총독의 행정 지침을 익히고 있습니다."

"그도 초청하도록 하세요."

"그렇게 하지요."

"그리고, 예루살렘에 있는 아레스에게 사람을 보내 태후의 방문을 알리고 저의 모친이 직접 태후의 접대를 주관하도록 일러주세요. 또 예루살렘 교회를 지키는 야고보 감독과의 만남도 주선하고."

야고보를 비롯한 예수의 아우들과 니고데모, 그리고 빌립 집사를 제외한 모든 집사들이 베다니에 남아 있었고, 피신했던 사도 빌립과 레위의 형제도 전왕 아그립바가 죽은 후 복귀하여 교회를 지키고 있었다.

"네, 그렇게 하겠습니다."

그는 다시 삭개우스를 돌아보았다.

"전시장을 한번 돌아볼까요?"

이드란 상회와 느다넬 상점이 공동으로 설립을 추진한 수공예품 전시관은 세바스테와 사마리아 지역의 수입을 증대시킨다는 명분으로 행정관의 허가를 얻어 광장의 가장 좋은 위치에 항구적 시설로 완공되었다.

"제품의 수준이 상당히 좋아졌군요."

보석과 유리 세공품 그리고 가죽과 직물, 금속 제품들을 일일이 점검하며 마르코스가 감탄하자 삭개우스가 빙그레 웃었다.

"혹독한 연습의 결과이지요."

마르코스는 가죽 제품 앞에서 걸음을 멈추었다.

"이것들이 모두 욥바에서 온 갖바치 시몬의 작품들입니까?"

"아, 그쪽은 알렉산드리아에서 온 겁니다."

"알렉산드리아?"

"제화공 아니아노스가 보내온 것이죠."

아니아노스는 알렉산드리아의 본점에서 일하는 다브네스의 부친이었다. 그는 알렉산드리아에서 마르코스의 신발 끈이 떨어졌을 때 고쳐준 적이 있었다.

"이 정도면 아테네나 게누아의 상품들과 경쟁이 될까요?"

욥바의 시몬이나 제화공 아니아노스의 솜씨가 모두 뛰어나 보였다.

"그들을 능가할 것입니다."

전시관의 견본들을 둘러보던 마르코스가 잠시 발걸음을 멈추었다.

"선생님,"

"네?"

"이번에 헬레나 태후와 함께 유대로 가시면 어떻겠습니까?"

"제가요?"

"태후는 예루살렘에서 꽤 오래 머물 것 같습니다. 기회가 되는 대로 여리고의 수공예품 생산 현장을 안내하시면 앞으로의 거래에 큰 도움이 될 것입니다. 클로리스 점주와 깊은 교제가 이루어지면 더 좋구요."

삭개우스가 고개를 끄덕였다.

"그게 좋겠군요."

"개관 준비를 잘 부탁합니다."

"어디로 가십니까?"

"태후를 영접하기 위해 다메섹으로 출발하겠습니다."

마르코스 요안네스

아침부터 세바스테의 광장은 이드란 상회의 전시관 개장 행사를 보기 위해 모여든 사람들로 북적거렸다. 사마리아의 모든 지역이 극심한 가뭄과 기근으로 지친 상태였으나 그래도 아직 세바스테 사람들에게는 볼거리를 찾아다닐 힘이 남아 있었다. 전시관의 개관 행사 때문에 연극장의 낮 공연은 취소되었고 아우구스투스의 신전에서도 사람의 그림자를 볼 수 없었다.

"아디아베네 왕의 모후가 온다며?"

광장 사면에 배치된 세바스테 경비대의 병사들을 바라보며 백성들이 웅성거리고 있었다. 그들 중의 하나가 퉁명스럽게 말했다.

"유대를 돕기 위해 온다는데."

그러나 의견이 다른 사람도 있었다.

"사마리아도 가만히 있을 수 없지. 우리 상품의 고객이니까."

세바스테 성의 백성과 사마리아 각지에서 온 사람들뿐 아니라 여러 나라의 상인들도 유대와 사마리아의 새로운 상품들을 보기 위해 몰려왔다. 전시관의 정문 앞에는 석류로 장식된 두 개의 하얀 기둥이 서고 기둥의 둥근 머리에서 정문 앞에 설치된 행사대까지 오색의 천이 연결되어 있었다.

"그래서 왕과 파두스 총독도 올라온대."

백성들이 웅성거리는 사이에 기병대의 말발굽 소리가 들리더니 쿠스피우스 파두스 총독이 아그립바 2세와 함께 전시관 앞에 도착했다. 그들이 레소스 행정관의 인사를 받으며 귀빈석에 착석하자 동편 성문의 망루에서 나팔 소리가 울렸다.

"헬레나 모후가 도착한 모양이군."

느다넬이 수하 종사원들에게 신호를 하자 그들은 태후가 수레에서 내려 행사장까지 걸어들어올 통로에 붉은 색 융단을 급히 깔았다. 경비대가 백성들이 통로에서 일정한 거리를 두고 물러서도록 정리하기를 기다려 파두스 총독과 아그립바 2세는 태후를 맞기 위해 수레가 멈추는 자리까지 걸어갔다. 마침내 태후의 황금빛 수레가 도착하자 백성들은 일제히 환호했다.

"아디아베네 왕국 이사테스 왕의 모후 헬레나 태후이십니다."

마르코스가 그렇게 소개하자 아그립바 2세가 앞으로 나가 태후를 마중했다.

"어서 오십시오."

마르코스가 그를 소개했다.

"유대 왕이며 사마리아와 베뢰아의 왕 아그립바 2세입니다."

태후가 우아한 미소를 띠며 답례했다.

"나와 주셔서 고마워요."

마르코스는 또 파두스 총독을 소개했다.

"로마 제국에서 파견된 쿠스피우스 파두스 총독입니다."

총독이 태후에게 인사를 했다.

"뵙게 되어 영광입니다."

"총독의 명성을 멀리서도 듣고 있었지요."

마르코스는 이어 레소스 행정관과 느다넬 점주를 소개한 다음 태후를 행사장으로 안내했다. 태후는 마르코스가 건네준 은빛의 도끼로 전시관 정문 앞에 설치된 행사대 위의 묶여 있는 천을 내려쳤다. 오색의 천이 양쪽으로 갈라지며 두 기둥의 머리 부분에서 나온 비둘기들이 하늘 위로 날아올랐다.

"자, 유대와 사마리아의 수공예품 전시관을 안내하겠습니다."

전시관에 진열된 공예품들을 둘러보며 태후는 감탄을 연발했다. 보석과 유리 세공품 앞에서 눈길을 떼지 못했고 가죽과 수예품 그리고 금속 공예품들도 그녀를 황홀하게 하는 데 충분했다. 마르코스는 값비싼 보석 제품을 골라 태후에게 선물했고 아그립바 2세와 총독과 행정관에게도 선물하는 것을 잊지 않았다.

"예루살렘 소식을 들었습니까?"

삭개우스가 금속 제품 앞에서 태후에게 설명을 하는 동안 파두스 총독이 마르코스에게 다가서며 물었다. 카이사랴에서 마르코스가 했던 질문에 대한 역습이었다.

"무슨 소식을요?"

"대표께서 내게 부탁했던 일을 잘 처리했습니다."

"네?"

"바로 어제 마술사 테우다스를 참수했다는 보고를 받았습니다."

"아……"

총독이 빙그레 웃으며 귀띔해 주었다.

"그가 모세와 여호수아의 흉내를 내려고 했더군요."

"무슨 흉내를요?"

"백성들에게 요단강 물을 가를 터이니 다 모이라고 했다는 것입니다."

이스라엘 자손들이 애굽을 탈출할 때 모세는 홍해를 갈랐고 그들이 가나안 땅으로 진입할 때에는 여호수아가 요단강 물을 갈랐던 것이다.

"그가 정말 갈랐답니까?"

"어찌 되었을지는 모르지요. 가르기 전에 잡혀서 참수되었으니까."

마르코스 요안네스

이드란 상회가 세바스테에 개설한 전시관이 국가들과의 교역에 미친 효과는 대단했다. 아디아베네의 헬레나 태후가 전시관에 진열된 제품들에 깊은 관심을 보였다는 소문이 전해지자 개관 행사에 참석했던 수리아와 길리기아, 그리고 비투니아와 소아시아는 물론이고 폰투스와 파르티아 심지어는 페르시아의 상인들까지 견본 요청과 가격 조회를 해 왔다.

"예루살렘에서는 어떻게 되었지요?"

마르코스의 질문에 느다넬이 소식을 전했다.

"아레스 총무가 대표님의 지시대로 진행되고 있다는 보고를 해왔습니다."

지점들의 활동은 아레스가 예루살렘에서 총괄하고 있었다.

"헬레나 태후는?"

"말씀하신대로 모친께서 태후의 접대를 직접 챙기고 계십니다. 또 태후는 삭개우스 선생님의 안내로 여리고 지역의 수공업 현장을 모두 둘러보았고 클로리스 점주와도 매우 친밀해졌다는 보고입니다."

"알렉산드리아는 어떻습니까?"

"유대와 사마리아에서 생산된 수공예품을 이탈리아와 갈리아 쪽에 판매하고 그쪽에 비축되어 있는 곡물을 사서 갑파도키아와 아디아베네, 그리고 파르티아 지역에 공급하고 있습니다."

"시급한 문제는 무엇입니까?"

"우선 급한 것은 관리 인원의 확충이죠."

이드란 상회 소속으로 알렉산드리아와 예루살렘을 비롯해 욥바와 카이사랴와 여리고, 그리고 세바스테 등에 주재하고 있는 종사원만 해도 40명을 넘었는데 아직도 일손이 부족하다는 것이었다.

"능률을 더 올리는 방법이 없을까요?"

"그러기 위해서는 판매망의 재정비가 이루어져야 합니다."

"판매망?"

"이드란 상회와 교역하고 있는 모든 지역과의 연결이 효과적으로 이루어지면 주문과 수송 그리고 대금 결제와 자금 회전이 유기적으로 수행되고 또 관리자의 업무 능률도 올라갈 것 아닙니까?"

"우선 정비가 급한 곳이 어디죠?"

"셀류기아입니다."

역대 제국들이 동방 경영의 거점으로 이용한 안티오키아의 출입문이 바로 셀류기아 항이었다. 안티오키아에 몰려든 동방의 문물이 셀류기아 항을 통해 지중해 연안의 모든 지역으로 실려 나가고 거기서 수입된 상품들 역시 셀류기아 항을 통해 들어와 안티오키아에서 동방의 모든 나라로 분배되었다.
"그리고 다음은?"
"서방과의 교역을 증대하려면 밀레토스를 장악해야지요."
밀레토스란 이름만 듣고도 마르코스는 가슴이 두근거렸다. 밀레토스는 에게 해의 교역 중심이고 아테네로 가는 출구일 뿐만 아니라 모든 학문의 원조가 되는 탈레스의 출생지이기 때문이었다. 그가 바로 논리학의 창시자였고, 그것을 발판으로 철학과 수학이 시작되었던 것이다.
"그리고?"
"파포스도 지중해로 나가는 거점이구요."
그의 친구 게메로스가 가 있는 곳이 파포스였다.
"또 있습니까?"
"동방으로 더 깊이 들어가려면 아무래도 바벨론이죠."
바벨론도 역시 심장을 뛰게 하는 이름이었다. 고대의 니므롯이 바벨탑을 세웠던 곳, 하나님이 지상에 세운 나라 이스라엘을 멸망시키고 예루살렘 성전을 잿더미로 만들었으며 하나님의 백성임을 자부하는 유대인들을 끌어다가 강제 노역을 시켰던 그 나라의 이름도 역시 바벨론이었다.
"밀레토스와 바벨론."
벌써 해를 넘겨 마르코스의 나이는 마침내 33살이었다. 지중해에서 인도에 이르는 대제국을 건설했던 알렉산더가 죽은 나이였고, 하나님의 나라가 가까웠다고 선언한 나사렛 예수가 십자가에 달린 나이였다. 그리고 지금 느다넬은 33세가 된 그에게 서방과 동방을 아우를 수 있는 전략에 대해 말하고 있었다.

"손님이 오셨습니다."

느다넬의 서기를 맡고 있는 브에리가 들어오며 말했다.

"아……."

문쪽을 바라보던 마르코스가 일어서자 느다넬도 따라 일어섰다.

"어서 오세요, 선생님."

외삼촌이 하는 대로 그도 사울을 선생님이라고 불렀다. 그는 정말 사울을 선생님처럼 모시고 서 있는 외삼촌을 향해 물었다.

"예루살렘은 어떻던가요?"

이미 아레스로부터 듣고 있기는 했으나 의례적인 질문이었다.

"생각보다 매우 심각하더구나."

"베다니의 어른들은 다 안녕하시지요?"

"믿는 형제들은 수공예를 시작하여 생계를 해결하고 있지만 농사와 목축에만 의존하고 있던 유대인들의 처지는 참혹할 지경이야. 야고보님은 불철주야로 기도를 계속해 형제들로부터 '낙타 무릎'이라는 별명을 얻었어."

그러면서도 외삼촌은 이드란 상회가 수공예품을 개발하고 곡물 도입에 애쓴 수고에 대해서는 말이 없었다. 그러나 뜻밖에도 사울이 수공예품 전시관에 대해 관심을 보였다.

"오는 길에 수공예품 전시관을 둘러보았소이다. 상품의 모양들도 신선하고 품질도 꽤 좋더군요."

"관심을 가져 주셔서 감사합니다."

전시관 말을 안했던 바나바가 옆에서 거들었다.

"선생님은 욥바의 갖바치 시몬이 만든 제품들을 칭찬하셨어."

마르코스가 느다넬을 바라보았다.

"선물용 가죽신 두 켤레를 가져오세요."

두 사람 모두 걸어서 다니는 것을 생각했던 것이다. 그러나 사울의 관심은 그것 때문이 아니었다.

"실은 나도 가죽 장인이라네."

"네?"

그것은 바나바도 몰랐던 모양이었다.

"아라비아에서 돌아와 예루살렘의 사도들을 만난 후 나는 타르소스로 가서 그곳 사람들에게 복음을 전하고 있었지. 처음 복음을 전한 곳은 회당이 아니라 유대인들이 일하고 있는 가죽 공방이었어. 거기서 기술을 배워 생계도 해결하고 동료들에게 복음도 전했거든."

그러던 중에 바나바가 그를 방문하여 안티오키아로 가자고 했던 것이다.

"아, 그랬군요."

그는 다시 마르코스의 수고를 치하했다.

"이드란 상회가 베다니의 교우들에게 도움을 많이 주었다고 들었네."

"상회의 이익을 조금 줄인 것뿐입니다."

칭찬만 받고 있을 수가 없어서 그가 화제를 바꾸었다.

"안티오키아에서 보내주신 부조가 큰 도움이 되었을 것입니다."

바나바는 길게 한숨을 쉬었다.

"그것으로 얼마나 희생을 줄일 수 있을지."

바나바는 아디아베네의 헬레나 태후가 예루살렘을 방문하여 식량과 부조를 전달한 일에 대해서도 언급을 하지 않았다. 헬레나 태후의 도움과 안티오키아 교회의 부조를 비교하고 싶지 않을 수도 있었다.

"총독궁에서 온 사람에게 소식을 들었습니다만"

마르코스도 총독을 만난 일에 대해서는 말을 하지 않았다.

"무슨 소식?"

"마술사 테우다스가 참수되었다지요?"

그러자 잠자코 있던 사울의 눈이 빛을 내뿜었다.

"당연하지요. 속임수로 사람을 미혹하는 자들을 용납하면 안 됩니다."

그의 말투는 매우 단호했다.

"선생님."

마르코스는 다시 사울을 바라보았다.

"세바스테에 오셨으니 이곳 형제들을 좀 만나 주시겠습니까?"

사울이 고개를 끄덕였다.

"그렇게 하지요."

마르코스가 다시 느다넬에게 일렀다.

"오늘 저녁에 집회가 있다고 연통을 하셔야겠군요."

"알겠습니다."

68

마르코스 요안네스

    사울과 바나바가 왔다는 연락을 받고 느다넬의 집 넓은 마당에는 많은 사람들이 모여들었다. 앉을 자리도 없어 서 있어야 할 정도였다. 마르코스도 긴장한 얼굴로 사람들 틈에 서 있었다. 유대인 대학자 필로와 견주어도 손색이 없다는 평판을 얻었던 그가 어떤 현란한 논리와 화술로 메시야 신앙의 의미를 전개할지 자못 궁금했던 것이다. 그러나 사울의 강론은 그런 기대와 많이 달랐다.

    "나는 죄인의 괴수입니다."

    그는 처음부터 자신을 밑으로 깔았다.

    "나는 나사렛 예수의 추종자들을 모조리 잡아 예루살렘으로 끌어가기 위해 다메섹으로 달려가다가 홀연한 빛과 함께 공중으로부터 나를 부르는 소리를 들었지요. 사울아, 사울아. 네가 어찌하여 나를 핍박하느냐?"

    그의 말에는 논리나 수사도 없었고 언변도 별로 유창하지 못했다. 그러나 듣고 있던 사람들은 계속해서 아멘을 외쳤다. 전언이나 소문을 통해서 사울의 회심에 관한 이야기는 수없이 들어왔으나 직접 본인으로부터 그 이야기를 들으니 더 감동적인 모양이었다.

"말에서 떨어져 땅에 엎드린 채로 내가 물었습니다."

그의 눈이 빛을 발했다.

"주여, 누구십니까?"

그러자 공중에서 다시 음성이 들렸다고 했다.

"나는 네가 핍박하는 예수다."

그 때를 회상하는 듯 사울의 손가락이 조금씩 떨리고 있었다.

"그분이 말씀하시기를 일어나 성으로 들어가라, 네가 행할 것을 일러줄 자가 있느니라고 하셨습니다. 내가 일어나 눈은 떴으나 아무 것도 볼 수 없어서 사람들이 내 손을 이끌어 다메섹으로 데려갔지요."

그렇게 시작하여 사울은 사흘 동안 식음을 전폐한 이야기며 예수의 음성이 지시한 대로 비아 렉타에 가서 아나니아를 만난 일에 대해서도 말했다. 아나니아가 그에게 예수께서 너를 이방인에게 전도할 자로 택하여 성령으로 충만하게 하신다고 하자 눈을 뜨게 되었고 증거자가 되었다고 말했다.

"그래서 나는 비로소 알게 되었습니다."

그는 자신의 이야기를 마치고 결론을 말했다.

"토라와 시편과 선지자들이 두 루마리에 기록된 모든 글이 나사렛 예수에 대하여 쓴 것이며 그분이 오실 것과, 그분이 하신 일과, 그리고 앞으로 어떻게 하실 것인가에 대하여 기록해 놓은 것을 알게 되었습니다."

그는 여자의 후손이 올 것을 예고한 창세기의 기록에서 시작하여 노아, 아브라함, 이삭, 야곱 그리고 이스라엘 12지파의 역사와 노예 시대에서 사사 시대와 이스라엘 왕국의 건국과 멸망에 이르는 모든 사건들이 다 예수 그리스도의 강림과 고난과 심판을 예표한 것이라고 증언했다. 밤늦게까지 계속된 사울의 강론이 끝났을 때 바나바가 마르코스를 바라보았다.

"선생님을 모시고 안티오키아로 가지 않겠나?"

수리아 지역의 시장이 중요하다고 했던 율리아의 권고와 셀류기아 항의 유통망 정비가 시급하다고 했던 느다넬의 말이 생각났다.

"한번 가보려던 참이었습니다."

마르코스 요안네스

　세바스테를 나선 마르코스는 사울과 바나바를 따라 선지자 호세아가 바람난 아내의 자식들과 함께 살았던 이블르암을 거쳐 나인 성 쪽으로 북상했다. 사마리아에서 갈릴리에 걸친 모든 땅들이 극심한 가뭄으로 타들어가고 있었다.
　"젖과 꿀이 흐른다던 땅이"
　바나바가 탄식을 했다.
　"어쩌다가 이런 꼴이 되었는가?"
　사울도 입 속으로 중얼거리고 있었다.
　"농부들아 너희는 부끄러워할지어다, 포도원을 가꾸는 자들아 곡할지어다."
　그것은 요엘 선지자의 글에 나오는 구절이었다. 그가 적어 놓은대로 밀과 보리는 다 사라졌고 포도나무와 무화과나무도 모두 말라버렸던 것이다.

　여호와여 내가 주께 부르짖으오니

불이 목장의 풀을 살랐고
불꽃이 들의 모든 나무를 살랐음이니이다

사마리아와 갈릴리 지역의 작황을 늘 돌아보며 확인했던 마르코스는 이런 재난에 관한 사울의 시각이 궁금했다. 그러나 그도 역시 예수를 십자가에 못박으라고 외쳤던 유대인들의 말을 상기하고 있을 뿐이었다.
"그의 피를 우리와 우리 자손에게 돌릴지어다."
바나바가 한숨을 쉬며 말했다.
"작황이 이런 상황이면 주님께서 다시 오실 때 추수할 것이 있겠습니까?"
사울이 고개를 끄덕였다.
"그래서 인자가 세상에 올 때 믿음을 보겠느냐고 하셨지요."
마르코스가 답답하여 거들었다.
"그러나 사람이 할 일은 해야 하지 않겠습니까?"
바나바가 조카의 말을 받았다.
"그래서 사울 선생님과 내가 주님의 일에 매달리고 있지. 마르코스, 너도 안티오키아에 가면 교회 일에 동참하게 될 거야."
"하나님께서 각자에게 주신 사명과 재능은 다 다르겠지요."
마르코스의 경우 장사하는 것으로 교회를 돕는 것이 그의 일이었다. 뜻밖에도 사울은 그의 말을 인정해 주었다.
"그렇습니다. 교회의 일은 주님께서 각 사람에게 나눠주신 대로, 각자를 부르신 대로 행하는 것입니다."
마르코스가 바나바를 보며 어깨를 으쓱해 보였다.

"제 생각이 바로 그겁니다."

그러나 마르코스는 한편으로 마술사 시몬을 생각하고 있었다. 그는 하닷이 세바스테로 오기 전에 이미 안티오키아로 갔다고 했으니 그곳에 간 후로 적어도 6년은 지났을 것이었다. 그렇다면 6년 전에 안티오키아에서 발생했던 곡마단 전쟁에 마술사 시몬도 개입했을 것이 분명했다. 갑자기 안티오키아로 간 것으로 보아 그가 주동자 중의 하나였을 가능성도 있었다.

"그런데, 외삼촌. 마술사 시몬이 지금 혹시 안티오키아에 있나요?"

마르코스는 그에 관한 이야기를 외삼촌에게서 들었던 것이다.

"6년 전 곡마단 전쟁 때 그를 보았다는 사람이 있던데 지금은 모르겠는걸."

"그가 꽤 거물인 모양이죠?"

외삼촌은 그가 이미 세바스테에 있을 때부터 스스로 메간을 자칭했다고 했다. 메간이란 큰 사람을 의미하는 말이었다.

"마술사들 사이에서는 꽤 알아주는 모양이더군."

유대인들이 율법에 매달려 있을 때 세상에서는 철학이 사람들에게 지혜를 가르치고 수학은 그들에게 지식을 전수했다. 그리고 마술은 철학과 수학에서 얻을 수 없는 영적인 허전함을 속임수에 의한 흥분과 긴장과 감동으로 채워 주고 있었던 것이다. 그래서 예수가 왔을 때 사람들은 떠들었다.

"그는 도대체 누구인가?"

그것은 어디서 온 마술사냐는 뜻이었다.

"그가 귀신의 왕을 의지하여 귀신을 쫓아내는 것이 아닌가?"

바나바가 그들이 벌써 나인 성 가까이에 이른 것을 알고 사울을 바라보았다.

"드디어 우리가 나인 성에 왔군요."

그의 말에 마르코스가 물었다.

"여기서도 죽은 사람을 살린 적이 있다지요?"

마르코스가 들은 바로는 나사렛 예수가 베다니에서 죽은 라사로를 다시 살려낸 것 외에도 죽은 사람을 살려낸 두 가지 사례가 더 있었다. 그 하나는 가버나움에서 회당장 야이로의 죽은 딸을 살려냈다는 것이고 또 하나는 나인 성에서 과부의 죽은 외아들을 살려 냈다는 이야기였다.

"과부의 외아들……"

그가 사도 빌립에게서 전해들은 바에 의하면 나사렛 예수는 나인 성으로 들어갈 때 장례 행렬을 만났다. 관 속에 누운 젊은이는 한 과부의 외아들이었다. 마르코스가 그 이야기를 아직 기억하고 있는 것은 자신도 역시 과부의 외아들이기 때문이었다. 빌립은 그 때 예수가 과부에게 한 말을 기억하고 있었다.

"울음을 그치시오."

나사렛 예수가 관에 손을 대자 행렬이 멈추었고 그는 다시 말했다.

"젊은이여, 내가 네게 말하노니, 일어나라."

그러자 관 속에 누웠던 젊은이가 일어났다. 그의 모친은 기뻐했으나 모든 사람들은 크게 놀라고 두려워했다는 것이었다. 세 사람이 감회에 잠겨 나인 성으로 들어가고 있을 때 정말로 그들은 장례 행렬과 만났다.

"어······?"

 마르코스의 얼굴이 굳어졌다. 빌립의 이야기에 나오는 장면처럼 과부로 보이는 한 여인이 얼굴을 가린 채 울며 관을 따라오고 있었던 것이다. 그는 사울을 바라보았다. 그가 혹시 예수처럼 관에 손을 대어 행렬을 멈추게 하고 시체를 일으킬지도 모르기 때문이었다. 그러나 아직 누가 손을 대기도 전에 행렬이 멈추고 관 뚜껑이 열리더니 한 사내가 벌떡 일어섰다.

 "너는 하닷이 아니냐?"

 마르코스가 놀라며 외쳤다. 관 속에서 일어난 자는 세바스테의 연극장에서 마술을 공연하고 있던 그 하닷이었다. 그가 일어나자 행렬 속의 사내들이 일제히 칼을 빼들었다. 얼굴을 가린 채 따라오던 여자의 손에도 칼이 들려져 있었다. 그녀는 하닷의 여자 아르자였다. 하닷이 손가락을 들어 마르코스를 가리켰다.

 "부하들이 있다더니 왜 겨우 둘뿐이냐?"

 마르코스가 씨익 웃으며 그에게 대답했다.

 "이분들은 내 스승들이시다."

 그러자 하닷이 움찔하며 사울과 바나바를 바라보았다. 마르코스가 스승이라고 하니까 마술이나 무예의 스승쯤으로 생각한 모양이었다. 마르코스는 다시 그를 겁주기 위해 말했다.

 "엉터리 마술사야, 네 눈에는 내 부하들이 보이지 않느냐?"

 "뭐라구?"

 "눈을 크게 떠 보아라, 나를 경호하고 있는 천사들이 보일게다."

 그는 자기가 마술사인 탓에 수준 높은 마르코스의 마술에 걸렸다고 생각했는지 겁먹은 눈으로 사방을 둘러보고 있었다.
"그러면 네 부하들은 어디에 숨겼느냐?"
"왜 나를 마중하러 나왔는지 그것부터 말하라."
하닷은 연극장의 분장실로 숨어들어와 자신을 위협했던 자가 마르코스인 것을 알아냈으나 그가 자신의 사업을 적대시하거나 방해하려는 다른 조직의 마술사인 줄로 여기는 모양이었다. 그가 갑자기 검은 색 외투의 안자락을 제치더니 단검을 꺼내 들었다.
"넌 도대체 누구냐?"
마르코스가 웃음을 터뜨렸다.
"이 바보같은 놈아, 네 마술의 비밀을 너 자신이 폭로하면 어쩌느냐?"
"뭐라구?"
"네가 던졌던 여덟 개의 단검이 모두 네 겉옷 안으로 들어갔지?"
그것이 단검 던지기의 비밀이었다. 단검을 던질 때 관객의 시선은 다 원반에 매달린 여자 쪽에 쏠려 있다. 하닷이 던지는 단검은 겉옷 안자락으로 날아들고 원반 뒤에 숨어 있던 조수가 검게 칠한 부분의 틈새로 다른 단검을 거꾸로 쏘아내며 박히는 소리를 낸다. 조수가 쏘아내는 마지막 단검의 자루 끝에는 하얀 손수건을 째기 위한 작은 칼날이 붙어 있었다.
"너는 어느 조직 소속이냐?"
마르코스가 마술 장치의 비밀에 대해서 들은 것은 게메로스에게서였다. 그의 스승 엘루마도 마술의 대가였던 것이다.

"네놈과 같은 조직은 아닌 것 같구나."
"그러면, 왜 시몬님을 찾느냐?"
하닷이 알고 싶은 것은 바로 그것이었다.
"알려고 하지 말아라."
"뭐? 내가 오늘 너를 이 관에 담아 묻어 주마."
그 말과 함께 하닷의 단검이 날아왔다. 마술 공연에서 단검을 던지는 것은 속임수였으나 실제로 던지는 솜씨도 제법이었다. 그의 단검이 바람을 가르는 소리가 귓가에 들릴 정도로 마르코스의 볼을 가까이 스치며 지나갔다. 그것을 신호로 장례 행렬로 가장했던 하닷 편의 사내들이 일제히 공격을 시작했다. 마르코스는 사울과 외삼촌을 막아서며 그들과 맞섰다.
"쉽지는 않겠는데……"
상대방의 수가 너무 많았다. 그들의 수는 아르자까지 열 명이 넘었고 아르자까지도 칼을 휘두르며 덤볐다. 이쪽은 셋뿐인데 그나마 사울과 바나바는 보호를 받아야 할 입장이었다. 우선 몸을 날린 그는 여자의 팔목을 비틀어 그녀의 칼을 빼앗아 날아오는 칼날들을 차례로 막아냈다. 날의 궤도에 곡선을 많이 사용하는 것으로 보아 나바티아 계열의 검법인 듯 했다.
"이건 또 뭐지?"
갑자기 적의 칼날들이 흩어지고 있었다. 누군가 바람을 일으키며 마르코스와 적들 사이에 뛰어들었던 것이다. 그기 얼른 보니 바로 율리아였다. 그녀는 두 개의 단검을 휘두르며 마치 춤을 추듯 적을 향해 공격해 들어갔다. 하나는 자신의 것이고 하나는 하닷이 던졌던 단검이었다.

"조심하세요, 율리아!"

마르코스가 그렇게 말한 것은 사실 유대 격술의 자존심 때문이었다.

"그건 내가 하고 싶은 말이네요."

하나보다 둘이 낫기는 했으나 워낙 상대방의 수가 많았다. 둘만으로는 적들과 맞서기가 어려울 것 같다고 느꼈을 때 율리아의 날카로운 휘파람 소리가 허공을 갈랐다. 갑자기 나타난 다섯 명의 젊은이가 뛰어들어 율리아 쪽에 가세했다. 마르코스가 엠마오에서 만났던 그 젊은이들 중 크라투스만 빠진 다섯 명이었다.

"막시무스, 모조리 체포해."

체포하라는 말을 듣고 하닷의 패들이 겁을 먹었다. 갑자기 나타난 검객들이 투니카에 가죽 띠를 맨 로마 군인들의 차림새였던 것이다. 그들이 칼질에 힘을 빼더니 관을 버리고 도주하기 시작했다. 막시무스라는 자가 물었다.

"율리아, 추격할까요?"

그녀가 자신의 단검을 칼집에 꽂고 하닷의 것은 그에게 던져 주며 말했다.

"아니, 내버려 둬."

마르코스 요안네스

나인은 이스르엘, 수넴 등과 함께 포도의 명산지였다. 가뭄이 시작될 때에는 맛이 좋아진 포도를 수매하여 이득을 얻었으나 이제는 그것마저 중단되었다. 엔간님에서 흘러내리는 기손강 자체가 말라붙어 에스드렐론 평야는 불타고 있었다.

"오래간만이네요."

나인 성으로 들어서며 율리아가 말했다.

"카이사랴에서 만난 후로 또 세 해가 지났군요."

욥바의 부두와 엠마오에서 만났을 때부터 마르코스에게 박힌 율리아의 인상은 신선한 것이었다. 그리고 다시 감람산에서 베다니까지 이어지는 계속되는 만남으로 뭔가 예사롭지 않은 관계가 생길 것 같았던 두 사람의 만남은 그녀가 안티오키아로 가면서 멀어지기 시작했던 것이다.

"마술사들을 상대로 싸우신 것 같던데 왜 그랬어요?"

"어떻게 알았습니까?"

"그들 특유의 무술이 있거든요."

"마술사들과 해결할 문제가 좀 있어서."

"장사를 잘 하시려면 그들과 다투지 않은 것이 좋을 거예요."

군대가 백성의 목숨을 감아쥐고 있다면 마술사들은 백성의 마음을 사로잡고 있었다. 그만큼 마술사들의 세력은 만만치 않았다. 율리아의 말은 장사를 하고 싶다면 그들과 다투지 말고 이용하라는 뜻이었다.

"장사와 마술이 길을 함께 갈 수는 없지요. 장사는 정직하게 해야 성공할 수 있지만 마술은 속여야 유지할 수 있거든요. 그런데 아가씨는 나인 성에 어떻게 나타나셨습니까?"

"티베리아스에서 오는 길이에요. 두 분과 동행하려구요."

그 두 분이란 바나바와 사울을 의미하는 것이었다.

"헤롯의 왕궁에 볼 일이 있었나요?"

티베리아스는 전왕 아그립바의 숙부이며 또 매부이기도 한 안디바가 건설한 성이고 그곳에도 왕궁이 있었던 것이다.

"왕이 없을 때 해결할 일이 좀 있었거든요."

"부활한 주님을 만나려고?"

나사렛 예수의 일곱 제자는 티베리아스의 바닷가에서 부활한 그를 만났다고 했던 것이다. 율리아가 웃으며 그에게 물었다.

"그런데 마르코스님도…… 안티오키아로 가실 건가요?"

"그렇습니다."

"드디어 수리아 쪽의 판매망을 정비할 때가 된 것 같군요."

그렇게 말하는 것은 마르코스가 수리아 지역의 판매망을 정비하기 위해 안티오키아로 오기를 5년 동안이나 기다리고 있었다는 것처럼 들렸다. 마르코스는 잠시 망설이다가 마침내 궁금하던 것을 물었다.

"아가씨는 왜 부친을 따라가지 않고 안티오키아에 머물고 계시나요?"

율리아가 또 방그레 웃으며 대답했다.

"그냥, 안티오키아가 좋아서요."

"알렉산더나 아우구스투스처럼 동방 원정을 계획하시나요?"

그녀는 또 수수께끼 같은 말을 했다.

"살아가는 동안 정복해야 할 것들이 많으니까요."

마르코스 요안네스

예수의 모친 마리아와 그의 형제, 자매들이 떠난 나사렛 마을은 많이 황폐해져 있었다. 나사렛 사람들 중 일부는 열심당에 들어가기도 하고 이방으로 떠나기도 했지만 많은 사람들은 베다니의 예수 공동체로 들어갔다. 집을 짓지 않고 장막에서 살던 레갑의 마을이라 장막을 걷어낸 자리에는 잡초만 무성했다.

"그래도 회당 건물은 남아 있네요."

사울은 예수가 들어가 이사야서를 읽었다는 그 자리 앞에 꿇어 앉아 한참 동안 기도를 드렸다. 그러는 동안 아직 남아 있던 마을 사람들이 회당 앞에 모여들었고 수염이 덥수룩한 노인 하나가 회당 안으로 들어섰다.

"나는 이곳의 촌장 요나단이오만 당신들은 어디서 온 누구시요?"

그러자 바나바가 그의 물음에 대답했다.

"저희는 안티오키아에서 온 유대인들입니다."

"그런데 여기는 왜?"

"유대의 기근 소식을 듣고 부조를 전하러 왔다가 다시 돌아가는 길입니다."

"당신들은 예수를 따르는 자들이오?"

그러자 기도를 드리고 있던 사울이 나섰다.

"그렇습니다. 나사렛이 그분의 고향이라기에 들렀습니다."

나사렛 예수가 들렀을 때만 해도 나사렛 사람들은 그를 죽이려고 했으나 이제는 그런 열정도 남아 있지 않은 것 같았다.

"예수님 그분이 여기서 자라나셨다지요?"

요나단 촌장이 고개를 끄덕였다.

"꽤 총명하고 부모에게 효성스러운 아이였지요."

"그런데 왜 그분이 여기 들렀을 때 죽이려고 했습니까?"

"그가 우리 모두의 기대를 저버렸기 때문입니다."

"기대를?"

"아시다시피 우리 레갑 사람들은 하나님의 성막을 만들었던 기술자들의 집단인데 솔로몬 왕이 성전을 건축할 때 우리를 제쳐 놓고 두로 사람 히람에게 공사의 감독을 맡겼지요. 그 후로 우리는 집을 짓지 않고 장막에 살며 포도주를 마시지 않는 평생 나실인이 된 것입니다."

"그런데 기대라니요?"

"우리의 손으로 새 성전을 짓는 것이 천년에 걸친 우리의 꿈이었지요. 그리고 우리는 다윗 왕이 죽은 지 967년 만에 대이난 아기 예수에게 그 꿈을 걸었습니다. 그러나 예수는 우리의 기대를 저버렸고 다른 나라를 전파했습니다."

그 예수는 다윗이 죽은 지 천 년째 되는 해에 십자가에 달렸다. 그 이유를 사울이 노인에게 설명했다.

"선지자 나단이 다윗 왕에게 전한 말씀을 잘 읽어 보십시오. 다윗에게서 태어날 아들이 내 집을 지으리라고 한 것은 돌로 지은 성전이 아니라 하나님의 자녀들이 함께 살아가는 교회를 의미한 것이었습니다."

사울은 다시 세바스테에서 했던 것과 마찬가지로 토라와 시편과 선지자의 기록을 들어가며 예수가 메시야임을 증거했다.

"그러므로 지금 이 땅에 교회를 건설하고 있는 우리를 비롯해 그분의 모든 제자들은 다 레갑 사람이 된 것입니다. 나사렛에 남아 있는 여러분, 더 이상 여기서 세월을 허비하지 말고 교회를 세우는 일에 나섭시다."

그러나 요나단 촌장은 완강했다.

"레갑 사람은 평생 나실인으로 포도주를 마시지 않겠다는 약속을 했고 예루살렘이 멸망하기 전 선지자 예레미야가 레갑 사람들을 불러 모았을 때 포도주를 마시라는 여호와의 명령을 전해듣고도 우리는 마시지 않았소."

"그래서 여호와의 칭찬을 받았지요."

"그러나 당신들이 메시야라고 하는 그 예수는 레갑의 후예로서 포도주를 마셔서 그 약속을 파했으니 우리가 어떻게 그를 따를 수 있겠소?"

사울은 눈을 번뜩이며 노인을 쏘아보았다.

"레갑 사람들이 그 약속은 지켰으나 하나님의 명을 거부한 죄는 도대체 어떻게 감당할 것입니까?"

"네?"

"하나님께서 레갑 사람들을 칭찬하신 것은 후일 그분의 독생자가 오셔서 그들의 죄를 사해 주실 일에 대해서 미리 일러 주신 것이었습니다. 예수 그리스도는 하나님의 독생자로서 스스로 포도주를 마셔 레갑의 죄를 사해 주신 것입니다. 그래도 계속 돌로 지은 성전을 고집하며 버틸 것입니까?"

그러자 갑자기 놀라운 일이 일어났다. 가만히 듣고 있던 요나단 촌장이 자리에서 일어서더니 나사렛 사람들을 향해 특별한 선언을 한 것이다.

"나사렛 사람들이여, 우리 모두 함께 주님의 교회를 세우러 갑시다."

마을에서 버티고 있던 촌장과 많은 사람들이 그들의 장막을 정리하고 사울과 바나바를 따라 안티오키아로 가기로 했다. 마르코스는 다시 그들이 언젠가는 베네토의 개펄로 건너가 아폴로스의 부친 요아스와 함께 새로운 항구를 건설하게 되는 꿈을 꾸기 시작하고 있었다.

마르코스 요안네스

  나사렛 마을을 나선 지 얼마 되지 않아 세포리스 성이 나타났다. 그곳은 분봉왕 헤롯 안디바가 티베리아스로 옮겨 가기 전 그의 왕궁이 있던 곳이고 40년 전 반란을 일으켰던 열심당의 본거지이기도 했다. 당시의 수리아 총독 바루스에 의해 반란이 진압되자 세포리스로 들어가는 도로 양쪽에는 2천 개의 십자가가 세워졌고 2천 명의 열심당원이 그 형틀에 못박혀 죽었다.
  "기이한 일이지요."
  마르코스가 밑도 끝도 없이 그런 말을 하자 율리아가 물었다.
  "뭐가요?"
  "로마인들이 열심당원들을 처형하는 데 사용했던 십자가가 나사렛 예수를 믿는 사람들에게는 구원의 상징이 되었으니까요."
  십자가는 사람을 고문하던 형틀이었다. 사람을 엎어 놓고 곤장을 치던 형틀이 페르시아에서는 세워졌고 곤장은 채찍으로 바뀌었다. 그것이 헬라를 거쳐 로마로 들어가 반역자를 매달아 처형하는 일에 사용되었던 것이다. 117년 전 검투사 출신인 스파르타쿠스의 노예반란을 진압했을 때 크라수스 장군은 아피아 가도에 6천 개의 십자가를 세우고 그들을 매달았다.

"이곳에 2천 개의 십자가가 섰을 때 주님은 몇 살쯤이었을까요?"

"아마 10살쯤 되었을 겁니다."

"그도 여기 세워졌던 2천 개의 십자가를 보았겠군요."

"나사렛 예수를 길러준 요셉이 목수였으니까 십자가 제작에 동원된 그를 따라와서 모든 과정을 다 보았겠지요. 그것이 40년 전이었으니까 저 나사렛 사람들 중에도 60이상 된 분들은 여기 와서 십자가 제작에 참여했을 테고 50세 전후의 분들은 예수처럼 아버지나 형님을 따라와서 보기도 했겠지요."

"그렇겠군요."

그 예수의 이름이 앉은뱅이를 일으키고, 소경의 눈을 뜨게 하고, 앉은뱅이를 일으키고, 귀신을 쫓아내며, 많은 병자들을 낫게 하고 있었다. 베다니에서 그런 일들을 목격한 율리아가 물었다.

"세포리스는 아직도 열심당의 본거지인가요?"

"그렇습니다."

"그들의 규모가 얼마나 되지요?"

"세력이 많이 약화되었지만…… 로마군에게는 위협적인 존재겠지요."

성 안으로 들어갈 때 나사렛에서 온 많은 무리가 지나가는 것을 보고 세포리스 사람들이 이상하다는 듯 나와서 보고 있었다.

"마르코스, 당신이 지금 안티오키아로 가는 이유는…… 판매망의 정비 때문만인가요, 아니면 다른 목적도 있나요?"

"다른 목적?"

"부친의 사건과도 관계가 있나요?"

마술사 하닷의 패들이 마르코스를 공격한 것과 그가 마술사 시몬의 행방을 캐고 있는 것으로 보아 율리아는 그것이 19년 전에 있었던 부친의 사건과 관계가 있을 것으로 생각했던 것이다. 마르코스가 웃으며 대꾸했다.

"해결할 일이 좀 남아 있지요."

마르코스 요안네스

   사울과 바나바는 나사렛 사람들을 이끌고 가나안의 두로 항을 지나고 있었다. 영리하고 장사에 능한 가나안의 장자 족속이 레바논 산맥의 서쪽 즉 페니키아 해안에 자리잡은 시돈이고 그들의 번영은 다시 시돈 항에서 22스타디아 남쪽에 건설된 두로의 시대에 최고의 명성을 떨쳤다. 두로의 상인들은 키프로스와 크레타를 손에 넣고 카르타고와 다시스도 경영했다.
   "두로가 말하기를 나는 온전히 아름답다 하였도다."
   에스겔이 써놓은 대로 지중해 연안의 교역을 장악한 두로는 부지런히 재물을 쌓아 놓고 교만해져 반역의 신화를 만들었다. 그들은 하나님에까지 이원론을 적용해 하늘의 신 엘과 땅의 여신 아세라로 갈라놓고, 그들에게서 태어난 바알이 엘을 몰아내고 아세라와 결혼한 것으로 꾸며냈다.
   그들은 또 사치를 조장하기 위해 아스다롯 여신을 만들었다. 사랑의 여신이라고 불린 그 음란의 여신은 가는 곳마다 이름을 바꾸며 사람의 마음을 훔쳤다. 애굽의 하트호르, 수메르의 이난나 그리고 바벨론의 이쉬타르, 헬라의 아프로디테, 로마의 베누스가 다 아스다롯의 변신이었다.

"선지자 에스겔이 두로의 멸망을 예언했다죠?"

율리아의 물음에 마르코스는 에스겔의 예언으로 답했다.

"네가 아름다우므로 마음이 교만하였으며 네가 영화로우므로 네 지혜를 더럽혔음이여, 내가 너를 땅에 던져 왕들의 구경거리가 되게 하였도다."

그 예언대로 두로는 바벨론에 점령되고 다시 그 바벨론을 정복한 페르시아에 짓밟혀 무너졌다. 그러나 페르시아군을 물리치고 두로를 손에 넣은 알렉산더는 그 탐욕과 반역의 항구를 다시 재건했다. 그리고 두로의 장사꾼들은 아직도 뱀처럼 모든 나라로 스며들어가 상권을 장악하고 있었다.

"수학자 유클리드가 여기서 태어났다고 했는데."

"본래 헬라 사람이었습니다."

알렉산더가 두로를 재건한 지 7년 후에 두로에 들어와 살던 헬라인 부부 사이에서 에우클레이데스가 태어났다. 나중에 아라비아 사람들이 그를 유클리드라고 부른 후로 그는 줄곧 그 이름으로 불렸다. 유클리드란 아라비아 말로 '측량의 기준'이라는 뜻이었다.

"장사꾼의 항구가 그의 실용적 수학에 영향을 주었을까요?"

마르코스가 고개를 저었다.

"아닐 겁니다. 오히려 교만의 땅에서 겸손의 수학이 태어난 거죠."

유클리드는 부모를 따라 다메섹으로 넘어갔다가 다시 아테네로 이주했고 거기서 플라톤의 아카데미아에 들어갔다. 그러나 피타고라스의 밀교적 수학에 실망했던 그는 25세 때 알렉산드리아로 건너가 응용 수학의 연구에 전념했고, 무세이온에서 친절하고 부지런한 교사로 명성을 얻게 되었던 것이다.

"피타고라스의 정체를 파헤친 그의 용기는 대단했어요."

"학문은 속임수가 아니거든요."

재물로 교만해진 두로 사람들처럼 피타고라스는 수학자라기보다 오히려 미신의 교주였다. 영혼의 문제를 수학으로 해결한다며 환생설을 주장했고 밀교의 교단을 만들어 사람들을 미혹했던 것이다.

"직각 삼각형의 정리를 자기 것으로 발표해서요?"

"학자가 아니라 사기꾼이었지요."

피타고라스는 직각 삼각형의 정리를 발견하게 해 준 신에게 감사한다면서 100마리의 황소를 그의 신 게마트리아에게 제물로 바쳤다. 그러나 후일 유클리드는 그 직각 삼각형의 정리가 이미 바벨론 수학에 있었던 것이라고 폭로했다.

"유클리드의 공이 크군요."

"마법을 깨뜨리고 훌륭한 후배들을 배출했으니까요."

피타고라스의 미신을 타파한 유클리드가 55세의 나이로 세상을 떠난 직후 시실리 섬에서 태어난 아르키메데스라는 젊은이가 알렉산드리아를 찾아왔다. 그는 무세이온에서 유클리드이 수학을 공부하고 돌아가 지레와 도르레를 이용한 많은 기계와 기구를 발명했다. 그는 또 부력의 원리를 발견했으며, 미적분학의 기초를 만들어 응용 수학의 대가가 되었던 것이다.

"아버지는 이 두로에 왜 왔던 것일까?"

그는 두로에서 몇 가지 필요한 일들을 처리하기 위해 외삼촌의 일행과 떨어져야 했다. 시돈과 베루두스를 거쳐 안티오키아까지 나사렛 사람들을 데리고 가야 하는 그들과 동행할 수가 없었던 것이다.

"외삼촌, 저는 이곳의 일을 처리하고 셀류기아로 가야 하니 일단 헤어져야 할 것 같습니다. 율리아 아가씨가 여러분을 보살피게 되어 다행입니다."

외삼촌이 섭섭하다는 듯 물었다.

"셀류기아에서 안티오키아로 들어올 거냐?"

"네, 수리아 총독을 만나야 하니까요."

"그럼 안티오키아에서 만나자."

마르코스는 또 사울에게도 깍듯이 인사를 했다.

"모시고 오는 동안 많은 것을 배웠습니다. 안티오키아에서 다시 뵙겠습니다."

"그렇게 하게."

마르코스와 또 작별해야 하는 율리아의 눈에 이번에는 미소가 고여 있었다. 이제 곧 다시 만날 수 있다는 희망이 생겼기 때문인 것 같았다.

마르코스 요안네스

그는 우선 두로의 세관장을 찾아가기로 했다. 에스겔의 저주를 받은 두로는 과거의 영광을 다 잃고 황량한 땅이 되었으나 두로의 장사꾼들이 아직도 여러 나라에서 활동하고 있기 때문에 부두에 정박하고 있는 배들이 여러 척 보였다. 출입하는 물량이 많이 줄었어도 세관은 여전히 성업 중이었다.

"혹시……"

세관장이 꽤 연로해 보이는 것을 다행으로 생각하며 그가 물었다.

"19년 전에 이곳을 드나들던 상인 이드란을 기억하십니까?"

그는 마르코스를 찬찬히 바라보더니 물었다.

"당신은 누구요?"

"저는 그의 아들 마르코스입니다."

"아…… 그 아들이 부친의 사업을 이어받았다고 들었어."

그가 반가워하는 것을 보니 아버지 이드란을 아는 모양이었다.

"그분이 돌아가셨다는 것도 아십니까?"

세관장은 고개를 끄덕였다.
"아까운 분이었어. 좋은 일을 많이 하셨는데."
"좋은 일이라니요?"
"어려운 상인들에게 자금을 대 주기도 하고 가난한 사람들에게 식량을 나눠주기도 하셨지. 또 가는 곳마다 귀중한 서적들을 많이 수집해서 알렉산드리아와 아테네의 도서관에 기증했고."
마르코스 자신도 부친의 행적을 뒤지고 다닐 때마다 그런 사실들을 많이 발견하며 놀라고 있었다.
"아버지의 마지막 항해 기록에도 두로가 적혀 있더군요."
세관장이 고개를 끄덕였다.
"알렉산드리아에서 출항하면 늘 여길 거쳐갔거든."
"그 때 무슨 일로 왔었는지 기억하세요?"
"애굽에서 실어온 곡물을 하역했고…… 아, 뭔가 부탁을 했었는데."
마르코스가 긴장하며 물었다.
"부탁이라구요?"
그는 어렴풋한 19년 전의 기억을 되살리려 애쓰다가 무릎을 쳤다.
"그래, 피타고라스의 두루마리를 찾고 있었어."
"어떤 두루마리를요?"
"피타고라스의 것이면 무엇이든 구해 달라고 했지."
부친이 장사에 나설 때마다 서적을 수집했기 때문에 별로 이상할 것은 없었다. 그러나 평소에 부친은 현학적인 수사로 미신의 교리를 만들어 인간을 농락하려 했던 피타고라스의 이론 수학을 경멸하고 있었다. 그런 부친이 왜 피타고라스의 두루마리들을 찾아 다녔는지 알 수가 없었다.

"그래서, 뭐 찾았나요?"

세관장은 고개를 가로 저었다.

"별로 성과가 없었어. 고대 페니키아의 악보 하나를 찾아낸 것 외에는."

"도대체 그 피타고라스가 두로에 왔던 흔적은 있습니까?"

그는 626년 전 사모스 섬에서 장사꾼 므네사르코스의 아들로 태어났다. 일찌기 밀레토스로 건너가 탈레스에게서 수의 개념을 익혔고 20세 때에 애굽으로 가서 멤피스의 사제들로부터 수비학을 배웠다. 그리고 다시 바벨론에 들어가 점성술사와 박수들로부터 고대 지식을 전수받았다고 했다.

"그의 부친이 본래 장사꾼이었다니까……"

부친을 따라 교역의 중심지였던 두로에도 왔었을 것이었다. 두로 사람들은 크레타 섬에 들어가 새로운 신들을 만들어내고 밀교 의식을 처음 시작했다. 모방의 명수인 피타고라스가 나중에 윤회설과 환생설을 기초로 한 밀교의 교단을 만들게 된 것도 두로인의 그것을 모방한 것임에 틀림없었다.

"당연히 왔었겠네요."

"허지만 두로가 이렇게 황폐하게 되어버렸기 때문에 자네 부친이 여기서 피타고라스의 흔적을 찾기는 쉽지 않았지."

"그렇겠군요."

"그래서…… 셀류기아로 간다고 했었는데."

부친 이드란의 다음 행선지는 셀류기아였다. 페르시아와 바벨론 쪽에서 흘러나오는 동방의 문물이 안티오키아를 거쳐 셀류기아 항으로 모여들게 되어 있었다. 마르코스는 더 이상 알아볼 것이 없어서 일어섰다.

"세관장 어른, 감사합니다. 그럼……"
"이드란 상회의 교역량이 꽤 늘어나고 있다지?"
"저희 상호를 보시면 잘 보살펴 주세요."
"이드란의 아들이 장사를 한다니 내가 당연히 도와야지."

비록 제대로 된 정보를 손에 넣지는 못했으나 가는 곳마다 부친에 대한 좋은 기억과 호의가 남아 있다는 것은 매우 감동적이었다. 세관장에게 인사를 하고 두로를 떠나며 그는 고개를 갸웃거렸다.

"왜 아버지는 600년 전의 피타고라스를 추적하고 있었을까?"

피타고라스는 60세에 고향 사모아로 귀환했으나 참주 폴리크라테스의 미움을 받아 이탈리아 남부의 크로토네로 건너갔고 거기서 학교를 설립했다. 거기까지 생각하다가 마르코스는 또 눈을 크게 떴다.

"아버지의 마지막 항로에 크로토네도 있었어."

피타고라스 학교의 학생들은 대부분이 그의 밀교적 세력을 확장하는 데 동원된 정치적 집단이었다. 피타고라스 학파로 알려진 그 집단의 위기는 뜻밖에도 내부에서 발생했다. 그의 제자인 히파수스가 발견한 무리수 때문이었다.

"2, 3, 5등의 제곱근은 어떤 분수로도 나타낼 수 없다."

무리수의 발견은 세상의 모든 것을 정수와 분수로 표현할 수 있다고 한 피타고라스의 주장을 무너뜨리는 것이었다. 피타고라스는 제자들에게 이를 발설하지 말라고 명령했으나 그것을 발설한 자는 히파수스 자신이었다. 피타고라스의 제자들은 그를 살해하여 바다에 던졌다. 그로부터 피타고라스 집단에 불리한 소문들이 나돌기 시작했고 그에 대한 불만도 커졌다.

"왜 우리가 밀교 집단의 지배를 받아야 하는가?"

크로토네 시민들은 피타고라스 학교에 불을 질렀고 그를 보호하던 제자 38명을 살해했다. 피타고라스는 로크리로 도망했으나 입성을 거절당했다. 배를 타고 타렌툼으로 갔지만 거기서도 받아 주지 않았다. 결국 그는 메타폰툼에 있는 뮤즈 여신들의 사원에 숨어들어가 거기서 굶어 죽었다.

"타렌툼!"

마르코스는 다시 아버지의 마지막 항로를 떠올렸다.

"아버지는 두로와 셀류기아를 거쳐 사모스 섬으로 갔고…… 다시 아테네로 건너갔다가 크로토네를 지나 타렌툼으로 들어갔다. 그리고 다시 거기서 나와 크레타 섬에 들렀다가 알렉산드리아로 돌아왔어."

그 항구들은 모두 피타고라스와 관계가 있는 곳들이었다. 특히 아테네는 피타고라스를 가장 숭배했던 플라톤의 아카데미아가 있는 곳이었다.

"아버지는 도대체 왜 피타고라스의 행적을 더듬고 다녔던 것일까?"

마르코스 요안네스

레바논의 백향목은 지중해 교역에서 가장 인기 있는 품목이었다. 지나친 벌목은 일찍부터 레바논 산맥의 침식을 가속화했고 그 토사(土砂)는 오론테스 강의 하구에 침적되었다. 알렉산더가 죽은 후 안티오키아에서 셀류코스 왕조를 창건한 셀류코스 1세는 토사가 침적된 오론테스 강의 하구에서 약간 북쪽에 셀류기아 항을 건설하여 안티오키아의 출입구로 사용했다.

"자유의 항구."

동방 경영의 거점인 안티오키아의 외항으로서 그 전략적 중요성 때문에 셀류기아는 주인이 자주 바뀌었다. 셀류기아는 건설된 지 50년 만에 애굽의 프톨레마이오스 3세에게 빼앗겼다가 셀류코스 왕조의 안티오쿠스 3세가 탈환했으나 다시 로마의 손에 들어가며 '자유의 항구'라는 이름을 얻었다. 그 후 100년이 더 지나 로마는 셀류코스 왕국을 정식으로 접수했다.

"아버지는 여기서 무엇을 찾아다녔던 것일까?"

피타고라스는 600년 전에 애굽으로 갔다가 다시 바벨론에 들어갔다고 했다. 그가 바벨론에서 나와 고향으로 돌아간 것으로 되어 있으나 당시에는 안티오키아도 없었고 셀류기아 항구도 건설되기 전이었다.

"저…… 혹시 알렉산드리아의 이드란을 아십니까?"

마르코스가 찾아간 곳은 셀류기아의 한 곡물상이었다.

"그분은 오래 전에 돌아가셨소이다."

"아……"

그도 아버지를 알기는 아는 모양이었다.

"이드란 상회의 지점을 맡고 있던 분이 여기 계시다고 들었는데요."

"크레온이 그의 일을 맡아 했었지."

그가 밖으로 나와 손가락으로 가리키는 곳에 크레온의 상점의 간판이 보였다.

"감사합니다."

가슴이 다시 두근거리고 있었다. 아버지를 떠나보낸 지 19년이 지나 그를 아는 자들 또는 그와 거래하던 사람들을 다시 만나고 다니는 것이 마치 다른 세상을 돌아다니며 여행을 하는 것처럼 기분이 묘했다.

"실례합니다. 저는 예루살렘에서 온 마르코스라고 하는데요."

"마르코스?"

상점 주인 크레온은 그의 얼굴을 자세히 살펴보았다.

"이드란님의 아들 마르코스?"

"그렇습니다."

그는 반색을 하며 마르코스를 끌어안았다.

"그분은 늘 아들 이야기를 하시곤 했지. 아버지를 많이 닮았구만."

"아버지가 돌아가신 것은 알고 계시지요?"

크레온이 마르코스를 품에서 놓아주며 말했다.

"그럼, 벌써 19년이나 되었는걸. 부친의 사업을 다시 일으켰다며?"

"아버지 덕을 보고 있을 뿐이지요. 셀류기아 쪽의 물동량(物動量)이 늘어나고 있어서 이곳에도 지점을 열 계획인데 크레온 상회에서 많이 도와주십시오."

"이드란 상회 일이라면 당연히 도와야지."

마르코스는 그가 권하는 의자에 앉으며 다시 물었다.

"아버지의 마지막 항해 일지를 찾아보니 두로를 거쳐 셀류기아에 들렀다는 기록이 있던데 그 때 여기에 온 목적이 무엇이었을까요?"

크레온이 잠시 기억을 더듬다가 말했다.

"알렉산드리아에서 싣고 온 화물들을 내려놓고 바벨론과 페르시아에서 구입한 품목들을 챙겨 선적을 했지. 대금 결제와 미수금 문제 등도 상의를 했고."

"이상한 일은 없었나요?"

"평소에 늘 하던 일이었고 별다른 것은 느끼지 못했어."

"혹시, 특별히 부탁한 일은요?"

"늘 하던 일인데, 서적의 수집 같은 거였어."

"어떤 것을 부탁했나요?"

"음…… 피타고라스의 두루마리였지."

"네?"

또 그 피타고라스가 등장한 것이었다.

"제가 알기로는 그 피타고라스가 이미 600년 전 사람인데, 그 당시에는 셀류기아 항구도 없지 않았습니까?"

"물론 없었지. 당시에는 지금 안티오키아의 동쪽에 알렙포라는 성이 있었고 거기서 북동쪽으로 올라가면 유브라데 강변에 갈그미스가 있었어. 항구는 남쪽으로 아르왓과 비블로스가 있었고."

그 비블로스의 남쪽에 두로가 있었다.

"그런데 아버지는 왜 여기서 피타고라스의 서적을 찾았을까요?"

"안티오키아에서 셀류코스 왕조가 창건되고 셀류기아 항구가 건설되면서 아르왓과 비블로스의 상권이 모두 셀류기아 쪽으로 옮겨 왔지. 바벨론과 페르시아의 문물과 서적이 셀류기아로 몰려들면서 아르왓과 비블로스의 고서적들도 점차 셀류기아로 흘러들어오기 시작했거든."

"아…… 그랬군요."

그러나 피타고라스가 아르왓이나 비블로스 또는 두로 등지에서 바벨론과 페르시아에서 흘러나온 서적들을 수집했거나 페니키아의 자료들을 수집했다면 모를까 이 지역에서 직접 저서를 저작했거나 서적을 편집하지는 않았을 것 같았다.

"그래서…… 성과가 좀 있었습니까?"

"피타고라스의 것은 못 찾았고, 다른 것들은 좀 수집했지."

그것이 아버지가 알렉산드리아의 부두에서 수레에 실어 세라

피온의 제2도서관으로 가져가려 했던 서적들일 수도 있었다.

"어떤 것을 구했는데요?"

"별로 중요한 것은 아니고 그저 잡서들이었어."

"잡서라구요?"

크레온은 잠시 머뭇거리다가 빙긋 웃으며 입을 열었다.

"점쟁이나 무당들의 비술을 적은 책이라든가, 신전과 창가에서 흘러나온 음서들, 그리고 곡마단의 공연 종목을 소개한 책들이었지."

마르코스도 이제 알만한 나이가 되었으니 괜찮다 싶었던 모양이었다. 안티오키아는 세계 각지에서 여러 인종이 모여드는 성읍이어서 점쟁이나 무당도 많았고 음란의 여신을 섬기는 신전과 창가도 성황인데다가 곡마단을 장악하고 있는 조직도 여러 개가 있었다.

"아버지가 그런 것을요?"

마르코스로서는 그것이 좀 뜻밖이었다. 아버지가 비록 목적이 있어서 장사의 길에 나서기는 했으나 그는 엄격한 레위 지파의 자손이었던 것이다.

마르코스 요안네스

오론테스 강을 따라 안티오키아를 향해 들어가는 마르코스의 귀에는 역사의 물소리가 들려오고 있었다. 아브라함의 시대에 이곳은 가나안에 속하는 아르왓 족속의 거주지였고 그 후 다시 헷 족속의 땅이 되었다가 앗수르와 바벨론과 페르시아 등 동방의 역대 제국들이 지중해로 나가는 출구가 되었다.

"그리고 알렉산더……"

마케도니아를 20세에 물려받은 알렉산더가 그 역사의 물줄기를 거꾸로 돌려놓았다. 헬라스 연맹의 맹주가 된 지 3년 만에 그는 페르시아의 대군을 격파하고 수리아를 지나 동방의 제국들을 정영했다. 그는 실피우스 산 아래 다프네의 샘에서 물을 마시며 그녀를 연모한 아폴론처럼 그곳에 자신의 성을 세우고 싶어했다.

"아름답도다, 역사의 물맛이여."

그러나 안티오키아가 건설된 것은 그가 죽은 후 셀류코스 장군에 의해서였다. 그리고 잇단 전쟁과 재난으로 지쳐 있던 안티오키아를 재건하고 되살려낸 것은 아폴론을 수호신으로 삼은 아우구스투스의 로마 제국이었다.

"저 자들이 누구지?"

거리로 나온 유대인들이 나사렛 사람들의 행렬을 보고 떠들었다.

"크리스티아누스가 아닌가?"

"맞아. 선두에 선 자들은 사울과 바나바야."

유대인들에게 사울과 바나바는 혐오의 대상이었다. 가말리엘 문하에서 율법을 배우고 크리스티아누스가 된 사울은 그들에게 변절자이고 제사장 가문인 레위 지파 출신으로 나사렛 당에 들어간 바나바는 배신자였다.

"죽으려고 환장을 했군."

"감히 황제의 대로를 활보하다니."

두 사람은 총독궁과 아폴론 신전까지 대리석으로 깔아 놓은 황제의 대로를 100명도 넘는 무리를 이끌고 버젓이 걷고 있었다. 대로 양쪽에 늘어선 주랑 사이로 많은 신상들이 그들을 말없이 바라보고 있었다.

"따라오는 자들은 뭐야?"

그들 중의 하나가 어디서 들었는지 아는 체를 했다.

"나사렛 사람들이래."

"뭐?"

"그들은 레갑 사람들 아닌가?"

그들이 알기에 레갑 사람들은 헤롯이 건축한 성전을 허물고 자신들의 손으로 성전을 짓겠다고 고집하던 기술자들의 집단이었다. 유대인들이 알기에 나사렛 사람들은 바리새인이나 열심당보다도 더 완고한 수구적 집단이었다.

"저들이 왜 크리스티아누스를 따라왔을까?"

"그리스도라는 예수가 본래 나사렛 사람이기 때문인가?"

매우 심기가 불편하면서도 유대인들은 섣불리 그들을 건드리지 못하고 있었다. 그들 가운데 로마인 복색의 무장한 젊은이들이 섞여 있기 때문이었다. 떠들어대는 길가의 유대인들 속에 섞여 있던 마르코스는 슬그머니 거기서 빠져나와 대리석 도로를 걷는 나사렛 사람들의 행렬 속으로 들어섰다.

"수고가 많았군요."

그의 음성을 듣고 율리아가 깜짝 놀라며 고개를 돌렸다.

"볼일은 다 끝났어요?"

"이제부터지요."

그는 율리아에게 가까이 다가서며 물었다.

"안티오키아에 새 거점을 마련해야 하는데 혹시 믿을만한 사람이 있겠습니까?"

"어떤 일을 시키려구요?"

"수리아와 아디아베네, 파르티아, 바벨론 쪽의 교역을 총괄하는 일."

"유대인이라야 하나요?"

"아뇨, 이드란 상회는 모든 나라를 상대로 일하니까요."

율리아가 살며시 미소를 머금더니 그에게 물었다.

"그렇다면, 제가 하면 안될까요?"

"아가씨가?"

"저도 이제 아가씨로 불리워질 나이는 지났거든요."

"그럼, 어떤 호칭을 원하시는데요?"

그녀는 서슴치 않고 말했다.

"도미나."

그것은 도미누스의 여성형, 즉 여주인이란 뜻이었다. 율리아의 담대한 성품과 첩보 수집 능력, 그리고 든든한 가문의 배경은 한 지역의 책임을 맡길만한 자질과 조건으로 충분한 것이었다. 그가 보기에 율리아는 여리고의 클로리스 점주처럼 큰 상인으로 성장할 가능성을 지니고 있었다.

"아가씨가 맡아 주신다면 이드란 상회로서는 큰 행운이지요."

"좋아요, 그럼 이제부터 당신을 주인으로 모실게요."

마르코스의 얼굴이 약간 상기되었다. 주인이라는 말은 남편이라는 말로도 사용되기 때문이었다.

"그럼 율리아, 이드란 상회의 식구가 되었으니 첫 번째 일을 시작할까요?"

"어떤 일이죠?"

"롱기누스 총독을 만나야 합니다."

"네, 면담을 추진하겠습니다."

율리아는 군대식 말투로 씩씩하게 대답하고 행렬의 앞쪽으로 가서 선두에 있던 바나바에게 말했다.

"나중에 페트로스에서 만나요."

바나바가 뒤를 돌아보더니 마르코스를 발견하고 반색을 했다. 마르코스는 외삼촌에게 손짓으로만 인사를 한 후 율리아와 함께 대열을 빠져나왔다.

"지금 게바님이 여기 와 있습니까?"
"네?"
"방금 페트로스에서 만나자고 하시던데."
헬라어로 페트로스는 아람어의 게바 즉 반석이었던 것이다.
"아…… 게바님이 오신 것이 아니고."
"네?"
"조금 있으면 알게 될 거예요."
총독궁으로 향하면서 마르코스가 다시 물었다.
"그런데…… 크리스티아누스들이 언제부터 그렇게 용감해졌나요?"
"왜요?"
"대낮에 무리지어 황제의 대로를 걷다니."
"곡마단의 전쟁 이후로 유대인들의 세력이 로마의 미움을 받아 많이 약화된 대신 말썽을 안 부리는 크리스티아누스 쪽은 호감을 얻고 있거든요."
"롱기누스 총독은 어떻습니까?"
"한쪽에 치우치지 않고 균형을 중시하는 편이지요."
총독과의 면담은 뜻밖에도 어렵지 않게 이루어졌다. 율리아가 총독궁의 정문에 다가서자 경비병이 군례를 올려서 마르코스를 당황하게 했다.
"외삼촌을 만나러 왔어요."
율리아는 총독을 마르코스가 바나바에게 하듯 외삼촌이라고 했다.
"함께 오신 분은 누구십니까?"

"이드란 상회의 대표세요."
"들어가십시오."
너무 쉽게 정문을 통과하자 마르코스가 신기하여 물었다.
"롱기누스 총독이 외삼촌인가요?"
"그냥 외가 쪽으로 먼 친척이 되거든요."
총독의 집무실에 들어가서도 율리아는 총독을 외삼촌이라고 불렀다.
"외삼촌, 제 친구를 소개하려고 데려왔어요."
"친구라고?"
마르코스가 고개를 숙였다.
"이드란 상회의 대표인 마르코스 요한네스입니다."
율리아가 다시 총독에게 소개를 덧붙였다.
"이드란 상회의 본점은 알렉산드리아에 있고 예루살렘과 여리고 그리고 카이사랴와 세바스테에 지점이 있어요. 애굽에서 시작하여 유대와 사마리아와 베뢰아 지역은 물론이고 아카야, 이탈리아와의 교역도 점점 늘어나고 있지요."
롱기누스 총독이 놀란 눈으로 마르코스를 바라보았다.
"이드란 상회…… 많이 들어본 이름인데."
"부친의 일을 물려받아 흉내를 내고 있을 뿐입니다."
"맞아, 내가 아카야에 있을 때 이드란 상회의 이름을 들었어."
"이제부터 안티오키아를 거점으로 수리아와 아디아베네와 파르티아, 그리고 바벨론과 페르시아, 또 가능하다면 인도까지 판매망을 확대해 볼 계획입니다. 총독 각하께서 많이 도와주셨으면 합니다."

"내가 도울 일이라면?"

"무엇보다도 상인에게는 시장의 안정과 성장이 중요합니다. 총독 각하의 관할 지역이 모두 평안하면 상인도 덕을 보게 되지요. 특히 안티오키아에서는 유대인들과 크리스티아누스 사이에 긴장이 계속되고 있는 것 같은데."

"그 점이라면 염려 말게."

총독이 고개를 끄덕이며 대답했다.

"수리아 지역의 유대인들은 내가 확실하게 잡고 있거든. 황제 폐하께서도 즉위 초기에는 유대인들에게 호의적이었으나 그들의 태도가 지나치게 난폭해지자 생각을 많이 바꾸셨어."

율리아가 다시 총독에게 새 소식을 알렸다.

"외삼촌, 제가 이드란 상회의 안티오키아 지점장을 맡기로 했어요."

"네가?"

"이제 안티오키아의 상권이 제 손에 달렸어요."

"율리아, 빨리 시집갈 생각이나 할 일이지 왜 사내처럼 장사일에 나서려고 하는 거냐? 그렇지 않아도 로마에 계신 장관께서 또 말씀을 전해 왔어. 네 결혼이 늦어져서 걱정이니 신랑감을 구해보라고."

로마의 장관이란 율리아의 부친 페트로니우스를 말하는 것이었다. 율리아가 보안대 출신답지 않게 숙녀처럼 어깨를 흔들었다.

"걱정 마세요."

그녀는 웃음이 가득한 눈으로 마르코스를 보았다.

"정 시집을 못가면 우리 대표님께서 책임을 지시겠지요."

마르코스 요안네스

총독궁을 나와 북쪽을 향해 걸으면서 율리아가 말했다.
"그동안 수리아와 동방 각국의 시장 상황을 조사해 놓은 자료가 있어요."
"율리아가 그런 것을?"
"제가 당신에게 크라투스를 보내 수리아 지역의 판매망을 어떻게 하겠느냐고 물어본 것이 5년 전이었어요. 실은 그 때부터 저는 이미 이쪽 지역과 동방 여러 나라의 교역 상황을 조사하기 시작했거든요."
"아니, 5년 전부터 그런 조사를?"
놀라운 일이었다. 마르코스는 우선 유대 지역과 베뢰아 쪽에서 부친의 판매망을 재건하고 샤론과 사마리아, 그리고 갈릴리 지역까지 교역을 확대하느라고 수리아 쪽을 생각할 여유가 없었는데 그녀는 모든 자료를 준비해가며 마르코스를 기다리고 있었던 것이다.
"부담스러울 것 없어요."

율리아 쪽에서 먼저 그의 미안함을 가려 주었다.
"시장을 공부하다 보니 장사에는 때가 있다는 것을 알게 되었죠. 어쨌거나 5년간 조사해 두었던 자료들이 더 유용하게 되었어요. 장사란 멈추어 있는 것이 아니라 움직이는 것이더군요. 시장이 움직이는 모양을 5년간 관찰해 두었기 때문에 앞으로의 변화를 예측하는 데 꽤 도움이 될 거예요."

마르코스는 그녀의 새로운 면을 보며 놀라고 있었다. 예루살렘에서 지점들을 관할하고 있는 모친이나 여리고의 수공업 조직을 이끄는 클로리스, 그리고 알렉산드리아에서 이드란 상회의 교역을 총괄하는 다브네스처럼 유능한 여자들에 경탄했었는데 율리아도 그에 못지않은 것 같았다.

"역시 장사는 사람을 잘 만나야 할 것 같군요."

"특히 여자를요."

그녀와 대화를 나누며 계속 북쪽을 향해 올라가던 마르코스는 갑자기 코앞에 다가선 것 같은 거대한 바위산을 보고 걸음을 멈추었다.

"아니, 저게 무슨 산이죠?"

"페트로스에요."

그녀가 말한 페트로스는 게바가 아닌 실피우스 산을 말한 것이었다.

"저 산이?"

"크리스티아누스들은 그렇게 부르고 있어요. 저 산이 바위산이기 때문이기도 하지만 주님께서 게바에게 천국의 열쇠를 주시며 반석 위에 교회를 세우겠다고 하셨기 때문에 그렇게 부르는 거예요."

그녀의 말이 틀리지 않았다는 것은 그 산에 가까이 갈수록 뚜렷하게 드러났다. 그 바위산에는 여기 저기 커다란 동굴들이 뚫려 있었고 크리스티아누스들은 그 동굴들을 거처로, 또는 집회 장소로 사용하고 있었던 것이다.

"페트로스에 온 것을 환영한다, 마르코스."

나사렛에서 온 사람들의 거처와 장막 터를 마련해 주느라고 바빴던 외삼촌 바나바가 그에게로 다가오며 말했다. 사울도 그를 보고 고개를 끄덕였다.

"어서 오게, 마르코스."

마르코스는 바위산의 동굴 교회에서 예루살렘과 베다니에서 보았던 낯익은 얼굴들을 많이 만났다. 베다니에 왔던 루키오스도 있었다.

"구레네의 시몬님은 어디 가셨나요?"

"그분은 두 아들과 함께 로마로 가셨다네."

시몬의 아내 마리아가 대답했다.

"네?"

"누미토르 암블리아, 그분과 거래 관계가 있어서."

"암블리아?"

그는 누마라는 이름으로 유대에 파견되었던 티베리우스 황제의 첩보원으로 나사렛 예수를 따라다녔던 사람이었고 마르코스도 만난 적이 있었다. 율리아가 말을 거들었다.

"그의 부친이 본래 안티움의 거상이었어요."

안티움은 셀류기아와 마찬가지로 로마의 관문으로 사용되는 항구였다.

"크리스티아누스도 장사를?"

"이곳의 크리스티아누스들도 이미 생업을 위해 수공예품을 만들어 로마와 교역을 하고 있었어요."

"그럼 율리아, 당신이?"

"기술은 사울 선생님이 가르쳤고 장사는 제가 했지요."

그는 고개를 돌려 사울의 얼굴을 찾아냈다. 그가 고개를 끄덕이고 있었다. 그래서 세바스테 전시장의 가죽 제품에 그가 관심을 보였던 것이다.

"로마의 암블리아 상회는 앞으로 이드란 상회의 로마 진출에 큰 도움이 될 거예요. 구레네의 시몬님과 두 아드님도 그렇구요."

"그렇군요."

그는 다시 좌우를 둘러보다가 물었다.

"그런데 마리아님은 어디 계시지요?"

"아……"

사몬의 아내 마리아가 대답했다.

"며칠 전 요한 사도와 함께 파포스로 떠나셨어."

"파포스요?"

하필이면 왜 파포스냐는 어조였다. 페니키아 사람들이 점령했던 파포스는 그들이 아스다롯의 출생지로 선전하고 있는 곳이었다. 바다의 거품 속에서 태어나 사랑의 여신 아스다롯이 조개껍질을 타고 파포스 해안에 상륙했다는 것이었다. 바나바가 설명을 보탰다.

"이곳의 교회가 커지면서 우리에 대한 유대인들의 눈총도 점점 사나워지고 있거든. 우리야 늘 환난과 박해를 당연하게 여기고 살지만 그분만은 험한 상황을 피하게 해드리려고 일단 키프로스로 가시게 했지."

"그런데 왜 파포스죠?"

"파포스는 페니키아인과 헬라인들의 세력이 워낙 강해서 상대적으로 유대인의 세력이 약한 곳이야. 요한 사도의 모친과 막달라의 마리아가 함께 갔으니 그들이 어머니를 잘 모실 것이야."

페트로스의 사람들과 인사를 나눈 후 율리아는 그를 동굴 안으로 안내했다. 동굴 안은 생각보다 넓어서 큰 예배 처소가 있고 식수를 공급할 수 있는 샘과 비상시에 일제히 탈출할 수 있는 여러 갈래의 비밀 통로까지 구비되어 있었다. 율리아는 동굴 안의 한 구석에 불을 밝혀 놓고 그동안 조사해 놓은 동방 각국의 시장 현황과 추세에 대해서 설명을 시작했다.

마르코스 요안네스

수리아를 비롯한 동방 모든 나라의 판매망을 조직하고 소아시아 여러 지역에 진출할 계획까지 수립하느라 마르코스는 안티오키아에서 해를 넘겼다. 이드란 상회의 지점을 중심가에 개설한 후로 율리아의 재능은 진가를 발휘하기 시작했고 여러 나라의 상인들이 그녀를 찾아 모여들었다.

"장사는 남는 지역의 물품을 모자라는 지역에 파는 거예요."

그 모든 지역의 정보들이 율리아의 손 안에 있었다. 알렉산드리아의 파피루스는 페르가몬에 보내고 페르가몬의 두루마리는 갈리아로 보내는 등 사방에서 들어오는 주문서들을 정리하는 그녀의 방향 감각은 놀라웠다.

"갈리아의 곡물을 유대로 수송한 배가 셀류기아 항에 들어왔어요. 크레온 상점에 연락해서 게누이로 가는 상품의 선적을 서둘러 달라고 하세요."

"가죽 제품은?"

"그것도 함께요."

안티오키아의 율리아와 이드란 상회의 본점에서 일하는 다브네스는 지난날 마르코스의 부친 이드란이 교역했던 경로를 거의 다 되찾고 있었다. 아직도 지중해 연안의 상권을 대부분 장악하고 있던 페니키아의 상인들이 이드란 상회를 가장 강력한 경쟁자로 여길 정도였다.

"마르코스, 좋은 소식이 들어왔네요."

"뭐죠?"

"피데스의 막시무스가 가져온 소식인데"

크라투스가 운영하는 경호 업체 피데스는 이드란 상회의 안티오키아 지점과 같은 건물 안에 들어와 있었던 것이다.

"베네토에서 온 거예요."

"요아스님이?"

"측량과 지질 조사가 순조롭게 진행되고 있으며…… 내년 하반기에 공사를 시작하면 4년 후에는 첫 번째 접안 시설이 완공될 것이라는군요."

마르코스는 고개를 끄덕이며 손바닥으로 책상을 두들겼다.

"아저씨가 된다면 되는 거야."

그의 머릿속은 이미 이드란 상회의 소속 상선이 아드리아 바다를 항해하는 그림으로 가득 차고 있었다.

"좋은 소식이 있으면 반대쪽의 소식도 있는 법."

"뭔데요?"

"유대 총독이 경질되었답니다."

"그래요? 누가 후임으로 왔답니까?"

"티베리우스 알렉산더."

"옛?"

그는 알렉산드리아의 유대인 행정장관 알렉산더의 아들이었다. 알렉산더는 존경받는 학자인 그의 형 필로와는 달리 권력 지향적이고 정치적 술수에 능한 사람이었다. 티베리우스 알렉산더가 만일 그 부친을 닮았다면 경우에 따라서는 유대인과 크리스티아누스에게 똑같이 불리한 처신을 할 수도 있었다.

"조심스럽게 상대해야 할 인물이지요."

그 때 사환 나나가 문을 열고 들어오며 말했다.

"바나바님이 오셨습니다."

"외삼촌이……?"

그가 들어오자 율리아는 외삼촌과 조카 사이에 뭔가 할 말이 있는 것으로 짐작하고 자리를 비켜 주었다.

"어쩐 일이세요, 외삼촌?"

자리에 앉는 바나바는 잠시 사이를 두었다가 입을 열었다.

"그동안 이곳의 교우들은 주님의 뜻을 묻기 위해 금식하며 기도하고 있었다. 그리고 오늘 새벽에 여러 교우가 같은 응답을 받아."

"어떤 응답을 받았습니까?"

"사울과 바나바에게 다른 일을 시키라는 지시였다."

"다른 일이라뇨?"

"안티오키아를 떠나 다른 지역에도 복음을 전하라는 것이시."

"아가보 선지자도 여기 오셨다고 하던데 그분도 같은 응답을 받았나요?"

바나바가 고개를 끄덕였다.

"같은 응답이었어."

"그러면, 어디로 가시려구요?"

"일단 키프로스 쪽으로 나가며 성령의 인도를 받으려고."

"비용은 충분히 준비되었나요?"

그동안 안티오키아 교회는 많은 부조금을 거두어 예루살렘에 보냈기 때문에 재정이 별로 넉넉하지 못했다. 외삼촌이 찾아온 것은 혹시 필요한 비용에 대해 말하려는 것이 아닌가 했던 것이다. 그러나 외삼촌의 대답은 달랐다.

"그런 거야 주님께서 준비하시겠지."

"그러면……?"

찾아온 이유가 무엇이냐는 뜻이었다.

"마르코스, 주님께서는 33살에 십자가에 달리셨는데 너는 이제 그 나이를 넘어서 34살이 되었다. 남은 인생을 주님의 일에 바칠 생각은 없느냐?"

"네?"

"마침 사울과 나는 우리의 사역을 도와 줄 조력자가 필요하다는 것에 의견을 같이 했다. 우리를 따라 키프로스로 가지 않겠느냐?"

바나바의 말은 당분간의 동행을 의미하는 것이 아니었다. 아예 장사에서 손을 빼어 복음 전파에 나서지 않겠느냐는 권고였다.

"외삼촌, 저는 벌여 놓은 일들이 많아서."

"너는 이미 주님께서 마지막 식사를 하신 댁의 아들이라는 것만으로도 사람들을 감동시키고 있어. 이드란 상회는 예루살렘에 있는 네 모친과 아레스가 잘 운영하고 있지 않으냐? 또 유통망의 관리에는 알렉산드리아의 다브네스와 이곳의 율리아 같은 유능한 관리자들이 있고."

바나바는 이미 그런 것들까지 다 파악해 놓고 온 모양이었다. 외삼촌이 한번 이야기를 꺼내면 좀처럼 빠져나가기 힘들다는 것을 마르코스는 어려서부터의 경험으로 잘 알고 있었다.

"알겠습니다. 안 그래도 키프로스 쪽에 갈 일이 있었거든요."

일을 본다는 명분으로 따라갔다가 적당히 빠지려는 것이 그의 의도였다.

"잘 생각했어, 함께 가자."

외삼촌도 마르코스의 속셈을 짐작하고 있었다. 그러나 처음부터 가지 않겠다는 말로 이야기를 끝내는 것보다는 일단 데리고 출발하여 설득하는 것이 낫다고 생각했는지 반색을 하며 받아들였다.

"자네 모친도 그러길 바라실 거야."

마르코스 요안네스

셀류기아 항에서 배를 타고 떠난 사울과 바나바의 일행은 일단 키프로스의 살라미스 항에서 하선했다. 수리아의 서해안에서 팜필리아의 연안을 따라 에게 바다로 나가려면 페르게 쪽으로 가야 하지만 지중해로 진출하려면 먼저 들르게 되는 항구가 키프로스의 살라미스였다.

"왜 첫 번째 지역을 키프로스로 정했지요?"

구체적 계획이 없는 것을 알고 있는 마르코스가 물었다.

"그저 잘 아는 곳이니까."

"외삼촌이 살던 곳이어서요?"

"유대인이 많이 살고 있기도 하고."

살라미스는 키프로스의 다른 항구들과 마찬가지로 페니키아의 상인들이 교역의 거점으로 사용한 항구였다. 포도주, 올리브 등도 생산되지만 키프로스의 가장 중요한 자원은 구리였다. 한동안 키프로스를 차지했던 프톨레마이오스 왕조는 페니키아인들의 세력을 견제하기 위해 유대인들의 이주를 권장했었다.

"유대인이 많다면 오히려 위험하지 않을까요?"

"주님의 뜻을 물어야겠지."

마르코스의 예감은 틀리지 않았다. 안티오키아에서 크리스티아누스의 무리가 날로 늘어가는 데다가 헬라인을 비롯한 이방인들까지 끌어들이고 있다는 것을 살라미스의 유대인들은 다 알고 있었다. 사울과 바나바가 여러 곳의 유대인 회당들을 방문하여 복음을 전하려 했으나 반응은 차가웠다.

"당신들이 안티오키아를 소란스럽게 하더니 살라미스도 그렇게 하려는가?"

사울은 그들의 힐난에 개의치 않고 말했다.

"형제들이여, 내 말을 들으시오."

"들을 것 없소."

"하나님께서는 처음부터 여자의 후손이 올 것을 예고하셨습니다."

"여자의 후손이 예수란 말이오?"

"그분으로 말미암지 않고는 하나님께로 돌아갈 수 없습니다. 그분은 처음부터 하나님과 함께 계셨고, 우리 조상 아브라함에게 아들을 주시리라 약속하셨고, 모세에게 나타나 우리 조상들을 애굽에서 이끌어 낸 분입니다."

그러자 유대인들이 분개하여 외쳤다.

"당신들도 예수처럼 참람한 말을 하고 있는가?"

"잡아서 십자가에 달아야 해."

마지막 방문한 회당에서는 유대인들이 예루살렘 사람들처럼 돌을 집어던졌다. 돌에 맞아 피를 흘리면서도 사울은 그들에게 외쳤다.

"형제들이여, 구원의 기회를 놓치지 마십시오. 여러분이 생명의 말씀을 거부하면 주님의 구원은 이방으로 향하게 될 것입니다."

자칫하면 세 사람이 모두 돌무더기에 묻힐 판이었다. 마르코스가 사울을 감싸 안고 그들 사이를 빠져 나오며 말했다.

"돌에 맞아가면서까지 저들에게 구원받으라고 권할 필요가 있을까요?"

그는 이미 유대인들의 폭력에 질려 있었다.

"내가 돌을 맞는 것이 당연하거든."

"네?"

"예루살렘 사람들이 스테파노스 집사를 돌로 칠 때 나는 증인이 되었어. 그랬던 내가 지금 어찌 돌에 맞는 것을 사양할 수 있겠는가?"

돌을 던지는 무리들 틈에서 간신히 빠져 나오자 바나바 역시 이마에서 흐르는 피를 닦아내며 말했다.

"아무래도 주님의 뜻은 이방으로 향하는 것 같군요."

"다메섹에서 내게 세례를 준 아니니아가 말했소. 주님께서 그 이름을 이방인과 이스라엘 자손들에게 전할 그릇으로 나를 택하셨다고. 이방인만이 아니고 이스라엘 자손도 함께 말씀하셨으니 아직 판단하기에는 이릅니다."

마르코스가 다시 말했다.

"어느 쪽이 더 중요하고 급한 것인지 생각해 봐야겠군요."

그러나 사울은 고개를 저었다.

"주님의 뜻과 장사꾼의 계산은 많이 다르거든."

마르코스는 여러 나라와 교역하고 있는 이드란 상회의 대표였고 유대와 사마리아에서도 제법 이름이 알려진 상인이었다. 그러나 사울은 그런 것에 개의치 않고 마르코스의 말을 장사꾼의 계산이라고 했다.

"그러나 주님께서도 이자에 대한 계산을 하셨습니다."

"므나의 비유?"

여리고에서 말한 그 비유에서는 돈의 단위가 므나인 은이었고 주인이 열 명의 종에게 한 므나씩을 주고 떠났다고 했다. 그것으로 장사하여 열 므나를 남긴 종은 열 고을 권세를, 다섯 므나를 남긴 종은 다섯 고을 권세를 차지하였으나 남기지 못한 종의 한 므나는 빼앗겨 열 므나 남긴 자에게로 돌아갔다.

"그건 기회의 활용을 말씀하신 거야."

"달란트의 비유도 있지요."

예루살렘에서는 달란트의 비유를 들려주었다. 주인이 종들에게 금 다섯 달란트, 두 달란트, 한 달란트를 주고 떠났는데 다섯 달란트, 두 달란트 받은 종은 받은 만큼을 남겼고 한 달란트를 받은 종은 그대로 가지고 있었다. 남긴 종은 주인의 잔치에 참여하고 남기지 못한 종은 바깥 어두운 데로 쫓겨났다.

"그건 각자에게 나눠 주신 재능에 관한 말씀이었지."

"그럼 효율이나 능률은 따질 필요가 없나요?"

"목자는 아흔 아홉 마리의 양을 산에 두고 길 잃은 한 마리의 양을 찾는다고 주님께서 말씀하셨지. 어떤 것이 더 효율적이고 능률적이겠나?"

"기회가 없는 데서 헤매다가 있는 기회를 놓칠 수도 있지요."

"우리가 어찌 하나님의 때를 알겠는가? 우리는 그저 때를 얻든지 못 얻든지 주님의 말씀을 전할 뿐이야."

살라미스에서 시작된 사울의 비효율적이고 비능률적인 전도는 키프로스의 온 섬을 가로질러 동쪽 끝의 파포스 항에 이를 때까지 계속되었다. 그는 도중의 모든 회당마다 들러 유대인들에게 말씀을 전했고 그럴 때마다 욕을 당하고 돌에 맞았다. 말도 타지 않고 걸어다녔기 때문에 마르코스는 해가 뜨고 질 때마다 시간이 아까워 하늘을 바라보며 한숨을 쉬었다.

마르코스 요안네스

키프로스 섬의 동쪽 살라미스 항에서 서쪽 끝의 파포스 항까지의 거리는 1천 스타디아 정도여서 빨리 걸으면 이틀 정도에 갈 수 있는 거리였다. 그러나 회당마다 들러서 홀대하는 유대인들에게 복음을 전하고 돌에 맞느라고 파포스 항까지 가는 데는 보름이 넘게 걸렸다.

"파포스……"

보름 동안 아무런 일도 못한 채 사울과 바나바를 따라다녀야 했던 마르코스는 파포스 항이 보이자 비로소 심호흡을 하며 지루했던 마음을 달랬다. 이드란 상회가 지중해로 진출하려면 파포스도 중요한 항구였다. 그리고 헤어진 후 7년 동안이나 만나지 못했던 친구 게메로스가 그곳에 있었다.

"마리아님께서 계시는 곳입니다."

바나바는 그곳에 은거하고 있는 예수의 모친 마리아와 요한을 생각하고 있었다. 사울의 얼굴도 상기되었다. 그가 안티오키아로 온 지 얼마 안 되어 마리아와 요한이 키프로스로 떠났기 때문에 그들과의 만남은 너무 짧았다.

"그런데 외삼촌, 오늘이 무슨 날이지요?"

언제나 그런 것은 아닐 텐데 파포스의 거리는 몹시 소란스러웠다. 요란한 장식과 의상으로 꾸민 여인들과 술병을 든 남자들이 거리에 가득했고 거리에서 어울려 춤을 추는 사람들도 있었다.

"아, 우리가 아프로디시아 축제 기간에 도착했군요."

바나바가 말했다. 헬라인들은 아스다롯을 아프로디테라고 하는데 아프로디시아는 그 아프로디테의 축제였다. 매년 봄에 사흘 동안 열리는 그 축제는 아스다롯이 조개껍질을 타고 상륙했다는 페니키아 시대의 신전에서 로마가 건설한 파포스 항까지 90스타디아에 이르는 거리를 행진하는 것이 그 절정이었다.

"벌써 행렬의 선두가 들어오고 있네요."

선정적인 가락을 연주하는 악대를 따라 속살이 다 드러나는 사제복을 걸친 아프로디테 신전의 여사제들이 춤을 추며 걸어오고 있었다.

"저 아이는 뭐죠?"

화려한 수레 위에 앉아있는 사내아이를 가리키며 마르코스가 물었다.

"아프로디테 여신에게 바칠 제물이야."

사랑의 여신에게 어린 아이를 불살라 제물로 바치는 것은 아스다롯 여신의 축제와 같은 것이었다. 제물 다음에는 건장한 남자들이 매혹적인 아프로디테 여신의 신상을 메고 그 뒤를 따랐다. 그리고 가면으로 얼굴을 가린 많은 남녀가 옷을 거의 다 벗은 채로 그 뒤를 따라 춤을 추며 행진하고 있었다.

"마리아님은 어디 계신가?"

음란한 행진을 더 이상 바라보기가 민망했는지 사울이 물었다.

"시장 거리 근처입니다."

바나바가 시장 거리의 골목으로 사울과 마르코스를 안내했다. 한적한 곳보다는 오히려 혼잡한 곳이 유대인의 시선을 피하기에 안전할 수 있어서 그런 장소에 거처를 정한 것 같았다. 바나바는 좁은 골목길을 여러 번 돌아서 비교적 아담한 가옥 앞에 멈추어 섰다.

"이피스."

바나바가 낮은 소리로 몇 차례를 부르자 안에서 기척이 들리더니 영리해 보이는 한 젊은이가 나와서 문을 열었다.

"아, 바나바님."

"마리아님은 안녕하신가?"

그러자 이피스라는 젊은이가 고개를 저었다.

"그분들은 며칠 전에 로도스 섬으로 떠나셨는데요."

"로도스?"

파포스 항으로부터 아테네로 가는 항로의 한 가운데 있는 가자미 모양의 섬이 로도스였다. 제우스가 태양의 신 아폴론에게 준 섬이라고 해서 로도스 사람들은 '아폴론의 섬'이라고도 했다.

"요한 사도의 모친께서 파포스 항이 너무 수란스러운 곳이어서 마리아님을 모시기가 편치 않다고 하시자 사도께서도 그 점을 수긍하시고 로도스 섬으로 옮겨 갈 것을 결정하셨습니다."

이피스라는 그 젊은이는 우선 그들 일행을 집 안으로 안내했다.

"어머니, 안티오키아에서 바나바님이 오셨습니다."

"바나바님께서?"

안으로부터 파포스의 여인답지 않게 현숙해 보이는 여인이 달려나왔다.

"어서 오세요, 바나바님."

"레아 자매님, 사울 선생님을 아시지요?"

그녀의 이름 레아는 헬라 신화에서 제우스 신의 모친이었고 유대에서는 야곱의 열 두 아들 중 여섯 아들을 낳은 여인의 이름이기도 했다. 그녀는 미소를 지으며 사울에게도 고개를 숙였다.

"소문으로만 늘 듣고 있었어요."

바나바는 또 조카 마르코스도 소개했다.

"그리고 이 사람은 제 조카 마르코스입니다."

마르코스가 그녀에게 인사를 한 뒤 바나바가 다시 말했다.

"그런데, 이 시간에 어떻게 집에 계십니까?"

"보셨겠지만 오늘이 아프로디시아 축제의 마지막 날이거든요. 차라리 가게를 닫는 것이 좋을 것 같아서."

축제의 마지막 날이 장사에도 대목일 것 같은데 가게를 닫았다는 것으로 보아 그녀도 역시 경건한 크리스티아누스인 것 같았다.

"파포스가 아프로디테의 항구라는 것을 깜빡 잊고 있었네요."

"장사하기에는 좋으나 너무 문란한 곳이지요."

"아드님에게서 들었습니다만 마리아님께서 로도스 섬으로 가셨다구요?"

"파포스가 소란스러운 곳이라 은신하기에는 좋으나 아무래도 마리아님께는 좀 더 조용한 곳이 나을 것 같아요."

"로도스 섬의 어디로 가신다던가요?"

그 섬에는 카미로스, 린도스, 이알리소스의 세 항구가 있었다. 그 이름들은 모두 로도스 섬을 나누어 다스렸다는 아폴론의 세 손자들 이름에서 온 것이었다.

"이알리소스로 가는 배를 타셨어요."

81

마르코스 요안네스

    일단 레아 자매의 집에서 묵을 것이 결정되자 마르코스는 친구 게메로스를 만나기 위해 혼자 거리로 나섰다. 축제 때문에 거리가 매우 소란스러웠으나 게메로스를 찾는 일은 별로 어렵지 않았다. 거리에서 마술을 하는 사람에게 엘루마의 학당을 묻자 곧 그곳을 가르쳐 주었던 것이다.
    "북쪽으로 가다가 연극장 바로 전에 있습니다."
    마침 게메로스는 학당 안에서 강의를 하고 있었다. 이미 알렉산드리아에서 엘루마의 제자였고 파포스에 와서도 그의 문하에서 7년을 공부했기 때문에 이제는 학생들을 가르칠만한 위치가 된 것 같았다.
    "이게 얼마만이냐?"
    게메로스가 뛸 듯이 기뻐하며 그를 얼싸안았다.
    "네 여자도 잘 있느냐?"
    알렉산드리아를 떠나 예루살렘까지 동행했던 니오베를 말하는 것이었다.

"벌써 아이를 둘이나 낳았지. 딸 하나, 아들 하나."

"엘루마 선생의 수제자가 된 모양이지?"

게메로스가 고개를 저었다.

"무슨 말이야, 엘루마 선생님의 직계는 당연히 시몬이지."

그의 이름이 나오자 마르코스의 눈이 빛났다. 그가 34살이 되었으니 부친 이드란이 살해당한 사건도 벌써 20년이 지났다.

"아, 그 시몬은 지금 어디 있어?"

"파포스에도 한 동안 있었는데 아마 지금쯤은 크레타 쪽에 있을 거야."

또 귀에 익은 이름이 나왔다. 아버지 이드란은 살해당하기 전에 이탈리아 남부의 크로토네와 타렌툼을 지나 크레타 섬을 거쳐 알렉산드리아로 돌아왔던 것이다. 크레타 섬은 페니키아 사람들이 붉은 색 염료의 원료인 뿔고둥을 채취하던 곳이고 피타고라스가 행하던 밀교 의식의 근원지였다.

"거긴 뭐하러 갔을까?"

"그건 나도 모르지."

마르코스는 그가 아직도 헬레나를 데리고 다니는지 물어보려다가 그만두었다. 게메로스의 상처를 건드리기 싫어서였다.

"아폴로스는 아직도 아테네에 있다더군."

"플라톤에 푹 빠져버렸나?"

"빠졌는지, 아니면 다투고 있는지."

플라톤은 피타고라스의 수비학에 빠진 사람인데 아폴로스는 그 피타고라스의 현학적인 이론 수학을 별로 탐탁지 않게 생각하고 있었던 것이다.

"넌 장사를 잘 하고 있다던데 이 파포스에도 장사 때문에 온 거야?"

"장사 일도 있지만 외삼촌과 함께 왔어."

"아, 네 외삼촌이 사울이라는 학자와 함께 키프로스에 들어왔다는 말을 들었어. 그럼 그 사울이란 분도 함께 온 거야?"

마르코스가 고개를 끄덕였다.

"음, 지금 이곳 파포스에 와 계셔."

"그 분이 갑자기 크리스티아누스가 되었다며?"

"놀라운 변신이었지."

그러자 게메로스가 눈을 반짝이면서 말했다.

"마르코스, 그 분과 엘루마 선생님을 한번 만나게 해보면 어떨까?"

"엘루마 선생과?"

"재미있을 것 같지 않아?"

마르코스의 입가에 미소가 떠올랐다. 엘루마는 알렉산드리아에서 오랫동안 이론 수학을 연구해 온 수비학의 대부였고 사울 역시 대학자 필로와 견줄만한 석학이었다. 보름 동안 사울의 똑같은 간증에 지루했고 줄곧 유대인의 폭행에 시달려온 그는 오랜만에 석학들의 담론을 듣고 싶었다.

"두분이 만나게 하려면…… 어떻게 하면 될까?"

"마침 내일 엘루마 선생님이 파울루스 총독과 만나게 되어 있어. 그 자리에 사울 선생을 초청하면 될 거야."

파포스는 키프로스 총독이 주재하는 곳이었다. 아프로디테 축제가 끝나고 연극장의 특별 공연도 끝난 후여서 뒤풀이의 자리를 만든 모양이었다.

"지금 총독이 누구지?"

"세르기우스 파울루스, 새로운 학문에 관심이 꽤 많은 사람이야."

"좋아, 내가 사울 선생님과 외삼촌을 모시고 가지."

사울로 보아서는 예수의 가르침을 전할 수 있는 절호의 기회가 될 것이므로 당연히 초청을 받아들일 것이었다.

82

마르코스 요안네스

마르코스가 사울과 바나바를 안내하여 총독궁으로 들어가자 사울이 어떤 인물인지 이미 들어서 알고 있던 총독은 자리에서 일어나 정중하게 일행을 맞았다.

"어서 오십시오, 나는 키프로스 총독 세르기우스 파울루스입니다."

그러자 사울이 고개를 숙여 인사했다.

"불러 주셔서 감사합니다. 제 이름도 파울루스입니다."

그러자 총독도 놀랐고 그와 함께 온 바나바와 마르코스도 놀랐다. 총독 옆에 서 있던 엘루마가 그에게 물었다.

"사울 선생께서 오신다고 들었는데 이름을 바꾸셨습니까?"

"제가 타르소스에 있을 때 로마 시민권을 받았는데 그 때 제가 등록한 로마식 이름이 파울루스였습니다."

그러자 총독의 말투가 더욱 부드러워졌다.

"아, 그러셨군요. 오늘은 참으로 뜻 깊은 날이 된 것 같습니다."

그의 본명 사울은 히브리어로 구걸한다는 뜻이고 파울루스는 작다는 뜻이니 그의 두 이름은 모두 겸손의 의미를 지니고 있었다. 이스라엘의 첫 번째 왕 사울도 본래는 겸손한 사람이었던 것이다. 자신을 파울루스로 소개한 사울은 함께 온 바나바와 마르코스를 소개했고 총독도 엘루마를 그들에게 소개했다.

"엘루마 선생은 이곳에서 꽤 알려진 학자입니다."

이어 엘루마가 다시 게메로스를 소개했다.

"게메로스는 알렉산드리아 시절부터 제가 직접 가르친 제자입니다."

마르코스와 엘루마는 알렉산드리아에서 안면이 있는 처지여서 서로 눈인사를 나누었다. 인사가 끝나고 모두 자리에 앉자 총독이 말했다.

"파울루스 선생께서는 이미 살라미스로부터 시작하여 새로운 가르침을 강론하신다고 들었습니다. 괜찮으시다면 오늘 우리도 들어볼 기회를 주십시오."

"기회를 주셔서 감사합니다."

파울루스가 잠시 생각을 가다듬더니 입을 열었다.

"세상 사람들에게는 두 가지 믿음이 있습니다. 하나는 유대인들처럼 천지를 창조한 신은 오직 한 분이라는 믿음이고 다른 하나는 필요에 따라 많은 신들이 있다는 믿음인데 이는 페니키아인들이 시작한 것입니다."

총독이 그것을 솔직하게 인정했다.

"그렇습니다. 로마의 신들은 헬라의 신들과 유사하고 헬라의 신화는 페니키아인들이 전한 고대 신화와 비슷한 점이 많지요."

"유대인의 조상 아브라함은 신들이 그렇게 많다면 어떻게 천체가 질서를 지킬 수 있겠느냐고 생각했습니다. 모든 천체와 생명체는 오직 한 분뿐인 하나님께 순종하고 있다는 것입니다."

유대인 출신인 엘루마가 고개를 끄덕였다.

"그 대신 유대에는 천사들이 있지요."

파울루스는 잠시 멈추었다가 말을 계속했다.

"그러나 사람들은 필요에 따라 하나님을 버리고 여러 신들을 만들었습니다. 세상은 축제 끝날의 광란처럼 어지러워졌지요. 오직 한 분이신 하나님은 혼란과 타락에 빠져 허덕이는 인간을 구원하기 위해 그 독생자를 보내셨습니다. 그분을 유대인들이 십자가에 못박아 죽였으나 다시 살아나신 것입니다."

파울루스의 말이 메시야에 관한 이야기로 들어가자 엘루마의 표정이 일그러지기 시작했다.

"선생, 사람은 다 하나님의 아들입니다."

"본래 그러했으나 사람이 하나님을 버렸기 때문에 그 자격을 잃었지요."

"그 자격을 다시 찾으면 되는 것 아닙니까?"

"나사렛 예수께서 우리에게 그 길을 열어 주셨습니다."

"어떤 길입니까?"

"사람은 회개와 거듭남의 길을 통하지 않으면 하나님의 자녀로 회복될 수 없습니다. 십자가에서 흘린 독생자의 피가 그 길을 열어 놓았지요."

"길이 하나뿐이라는 것은 독선입니다."

"그렇다면 당신은 하나님의 말씀도, 다윗의 고백도, 선지자의 예언도 모두 독선이라고 하는 것입니까?"

그러자 엘루마가 총독을 향해 말했다.

"총독 각하, 저 사람의 말은 더 이상 들을 필요가 없는 것 같습니다. 모든 진리에는 상대적 타당성이 있어야 하는데 지금 저 사람은 오직 자신의 주장만을 옳다고 고집합니다."

그러자 파울루스가 엘루마를 쏘아보았다.

"정직하지 않은 자는 하나님의 말씀을 알아듣지 못하지요."

엘루마의 얼굴이 붉어졌다.

"당신은 내게 정직하지 않다고 하는 겁니까?"

"속임수로 사람을 미혹하는 마술과 마법의 교사가 어찌 스스로 정직하다고 말할 수 있습니까?"

그러나 엘루마도 지지 않았다.

"마술은 위대한 상상력의 결과이고, 창조적인 기술이며, 마법은 인류를 진보케 하는 영적인 원동력입니다. 당신의 말은 인간을 무시하고 있습니다."

파울루스는 더 참지 않고 손가락으로 엘루마를 가리켰다.

"거짓과 악행으로 가득한 당신은 마귀의 자식이고 의의 원수로군요. 당신은 언제까지 주님의 길을 훼방할 셈입니까? 보시오, 이제 그분의 손이 당신 위에 있으니 당신의 눈이 멀어 한동안 햇빛을 볼 수 없을 것이오."

그러자 즉시 엘루마의 눈에 안개가 서리더니 앞을 못 보게 되어 두 손을 허우적거렸다. 이에 놀란 총독이 일어나 파울루스의 손을 잡았다.

"선생님, 로마와 헬라에 많은 학자가 있으나 이렇게 자신의 말을 실증하여 보이는 분을 어디서도 못 보았습니다. 이제부터 선생님이 섬기는 그분을 저의 주님으로 섬기겠습니다. 그분의 가르침을 더 들려주십시오."

총독의 고백을 듣고 있던 마르코스의 머릿속에는 유클리드의 선명한 결론이 갑자기 종소리처럼 아주 크게 울리고 있었다.

"이렇게 확실히 증명하였다."

마르코스 요안네스

키프로스 총독 세르기우스 파울루스의 개종은 아프로디테의 항구 파포스에서 뜻밖에도 큰 반향을 일으켰다. 총독의 측근을 비롯한 많은 사람들이 예수의 가르침을 배우고 다투어 세례를 받았다. 이피스의 모친 레아의 상점은 새로운 크리스티아누스들의 집회 장소가 되었다. 파포스에서 여러 날을 묵으며 새 형제들을 가르친 사울은 페르게로 떠나면서 말했다.

"여러분, 믿음을 지키십시오."

이피스의 모친 레아와 많은 형제들이 부두에 나와 그들을 전송했다.

"파포스를 위해 좋은 교사를 보내 주세요."

"그렇게 하겠습니다."

배에 오른 후에도 세 사람은 작별을 아쉬워하며 부두에 서 있는 사람들에게 한참 동안 손을 흔들었다. 바나바가 그들을 향해 외쳤다.

"여러분을 꼭 다시 찾아오겠습니다."

그는 감격하여 사울에게 말했다.

"주님께서 사울 선생님을 이방인의 사도로 세우신 것이 분명해졌군요."

"이제부터 난 파울루스란 이름으로 살겠네."

파울루스 총독과 같은 이름을 써서 큰 성과를 거두었기 때문에 그도 기분이 좋아진 것 같았다. 또 계속해서 파울루스로 살겠다는 것은 스스로 이방인 전도에 더 힘을 쏟겠다는 자신의 다짐일 수도 있었다.

"그런데……"

바나바가 마르코스를 바라보았다.

"네 친구 게메로스는 언제까지 엘루마를 쫓아다닐 거야?"

파울루스가 그 말에 대답했다.

"오랫동안 배운 것을 포기하는 것이 쉽지 않겠지요."

그것은 파울루스 자신에 대한 말이기도 했다. 다메섹으로 가는 길에서 예수의 음성을 듣고 과감하게 길을 바꾸기는 했으나 오랫동안 배운 것을 완전히 포기한다는 것은 결코 쉬운 일이 아니었을 것이다.

"선생님도 그랬습니까?"

"기가 막혔지. 그래서 사흘 동안을 먹지도, 마시지도 못했던 거야."

그 심경을 마르코스는 이해할 수 있을 것 같았다. 그가 배운 모든 것은 예수의 복음을 전하는 데 아무런 쓸모도 없었다. 총독 앞에서 말할 때에도 토라의 율법이나 탈레스의 논리학, 그리고 헬라의 철학도 사용되지 않았다. 그는 자신이 겪은 일만을 증언했을 뿐이고 그것이 실증되었던 것이다.

"그래도 주님께서는……"

바나바가 그를 위로하기 위해 거들었다.

"선생님의 학문적 바탕을 이방인 전도에 쓰시려고 택하셨겠지요."

"주님께서 쓰시려 했다면……"

그는 허탈한 얼굴로 말했다.

"헬라어와 로마어를 할 줄 안다는 것과 로마 시민권을 가지고 있다는 것, 그리고 파포스에서 깨달았지만 파울루스라는 로마식 이름뿐일 거야. 내가 배운 것은 다 초등학문이고, 내 외모도 볼품이 없고, 게다가 능변도 아니거든."

그는 누구보다도 자신을 잘 아는 사람이었고, 결코 과장하지 않는 성격이었고, 솔직한 성품을 지니고 있었다. 그것이 바로 그의 겸손이었다. 마르코스가 그를 따라다니며 지루하게 생각했던 것이 점점 미안해지고 있을 때 한 번 더 미안해야 하는 일이 생겼다.

"도미누스."

그들이 페르게의 외항에서 하선했을 때 뜻밖에도 아레스가 달려왔다.

"이 사람아, 내가 왜 도미누스야?"

외삼촌과 파울루스에게 미망하여 그는 아레스를 나무랐다. 도미누스란 로마어로 주님이라는 뜻이기 때문이었다. 늘 그런 호칭으로 불렸던 아레스가 어리둥절 하는 사이에 그가 다시 물었다.

"그런데 페르게에는 어쩐 일이야, 아레스?"
"안티오키아로 갔다가 셀류기아에서 키프로스로 건너왔고 살라미스에서 서쪽 길로 가셨다는 말을 듣고 파포스에서 페르게로 건너오실 것 같더라구요. 적당한 배편이 없어 연안선을 타고 오다가 시데에 내려서 말을 타고 달려왔지요."
"날 찾아온 것은 용한데, 무슨 일로 온 거야?"
"빨리 예루살렘으로 가셔야겠습니다."
"왜?"
"열심당 사람들이 또 반란을 준비하고 있습니다."
"뭐라구?"
"41년 전 갈릴리에서 반란을 일으켰던 유다의 아들들이 다시 거사를 계획하고 있습니다. 그렇게 되면 갈릴리 뿐 아니라 유대와 사마리아가 모두 내란과 폭동에 휩싸이게 되고 이드란 상회의 판매망도 지켜내기 어려울 것입니다."
"유다의 아들들이란?"
"야메스와 시몬, 그리고 마나헴 등 3형제가 아직 살아 있습니다."
"벌써 세 번째인가?"
열심당의 첫 번째 반란에서는 주동자 유다를 비롯한 2천 명이 십자가에 달려 처형되었다. 그리고 두 번째 반란은 나사렛 예수가 가담을 거절하자 자기네끼리 시작했다가 제대로 거사도 못해 보고 진압되었던 것이다.
"그리고…… 아디아베네 쪽에도 문제가 좀 생겼습니다."
"무슨 문제가?"

"이사테스 왕이 위독하다는 소식이 들어왔습니다. 헬레나 태후가 급히 귀국했는데 그 쪽의 정황도 심상치 않습니다. 왕의 아들이 24명 있으나 그의 형 모노바수스가 어떻게 나올지 모르거든요."

모노바수스는 이사테스의 형이면서도 부왕의 뜻을 따라 아우에게 왕위를 양보했던 사람이었다. 혹시 그가 정권을 잡게 되면 유대와 사마리아, 그리고 크리스티아누스에 대해서 어떤 정책을 쓸지도 알 수 없었다.

"지금 예루살렘으로 갈 수 있는 가장 빠른 방법은?"

아레스는 부두에 정박하고 있는 또 한 척의 배를 가리켰다.

"저 배가 욥바로 가는데 잠시 후에 출항합니다."

"알았어."

마르코스는 외삼촌과 파울루스에게 말했다.

"저는 아무래도 예루살렘으로 가봐야 할 것 같습니다."

그러자 외삼촌 바나바가 펄쩍 뛰었다.

"주님의 일을 하기 위해 우리를 따라온 네가 도중에 돌아가다니 무슨 말이냐? 나중에 주님의 책망을 어찌 받으려고?"

어쩔 수 없이 그들에게 미안하게 된 것은 사실이었다. 키프로스의 강행군으로 많이 지쳐 있는데도 파울루스는 페르게에서 다시 피시디아의 산악지대를 넘어가려는 것이 분명했다. 험하기도 하지만 산적 떼가 출몰하는 위험한 지역이었다. 예수가 잡히던 밤에도 도망쳤고 알렉산드리아의 유대인 폭동 때도 도망쳤으니 이제 그에게는 세 번째 도망이 되는 셈이었다.

"정말 죄송합니다."

"마르코스, 주님께서는 쟁기를 잡고 뒤를 돌아보지 말라고 하셨어."

"제게도 저의 쟁기가 있어서요."

그들이 승강이를 하고 있을 때 파울루스가 나섰다.

"바나바, 조카를 그대로 보내 줍시다."

"네?"

"전도는 성령께서 하시는 일이지 사람의 힘으로 하는 것이 아닙니다."

"선생님, 그래도……"

파울루스는 바나바를 밀어내며 마르코스의 어깨를 잡았다.

"무슨 일에든 최선을 다하게, 마르코스."

"선생님……부디 건강하십시오."

마르코스는 전대를 풀어 자신의 이탈을 못마땅하게 여기는 외삼촌의 손에 억지로 쥐어 주었다. 자기를 남겨 두고 떠나는 그들의 뒷모습을 바라보며 마르코스의 눈시울이 자꾸만 젖어오고 있었다.

마르코스 요안네스

욥바 항에 상륙하자마자 가죽 공방의 시몬을 데리고 예루살렘으로 올라온 마르코스는 즉시 유대와 베뢰아, 그리고 사마리아 지역의 지점장과 대리점 대표자 회의를 소집했다. 수공업 조직을 이끌고 있는 삭개우스와 여리고의 클로리스 점주도 올라왔고 카이사랴의 말론과 세바스테의 느다넬도 참석했다.

"외삼촌이 섭섭하게 생각했겠구나."

마르코스의 모친인 마리아가 비서로 일하는 로데와 함께 들어섰다.

"쟁기를 잡고 뒤를 돌아보지 말라고 하시더군요."

"그래서?"

"제게는 저의 쟁기가 있다고 말씀드렸지요."

모두가 자리에 앉자 마르코스가 먼저 입을 열었다.

"모두 잘 아시다시피 유대인들은 네 개의 계파로 갈라져 있습니다."

유대인들이 이미 동포로 여기지 않는 사마리아인들을 제외하고서도 그러했다. 하스몬 왕조의 제사장직을 이어받은 사두개파와 율법의 엄격한 고수를 주장하는 바리새파, 그리고 폭력으로 로마에 맞서겠다는 열심당과 아예 쿰란에 은거하며 심판의 날을 기다리는 에세네파가 그것이었다.

"아그립바 왕의 측근인 헤롯당과 우리 크리스티아누스까지 포함하면 여섯 개의 계파가 되지요."

삭개우스의 말이었다.

"그렇습니다. 열심당이 다시 반란을 일으켰을 때 각 계파가 보일 반응과 그것에 대응할 방안을 한번 생각해 보지요. 우선 41년 전의 반란에서도 그랬듯이 사마리아는 방관하는 자세를 지킬 것 같습니다만."

세바스테 지점의 느다넬이 고개를 끄덕였다.

"그렇습니다. 열심당의 근거지는 갈릴리에 있으나 본래 바리새파의 지원으로 생긴 조직이어서 유대인들과 연결되어 있을 뿐입니다."

"그렇다면 사마리아는 중립을 지키겠군요."

"반란군과 진압군 사이에서 피해를 최소화해야 할 것입니다."

마르코스는 다시 말론에게 물었다.

"카이사랴도 마찬가지겠지요?"

"총독궁이 있어서 반란군의 공격 목표가 될 수 있습니다만 로마군의 본대가 주둔하고 있으므로 가장 안전할 수도 있습니다. 저희 지역도 역시 피해를 최소화하는 일에 주력해야 할 것 같습니다."

마크코스가 클로리스 점주를 바라보았다.

"여리고는 어떻겠습니까?"

"각국의 상인들이 모여드는 지역이니까 여리고가 반란군이나 진압군의 목표가 되지는 않을 것입니다. 다만 요단 계곡이 반란군의 공격로가 될 수 있으니 그들에게 약탈을 당하지 않도록 일단 대피해야 할 것 같군요."

"대피 시설은 어떻습니까?"

"걸인들이 기거하던 동굴을 활용할 수 있을 것입니다."

마르코스는 다시 욥바 공방의 시몬에게 물었다.

"욥바 쪽은 로마에 대한 반감으로 열심당의 동조자가 많은 곳이지요?"

시몬이 고개를 끄덕였다.

"그렇습니다. 욥바의 공방도 약탈에 대비해야 합니다."

"결국 문제는……"

마르코스가 모친과 아레스를 바라보았다.

"예루살렘이군요. 로마군과 아그립바의 군대는 진압군이 될 것이고 사두개파의 제사장들이 그들 편에 서겠지만 바리새파는 유대인들을 선동하여 반란군에 동조하게 만들 것입니다. 그렇게 되면,"

거기까지 듣고 그의 모친 마리아가 그 다음을 말했다.

"유대인들은 평소에 밉게 보던 크리스티아누스를 공격하게 되겠지."

아레스가 그 말에 설명을 보탰다.

"이미 그동안에도 예루살렘에 있는 수공예품의 공방에 원인 모를 화재가 몇 차례 발생했습니다. 이는 기회만 되면 언제고 베다니와 크리스티아누스의 공방을 습격하려는 세력이 있다는 증거입니다."

"예루살렘은 어떤 대책을 세워야 할까요?"

삭개우스가 말했다.

"자위책을 세워 폭도들과 맞서보았자 희생과 손실만 발생할 것입니다. 예루살렘 지역에서는 비상시가 되면 우리 모두가 중요한 장비와 자재를 챙겨 일시에 잠적해 버리는 것이 가장 좋은 대책일 것 같습니다."

"잠적하는 방법은?"

"아시다시피 다윗 성의 왕궁터에는 유다의 역대 왕들이 비상시에 탈출하려고 만들어 놓은 지하 통로가 여러 군데 있습니다. 내가 그동안 사용이 가능한 통로 몇 군데를 조사해 두었습니다. 그러나 궁극적으로는……"

"궁극적으로는?"

"주님께서도 예루살렘의 멸망을 예고하신 적이 있고 아가보 선지자에게도 계속해서 예루살렘을 떠나라는 계시가 내리고 있습니다. 아하스 왕 때에도 이사야 선지자는 모압 땅이 피난처가 되리라고 한 적이 있지요."

모압 땅은 모압 족속이 살던 요단강의 동쪽을 말하는 것이었다.

"그러나 모압 땅도 영구적으로 안전할 수는 없습니다. 에스겔 선지자는 장차 그 땅에 시체가 산을 이룰 것이라고 했거든요."

"요아스 감독이 하고 계시는 일은 어떻게 되고 있습니까?"

"지질 조사와 측량 작업이 다 끝났고 내년 가을부터 공사가 시작됩니다. 아저씨의 말로는 4년 후면 첫 번째 접안 시설이 완공될 수 있답니다."

"우리가 모두 이주하려면······."

"4년 후부터 시작하여 적어도 10년은 걸릴 것입니다."

"그 때까지 우리가 여기서 어떻게 버티느냐가 문제로군요."

그 때 잠시 밖에 나갔던 로데가 들어오더니 마리아의 귀에 대고 뭔가 보고를 하고 있었다. 모두가 그 쪽을 바라보자 마리아가 소식을 공개했다.

"아디아베네의 이사테스 왕이 숨졌답니다."

"후계자는요?"

"죽기 전에 형 모노바수스를 후계자로 지명했다는군요."

마르코스가 아레스를 바라보았다.

"헬레나 태후는 게바의 세례를 받았다고 했는데 이사테스는?"

그 질문에는 로데가 대답했다.

"모후의 권고로 죽기 전에 세례를 받았답니다."

"그럼 게바님이 지금 아디아베네에?"

"그렇습니다."

아레스가 설명을 덧붙였다.

"그러나 후계자가 된 모노바수스는 아직 복음을 받아들이지 않았고 오히려 아디아베네에 살고 있는 유대인들과 가깝다고 합니다."

마르코스가 느다넬을 바라보았다.

"지금 곧 아디아베네에 이드란 상회를 대표하는 조문 사절로 가셔야겠습니다. 헬레나 태후에게 계속 후원해 주실 것을 부탁 드리고 모노바수스 왕에게도 즉위 기념 선물을 잊지 마십시오."

"네, 지금 곧 출발하겠습니다."

"그리고……아그립바 왕에게 알려서 함께 가는 것도 좋을 것 같습니다."

"그럼 열심당 문제는?"

"아그립바 왕이 여기 있어봤자 유대인 편을 들 것이므로 사태가 발생했을 경우의 처결권은 알렉산더 총독 쪽으로 일원화 되는 것이 우리에게 낫겠지요."

"알겠습니다."

마르코스 요안네스

마르코스를 비롯한 이드란 상회의 요원들이 예측되는 위험에 대비하고 있는 동안 알렉산더 총독의 대응도 매우 신속했다. 총독은 여러 지역에서 불심 검문에 걸려든 열심당의 조직원들로부터 그들의 수상한 동태와 관련된 첩보들을 입수하고 갈릴리와 유대의 모든 지역에 비상사태를 선포했다.

"세바스테에서 연락이 들어왔습니다."

아레스가 들어오며 말했다.

"느다넬이 돌아온 모양이지?"

"그렇습니다. 헬레나 태후의 병환이 깊어 체재 기간이 좀 길어졌답니다."

"모노바수스 왕은?"

"이드란 상회와 계속 우호적인 관계를 유지하겠다고 약속했답니다."

"게바님은 계속 거기 계신가?"

"지난 달에 다시 갑파도키아 쪽으로 들어가셨답니다."

195

급한 상황들이 조금씩 정리되어가자 마르코스는 다시 외삼촌과 파울루스의 일이 궁금했다.

"외삼촌 소식은 좀 알아봤어?"

"지금 루스트라에 머물고 계신다는데요."

"루스트라?"

그렇다면 외삼촌과 파울루스는 페르게에서 지친 몸을 이끌고 피시디아의 산악지대로 들어가 계속해서 동쪽으로 옮겨간 모양이었다.

"처음 도착한 곳은 피시디아의 안티오키아였답니다."

수리아의 안티오키아가 셀류코스 장군의 부친 안티오코스를 기념하는 성읍이었다면 피시디아의 안티오키아는 셀류코스의 아들인 안티오코스 1세를 기념하여 피시디아의 고산지대에 세운 성읍이었다.

"거기서는 어떠했다던가?"

"파울루스님이 안식일에 유대인 회당에서 토라와 다윗의 시편과 선지자의 글들을 인용해가며 나사렛 예수의 가르침을 전하자 많은 유대인들과 이방인들이 따랐고 다음 안식일에는 성읍의 시민이 거의 다 모였답니다."

"그래서?"

"많은 사람들이 복음을 믿게 되니까 이를 시기한 유대인들이 일어나 욕설을 퍼부으며 방해를 했답니다. 파울루스님은 당신들이 구원을 거부하면 이방인에게로 가겠다며 바나바님과 함께 이코니온으로 옮겨갔다는군요."

이코니온은 거기서 동쪽으로 약 600스타디아 정도 거리에 있었다.

"그곳도 유대인들이 꽤 있는 곳인데."

"그러나 거기서도 병을 고치고 귀신을 쫓아내는 기적이 많이 일어났던 모양입니다. 유대인도, 헬라인도 두 분을 따르는 자들과 미워하는 자들로 나뉘었구요. 반대하는 자들의 난동과 폭행이 심해지자 다시 거기서 200스타디아 남쪽에 있는 루스트라로 들어갔다는군요."

"거긴 유대인들이 좀 적은 곳이지."

"그 루스트라에서 놀라운 일이 일어났답니다."

"놀라운 일이?"

"게바님이 예루살렘 성전에서 하셨던 일과 똑같은 일이 생긴 거죠. 파울루스님이 나면서부터 앉은뱅이였던 자를 만나 큰 소리로 외쳤답니다."

"뭐라고 하셨다던가?"

"네 발로 바로 일어서라."

"그래서?"

"앉은뱅이가 곧 일어나 걸었답니다. 그것을 목격한 무리가 '신들이 우리에게 오셨다' 고 외치며 바나바님을 제우스 신, 파울루스님은 헤르메스 신이라 했다네요."

인물로 보아서는 바나바 쪽이 오히려 제우스를 닮았던 것이다.

"저런."

"제우스 신전의 제관장이 소와 화관을 준비하여 급히 내려와 두 분이 묵고 있는 집 앞에 와서 제사를 올리려고 했는데 놀라신 두 분이 그들을 강력하게 말려 겨우 제사를 못하게 했답니다."

마르코스는 손으로 가슴을 쓸어내렸다.

"하나님이 고생만 시키는 게 아니라 그런 일도 겪게 하시네."

"뿐만 아니라 파울루스님은 루스트라에서 한 가지 위안을 더 얻었나봅니다."

"위안을?"

"두 분은 유대인 여자와 결혼한 헬라인의 집에 묵고 계셨는데 그 아들 티모데오스는 루스트라뿐 아니라 이코니온과 데르베에까지 소문난 수재랍니다. 그 아이가 파울루스님을 친부보다도 더 따라 그분에게 많은 위안이 되고 있다네요."

페르게에서 그를 떠난 것이 늘 마음에 걸렸는데 다행이었다.

"루스트라로 생활비를 넉넉히 보내 드리게."

파울루스는 늘 가죽 기술로 생활비를 벌어 쓰겠다고 고집하지만 마르코스로서는 일단 보내서 자신의 미안한 마음을 달래고 싶었던 것이다.

"알겠습니다."

그 때 로데가 문을 열고 들어왔다.

"열심당 유다의 아들들이 체포되었답니다."

마르코스가 자리에서 벌떡 일어났다.

"아들들 모두가?"

"야메스와 시몬이 잡혔고 마나헴은 도주했다네요."

마르코스 요안네스

　알렉산더 총독은 해를 넘기기 전에 열심당의 근거지로 알려져 있는 세포리스 성으로 가서 성문 밖에 두 개의 십자가를 세웠다. 그 하나에는 야메스가 매달렸고 또 하나에는 시몬이 매달렸다. 십자가에 달려 죽어가면서도 야메스는 큰 소리로 부르짖었다.
　"우리는 죽어도 이스라엘은 결코 죽지 않는다."
　그것은 가나안 사람들이 불사조 페닉스를 만든 것이나 같은 의미였다. 시몬은 십자가에 달려 로마 제국을 저주했다.
　"만군의 하나님께서 로마를 찢어 심판하실 것이다."
　어수선한 가운데 해가 바뀌고 마르코스는 35세가 되었다. 33살에 세상을 떠난 알렉산더와 예수에 비하면 그는 두 살을 덤으로 사는 셈이었다. 알렉산더가 정복했던 모든 땅에 이드란 상회의 지점과 대리점을 세우고 싶었으나 아직도 남은 곳이 더 많았다. 예수의 아우 야고보가 베다니에서 늘 하는 말이 떠올랐다.
　"욕심을 잉태하면 죄를 낳고"
　열심당을 지지하던 그가 마르코스의 집 다락방에서 그렇게 바뀐 것이었다.

"죄가 장성하면 사망을 낳게 된다."

마르코스는 지나친 욕심을 내지 않기로 하고 알렉산드리아의 본점을 비록해 펜타폴리스와 구레네 그리고 유대와 사마리아, 베뢰아 지역과 해안의 샤론 지역에 있는 모든 지점과 대리점을 순방하며 자금의 회전과 물동량을 점검했다.

"코린도스와 이탈리아에도 지점이 필요합니다."

알렉산드리아 본점의 다브네스와 욥바 항의 선적까지 맡고 있는 갓바치 시몬은 사업 영역의 확대를 제의했다.

"이알리소스와 밀레토스에도 교두보가 있으면 좋겠습니다."

그러나 마르코스는 아직 신중한 편이었다. 그는 베네토 접안 시설에 소요되는 막대한 자금을 비축해야 했던 것이다. 그가 지점과 대리점 순방을 마치고 예루살렘으로 돌아왔을 때 아레스가 보고를 했다.

"총독이 또 바뀌었습니다."

"이번엔 누구야?"

"벤티디우스 쿠마누스……"

"뭐라고?"

마르코스가 이마에 주름을 그었다. 쿠마누스는 로마 황실과 원로원에서도 제대로 인정을 받지 못할 정도로 시야가 좁은 자였다.

"위기관리가 취약해지겠군."

"그 대신 쿠마누스 위에 좀 나은 자가 왔습니다."

"수리아 총독도 바뀌었나?"

"네. 움미디우스 콰드라투스가 부임했습니다."

"아그리피나 황후의 측근이로군."

새 황후 아그리피나는 황제의 형 게르마니쿠스의 딸이었다. 그녀는 전남편 애노바르부스가 죽자 황후 멧살리나를 독살하고 그 자리를 차지했던 것이다.

"일단 쿠마누스 총독과의 면담 일정을 잡게."

"그리고 또……"

"또 뭐야?"

"아디아베네의 헬레나 태후가 돌아가셨습니다."

"조문 사절이 필요한데…… 아, 클로리스 점주를 보내면 되겠군."

헬레나 태후는 예루살렘에 있을 때 클로리스 점주와 가깝게 지냈던 것이다.

"외삼촌과 파울루스님께는 생활비를 보내드렸나?"

"네."

"늘 위치를 파악하면서 계속 보내드리게."

"알겠습니다."

아레스가 밖으로 나가자 마르코스는 다시 지도를 들여다보고 있었다. 외삼촌과 함께 안티오키아를 떠난 후 벌써 한 해가 넘어가고 있었던 것이다.

87

마르코스 요안네스

　예루살렘의 큰 사건이나 폭동들은 사람들이 많이 모여드는 유월절에 주로 일어났다. 천사가 애굽의 장자들을 죽일 때 문설주에 어린 양의 피를 칠한 히브리인의 집들을 건너 지났다는 유월절은 본래 야곱의 자손들이 애굽을 탈출한 해방의 날이고 자유의 기념일이었다. 나사렛 예수가 양을 잡는 그 날에 십자가에 달린 지 18년째의 유월절이 또 다가오고 있었다.
　"오빠, 문제가 생겼어요."
　마르코스가 올 유월절은 조용하게 넘어가는가 생각하고 있을 때 로데가 상기된 얼굴로 들어오며 말했다.
　"무슨 일인데?"
　"성전 회랑을 지키던 로마군의 한 병사가……"
　유월절이 다가오면 각지에서 많은 사람들이 예루살렘으로 오기 때문에 로마군은 혹시 발생할지 모르는 불온한 사태에 대비하여 성전과 성내 각처에 무장 병력을 배치하는 것이 관례였다. 쿠마누스 총독 역시 1개 보병 연대를 배치하여 무교절 기간 동안 특별 경계에 임하도록 했던 것이다.

"로마군 병사가 왜?"

"갑자기 바지를 내리더니 엉덩이를 유대인들 쪽으로 돌리며 방귀를 뀌었대요."

마르코스가 웃음을 참으며 물었다.

"그래서?"

"유대인들이 크게 흥분했답니다. 이는 유대인을 모욕한 것이 아니라 하나님을 욕보인 행위라는 것이지요. 그들이 쿠마누스 총독을 비난하며 성전을 모독한 로마군 병사를 처벌하라고 강력하게 요구하며 난동을 시작했대요."

"방귀가 태풍이 되었군."

"유대인들은 로마군을 향해 돌을 던졌고 소동이 커지자 쿠마누스 총독은 사태를 속히 진압하기 위해 더 많은 병력을 무장시켜 성전이 내려다보이는 안토니아 망대로 집결시킨 모양이에요."

"유대인들이 겁을 먹었겠군."

"맞았어요. 로마군이 유대인을 학살하려는 것으로 알고 한꺼번에 성전을 빠져나가려다가 서로의 발에 밟혀 많은 유대인들이 압사를 당했대요."

마르코스가 눈을 크게 떴다.

"얼마나 죽었는데?"

"약 2만 명 정도가 깔려 죽었다네요."

"뭐라구?"

부임하자마자 유대인의 적이 되어버린 쿠마누스 총독의 앞길

203

은 험난할 수밖에 없었다. 마르코스가 미간을 접고 있을 때 물동량의 조절을 협의하기 위해 안티오키아로 갔던 아레스가 돌아왔다. 가뭄과 기근이 시작된 지 4년이 넘었는데도 각지의 식량 사정은 풀리지 않고 있었다.

"압사 사건 때문에 예루살렘은 초상집이네요."

"올해도 그냥 넘어갈 것 같지는 않군. 율리아는 잘 하고 있던가?"

"역시 보안대 출신이라 첩보에 밝더군요."

"물동량의 조절은?"

"알렉산드리아의 제안에 약간의 수정을 해서 합의했습니다."

마르코스는 아레스가 파피루스 두루마리에 적어온 숫자들을 일일이 다 확인하고 나서 다시 물었다.

"파울루스님의 소식은?"

아레스의 얼굴이 잠시 어두워졌다.

"그게……"

"무슨 일이 있었나?"

"루스트라에서 큰 기적이 일어나 인근의 많은 사람들이 루스트라로 모여들게 되자 피시디아의 안티오키아와 이코니온으로부터 유대인들이 몰려와서 파울루스님을 찾아내 끌어내서 돌로 쳤답니다."

"그래서?"

"파울루스님이 피투성이가 되어 쓰러지자 폭도들이 죽은 줄로 알고 성 밖으로 내다 버렸다는군요. 바나바님과 많은 제자들이 몰려나가 결국 그분을 찾아냈는데 아직 숨이 붙어 있음을 확인하고 일단 데르베로 모셔갔다는군요."

데르베는 루스트라 동쪽에 있는 성이었다.

"그 후로는?"

"아직 소식이 없답니다."

"우선 데르베로 치료비와 생활비를 보내드리게."

"네, 그렇게 하지요."

파울루스가 고난을 당할 때마다 마르코스의 마음은 아팠다. 그 자신이 스테파노스가 돌에 맞아 죽을 때 증인이 되었던 자이므로 돌에 맞는 것이 당연하다고 하던 파울루스의 말이 떠오르고 있었다.

88

마르코스 요안네스

부임하자마자 방귀 사건으로 큰 시련을 겪은 쿠마누스 총독이 다시 유대인들의 원성을 산 두 번째 사건은 스테파노스라는 이름을 가진 황제의 신하 때문에 일어났다. 방귀 사건으로 소동을 일으켰던 자들 중 일부가 예루살렘에서 서북쪽으로 1백 스타디아 떨어진 벤호론 근처 공로를 따라 여행 중이던 스테파노스를 습격해 그 소유를 강탈한 일이 발생한 것이다.

"벤호론을 수색하라."

황제의 신하가 봉변을 당한 것에 당황한 쿠마누스 총독은 즉시 군대를 보내 인근의 성들을 수색하게 했다. 출동한 병사들은 수색에 항의하는 주민들을 강도 은닉 혐의로 모두 체포하고 수색하다 나온 모세의 율법책을 찢어 불에 던졌다. 그것은 유대 전국을 불태운 것만큼이나 큰 사건이었다. 격분한 유대인들이 카이사랴에 있는 쿠마누스 총독에게로 몰려갔다.

"우리의 신앙을 경멸한 그 야만적인 병사를 내주지 않으면 우리 모두가 다 죽기까지 투쟁을 계속할 것이오."

속주의 신앙을 존중하는 것이 클라우디우스 황제의 방침인데 시위하는 유대인들을 그대로 두면 결국 그들은 이 문제로 황제에게 고소할 것이 뻔했다. 황제의 질책이 두려운 쿠마누스 총독은 결국 그 병사를 시위자들에게 내주고 말았다. 유대인들은 그 병사를 돌로 쳐 죽인 후에야 해산하여 돌아갔다.

"쿠마누스도 오래 가지는 못하겠군."

계속되는 혼란으로 속이 언짢은 총독과 성난 유대인들 사이에 생긴 불신이 아직 해소되지 않은 채로 무덥고 메마른 날들이 지나갔다. 그 여름이 다 가고 유대인의 초막절이 다가오고 있을 때 아레스가 들어오며 보고했다.

"또 충돌이 일어났습니다."

"누가 누구와?"

"이번에는 사마리아인들과 갈릴리인들입니다. 초막절 때문에 사마리아 길을 지나던 갈릴리 사람들 중 하나가 기느아에서 살해되자 격분한 갈릴리 사람들이 그곳을 습격해 충돌이 일어난 것입니다."

갈릴리에서 예루살렘으로 올라갈 때 갈릴리 사람들은 요단길을 통행했으나 사마리아의 강도 사건이 줄어들면서 차츰 그 길을 사용하게 되었던 것이다.

"그래서?"

"쿠마누스 총독은 양측의 충돌을 막아보려고 했으나 범인을 잡아달라는 갈릴리 사람들의 요구에 적절한 해답을 주지 못했거든요. 게다가 예루살렘의 유대인들도 사마리아로 몰려갔는데 거기 끼어든 시위꾼 디네우스와 엘르아살의 선동으로 불을 지르고 약탈과 살인을 자행한 것입니다."

"총독은 어떻게 했어?"

"군대를 보내 유대인 폭도들을 체포하고 저항하는 자들은 살해했지요."

사마리아인들을 학살했던 필라투스 총독이 10년 전에 로마로 소환된 전례가 있어서 그 후로 역대의 총독들은 가능하면 사마리아인들을 건드리지 않으려 했고 쿠마누스도 유대인들을 먼저 통제한 것이었다.

"충돌이 진정되었나?"

"아뇨, 유대인들의 약탈과 난동이 계속되고 있습니다."

"우리 지점의 피해는 없었나?"

"느다넬 점장이 세바스테 경비대의 보호를 요청했고 크라투스의 경호 업체 피데스도 우리 지점을 경호하는 데 전력을 기울이고 있습니다."

"사마리아 사람들은 어떻게 하고 있지?"

"마침 수리아 총독 콰드라투스가 두로에 와 있는 것을 알고 사마리아 대표들이 그를 찾아가서 사마리아를 보호해 달라고 호소했답니다."

"유대인들은?"

"그들도 역시 콰드라투스 총독을 찾아가 쿠마누스 총독이 유대인 살해범을 잡아들이지 않는다고 따졌지요."

"콰드라투스 총독의 판결은?"

"직접 상황을 알아보겠다고 카이사랴로 내려왔는데 전후 사정을 알아본 콰드라투스 총독은 쿠마누스 총독이 잡아 놓은 유대인들을 모두 십자가에 달아 처형하고 다시 룻다로 가서 유대인 측의 주모자 18명을 참수했답니다."

"그리고?"

"유대인 대표 두 명과 사마리아 대표 두 명을 황제에게 보내 자신들의 주장을 변론하게 하고 쿠마누스 총독과 군단 지휘관 켈러도 그들과 함께 보내 사건의 전말을 황제에게 보고하도록 했답니다."

결국 마르코스가 예측했던 대로 쿠마누스 총독에게 불리한 세 번째 사건이 일어난 것이었다.

"그건…… 사마리아에 불리하게 되었군."

"네?"

"클라우디아 황제의 새 아내 아그리피나는 유대인 편이거든."

"그렇군요."

"우선 느다넬에게 연락을 해 주게."

"어떻게요?"

"총독이 곧 경질될 것이니 그에 대비하라고."

마르코스 요안네스

아그립바 1세의 누이 헤로디아가 삼촌 헤롯 안디바와 결혼했던 것처럼 그의 딸 베레니케도 삼촌인 칼키스 왕 헤롯과 결혼했다. 부친 아그립바 1세가 죽고 칼키스 왕 헤롯도 죽자 베레니케는 친정으로 돌아와 결혼 전부터 근친상간의 소문이 돌았던 친오라비 아그립바 2세와 다시 은밀한 관계를 즐기고 있었다.

"아그립바 2세도 황제의 호출을 받았답니다."

아레스의 보고였다.

"누이동생과의 소문 때문에?"

"그렇지 않은 것 같은데요. 그의 부친 아그립바 1세가 클라우디우스의 즉위를 도와준 인물이어서 아그립바 2세도 황제의 모친 안토니아 태후와 가까운데다 새 황후 아그리피나도 역시 유대인의 편을 들고 있으니까요."

"그럼 상을 주겠다는 것인가?"

초막절이 지나자 유대인들의 촉각은 모두 로마 쪽에 쏠려 있었다. 유대인과 사마리아인 간의 싸움은 어느 쪽에 유리하게 되었는지 그리고 수리아 총독과 유대 총독은 어떻게 되고 아그립바 2세는 왜 호출되었는지 궁금했던 것이다. 마르코스가 자리에서 일어서자 아레스가 물었다.

"어딜 가시려구요?"

"베다니 쪽에 가보려고."

그가 상점에서 나와 말에 오르자 아레스가 급히 따라나오며 인사했다.

"조심하십시오."

마르코스는 그 말의 뜻을 알고 있었다. 로마 쪽의 판결이 유대인 쪽으로 기울어질 것 같다는 소문이 나돌자 유대인들의 기세가 올라갔고 상대적으로 베다니의 크리스티아누스 쪽은 위험해졌던 것이다.

"알겠네."

윗성의 동편 문을 나선 그는 두로뵈온 골짜기를 지나 분문을 통과해서 기드론 시내를 건넜다. 감람산을 넘어 드러나는 베다니의 모습은 8년 전과 많이 달라져 있었다. 안팎이 병자들로 가득했던 라사로의 집 자리가 이제는 수공예품과 금속 제품들을 만들어내는 공방으로 바뀌어져 있었다.

"어서 오게, 마르코스."

베다니 공동체를 이끌고 있는 야고보가 반갑게 그를 맞았다.

"이곳에서 만들어내는 제품들이 점점 좋은 평판을 받고 있습니다."

"로마의 일은 어떻게 되고 있다던가?"

"역시 교회에 불리한 쪽으로 결론이 나겠지요."

"유리한 일은 하나도 없군."

그도 루스트라에서 죽을 뻔한 파울루스의 소식을 들었던 것이다.

"심판의 날이 더 가까워 온다는 증거겠지요."

"멸망의 가증한 것이 거룩한 곳에 선 것을 보거든……"

그것은 나사렛 예수가 미운 물건이 날개를 의지해 서리라는 다니엘서의 구절을 인용해 마지막 때의 징조를 일러준 말이었다. 예수는 멸망의 가증한 것이 거룩한 곳에 선 것을 보거든 유대에 있는 자들은 산으로 도망하라고 했다. 성전에 멸망이 임하기 전에 즉시 예루살렘을 떠나라는 뜻이었다.

"그러나 우리는 바다로 갈 겁니다."

"주님께서는 산으로 가라고 하셨는데."

"겨자씨만한 믿음만 있으면 산을 바다로 옮길 수 있다고도 하셨지요."

"베네토의 공사는 잘 되어가고 있는가?"

"진행이 순조로워 이제는 아우님이 가셔야 할 차례입니다."

"요셉이?"

"레갑 사람의 진면목을 보여 줄 수 있는 기회지요."

야고보는 아우 요셉을 불러오게 했다. 그가 들어오자 형이 물었다.

"베네토로 갈 준비는 되었느냐?"

요셉이 마르코스에게 목례를 한 후 씩씩하게 대답했다.

"언제라도 떠날 준비가 되어 있습니다."

야고보가 마르코스를 바라보며 고개를 끄덕였다.

"나사렛의 헬리 수장께서는 내 아버지를 레갑의 다음 세대를 이끌 후계자로 지목하고 계셨네. 그런데 아버지가 일찍 돌아가셨기 때문에 대신 형님이 그 자리를 메워 주리라고 기대하셨던 것이지."

"이제 부친의 이름을 물려받은 요셉님이 그 자리를 잇게 될 겁니다."

요셉이 마르코스에게 물었다.

"언제 출발합니까?"

"이레 후에 카이사랴로 가서 배를 타고 우선 셀류기아로 갑니다. 거기서 안티오키아에 먼저 가 있는 나사렛의 가족들과 함께 베네토로 가게 될 것입니다."

90

마르코스 요안네스

    초막절은 수확을 끝낸 유대인들이 집 밖으로 나와 초막을 짓고 거기서 지내며 하나님을 기다리는 절기였다. 그래서 초막절 축제는 잘못된 세상의 심판과 새로운 나라에 대한 소망을 이중적으로 상징하고 있었다. 그리고 초막절의 절기가 지나면 예루살렘은 다시 깊은 실망과 허탈 속에 빠지곤 했다.

    "석달만 지나면 너도 26살이 되는구나."

    눈부실 정도로 활짝 핀 로데의 얼굴을 바라보며 마르코스가 말했다.

    "오빠가 왜 제 나이를 세고 있어요?"

    "네 젊음이 아까워서."

    "아까우면 저를 빨리 데려가세요."

    "네게 맞는 젊은이를 찾아야지, 난 이제 36살이 되지 않느냐?"

    "아주 적당하네요."

    "뭐라구?"

"이스라엘의 조상 아브라함이 그 아내 사라보다 10살 위였거든요."

"아……"

그가 말문이 막혀 있을 때 마침 아레스가 들어왔다.

"성전 경비대장 아나누스가 돌아왔더군요. 방금 만나고 오는 길입니다."

아나누스 경비대장은 대제사장 아니니아와 함께 유대인 대표로 뽑혀 로마에 갔던 사람이었다.

"언제 왔다던가?"

"어제 도착했답니다."

"재판 결과는?"

"아저씨께서 예측한 대로 유대인 쪽에 유리한 판결이 났더군요. 쿠마누스 총독은 사마리아인들의 입장을 지지했고 황제의 신하들도 같은 입장이었답니다. 그러나 아그리피나 황후가 유대인을 옹호하는데다 아그립바 2세도 유대인 편을 들어서 황제는 사마리아인들이 먼저 문제를 일으킨 것으로 판단했답니다."

"그래서?"

"쿠마누스 총독은 해임, 추방되었고 사마리아 대표들은 처형되었답니다. 쿠마누스의 지시대로 움직였던 카이사랴 군단의 켈러 지휘관은 유대인들이 알아서 처리하라고 판결하여 예루살렘으로 데려왔답니다. 내일쯤 처형이 되겠지요."

"후임 총독은?"

"안토니우스 펠릭스가 임명되었답니다."

"그는 팔라스의 아우가 아닌가?"

팔라스는 황제의 모친 안토니아의 심복이었다. 전황제 티베리우스의 아우 드루수스의 아내인 안토니아는 게르마니쿠스와 클라우디우스 두 아들을 낳았다. 게르마니쿠스의 아들 카이우스가 먼저 제위에 올랐고 그가 죽자 다시 차남인 클라우디우스가 그 뒤를 이었다. 안토니아 태후의 노예였던 팔라스와 펠릭스 형제는 그녀의 총애를 얻어 자유인이 된 것이었다.

"뇌물을 매우 좋아하는 사람으로 알려져 있습니다."

"수리아 총독 콰드라투스는 어찌 되었나?"

그는 쿠마누스의 조치를 인정하고 유대인 주모자들을 처형했던 것이다.

"유임되었습니다."

"아그리피나 황후 덕분이로군. 아그립바는 어찌 되었지?"

유대인들은 그가 누이동생 베레니케와의 부적절한 관계로 견책을 받지 않을까 예측하고 있었던 것이다. 그러나 결과는 뜻밖이었다.

"오히려 상을 받았답니다."

"상이라니?"

"죽은 헤롯 왕의 영지였던 칼키타를 아그립바에게 주었다는군요."

"베레니케 문제는 어쩌고?"

"누이동생을 속히 재혼시키라는 권고만 받았답니다."

"그것도 역시 아그리피나의 도움이로군."

아그리피나는 게르마니쿠스의 딸이고 안토니아 태후의 손녀였다. 태후는 자신의 손자 카이우스와 친했던 아그립바 1세를 늘 감싸 주었고 그 아들 아그립바 2세도 손자처럼 대했는데 아그리피나 역시 그에게 호감을 갖고 있었다.

"새로 온 펠릭스 총독을 만나보시겠습니까?"

"내가 곧 카이사랴로 가서 펠릭스 총독을 만나겠지만 우선 느다넬에게 연락을 해 두게. 신임 총독이 뇌물을 좋아하는 자이니 밀접한 관계를 만들어 놓도록 할 것이며 말론 점장과도 잘 의논하여 교섭하라고 이르게."

"알겠습니다."

91

마르코스 요안네스

카이사랴의 총독궁에서 헤롯궁으로 가는 대로에 사람들이 많이 모여 있었다. 말을 타고 성으로 들어가던 마르코스와 요셉, 그리고 느다넬은 경비병들의 제지로 말에서 내리는 수밖에 없었다.

"무슨 일이죠?"

느다넬이 고개를 갸웃거렸다.

"사마리아와 유대의 충돌 사건도 마무리 되었는데…… 이상하네요."

그 때 사람들 사이를 헤치며 다가온 사람이 인사를 했다.

"어서 오십시오, 복잡한 날 도착하셨군요."

말론 점장이었다.

"오늘이 무슨 날입니까?"

"에메사 왕 아시수스와 드루실라의 혼인 잔치 마지막 날이거든요."

"아……"

드루실라는 아그립바 2세의 세 여동생 중 막내였다. 그 이름은 카이우스 황제가 가장 사랑했던 여동생의 이름이고 카이우스의 조부 드루수스의 여성형이었다. 그녀가 22살에 죽어 카이우스가 애통해하자 아그립바 1세는 막내딸의 이름을 드루실라로 한 것이었다. 아그립바 2세는 드루실라를 에메사 왕 아시수스에게 시집보내기로 하여 열흘 전에 예식을 올렸다.

"혼인 예식을 열흘 전에 올렸다고 하지 않았나?"

"아시수스 왕이 신부를 데리고 내일 아침에 본국으로 출발하거든요."

그래서 말론이 잔치의 마지막 날이라고 한 것이었다.

"그런데 사람들은 왜 나와 있지요?"

"오늘은 특별히 총독이 직접 주최하는 잔치에 신랑과 신부를 초청했답니다. 잔치가 끝나면 신랑과 신부가 총독궁에서 나와 헤롯궁으로 돌아갈 것이므로 그들을 구경하기 위해서 나온 사람들이죠."

"그렇다면,"

마르코스가 말론에게 물었다.

"오늘 총독과의 면담은 성사되기 어렵겠군요."

"아닙니다. 총독이 대표님의 일행도 잔치에 초청했거든요."

"그래요?"

"지금 곧 총독궁 연회실로 가셔야 합니다."

마르코스는 전임 총독 쿠스피우스 파두스와 티베리우스 알렉산더, 그리고 벤티디우스 쿠마누스 때에도 총독궁에 들어온 적이 있었기 때문에 얼굴을 익혀둔 경비병의 군례를 받으며 안으로 들어섰다.

"연회실이 어디지?"

"이쪽으로 오십시오."

그들 일행이 연회실에 들어서자 입구를 지키던 집사가 손님의 도착을 알렸다.

"이드란 상회의 대표 마르코스 요안네스님이 오셨습니다."

그러자 아그립바 2세가 먼저 그를 알아보고 다가왔다.

"어서 오시오, 요안네스 대표."

그는 먼저 펠릭스 총독에게 마르코스를 소개했다.

"이드란 상회의 요안네스 대표입니다. 여러 도시에 지점망이 있고 유대와 사마리아의 식량 문제 해결에도 큰 도움을 주었지요."

이미 느다넬을 통해 거액의 뇌물을 받아 놓았기 때문에 펠릭스 총독은 두 팔을 크게 벌리며 마르코스를 환영했다.

"내가 일찍이 두로의 상인과 게누아의 상인을 능가하는 거상이 유대에 있다는 소문만 들었는데 이렇게 직접 만나게 되어 참으로 반갑소이다."

"각하를 만나뵙게 되어 영광입니다."

펠릭스 총독은 직접 자신의 수하들을 마르코스에게 소개했고 신랑과 신부도 곁으로 불러 인사를 시켰다.

"에메사 왕국의 아시수스 왕과 신부 드루실라 공주입니다."

신부 드루실라는 겨우 16살 밖에 안 되었는데도 잔치에 참석한 모든 남자들이 시선을 떼지 못할 정도로 대단한 미인이었다. 예쁘고 어린 신부를 데려가는 아시수스 왕은 너무 좋아서 입을 다물지 못하고 있었다.

"축하합니다."

마르코스는 아그립바 2세에게도 축하의 인사를 했다. 그의 곁에는 왕비가 아닌 누이동생 베레니케가 바싹 달라붙어 있었다. 베레니케가 그 동생의 미모를 시기하여 일찍 결혼시킨다는 소문을 확인시켜 주고 있었다. 마르코스는 자신과 함께 온 느다넬과 말론과 요셉도 그들에게 소개했다.

"아, 그리고……"

펠릭스 총독이 또 한 사람을 소개하려고 하자 마르코스는 깜짝 놀랐다.

"아니, 당신은?"

그는 마술사 시몬이었다. 알렉산드리아에서는 엘루마의 제자였고, 세바스테에서 돈으로 성령을 사려다가 게바에게 저주를 받았으며, 안티오키아에서는 곡마단 전쟁을 주도한 자이고, 마르코스가 자신의 부친을 살해한 자로 지목하고 있는 바로 그 시몬이었다. 그가 크레타 섬으로 갔다고 했는데 어느 틈에 카이사랴에 나타나 총독의 연회에 참석하고 있었던 것이다.

"그동안 많은 성공을 거두었다고 들었네."

시몬이 빙그레 웃으며 마르코스를 바라보았다. 아직도 젊어 보이는 헬레나가 그의 곁에서 얼굴을 아는 마르코스에게 눈인사를 보냈다.

"오래간만입니다."

시몬과 마르코스가 서로 인사하는 것을 보고 총독이 놀라며 말했다.

"두 분은 이미 아는 사이요? 역시 유명한 분들은 다르구만. 이드란 상회가 큰 성공을 거둔 것처럼 시몬 상쿠스도 큰 성공을 거두었지. 나사렛 예수에게 크리스티아누스가 있는 것처럼 시몬에게는 시모니아누스가 생겼을 정도이니."

마술사들이 스스로 마구스라고 자처하는 것은 그것이 메디아와 페르시아에서 의술과 천문학을 다루는 사제 계급의 칭호이기 때문이었다. 그런데 펠릭스 총독은 마구스를 넘어 상쿠스라는 최상급의 호칭을 썼다. 시몬 상쿠스는 거룩한 시몬이라는 뜻이었던 것이다. 마르코스가 무표정한 얼굴로 말했다.

"총독 각하와 이리 가깝게 지낼 정도이니 역시 성공한 마술사로군요."

시몬이 정색을 하며 자신에 대한 호칭을 정정했다.

"마구스의 능력은 신이 주는 것이라네."

유대에서 하르톰, 즉 마술사는 점쟁이나 무당을 가리키는 것이었다. 시몬은 자신의 능력이 거리에서 손재주로 사람을 속이는 마술 따위와 전혀 다르다는 것을 강조하고 싶은 모양이었다.

"하나님은 실수를 하지 않으시지요."

그것은 언젠가 네가 실수할 날이 있을지도 모른다는 말투였다. 마르코스는 더 이상 그와 길게 이야기를 나누지 않고 아시수스 왕에게로 돌아섰다.

"내일 본국으로 가신다지요?"

"네. 셀류기아 행 배편으로 떠나 안티오키아를 거쳐 에메사로 들어갈 예정입니다."

에메사는 안티오키아의 동쪽에 있었다.

"그럼 우리와 같은 배로군요."

"네?"

"여기 있는 요셉님과 나도 내일 아침 셀류기아로 떠납니다."

"잘 되었군요. 마침 시몬 마구스도 우리와 함께 가기로 되어 있으니 이번 여행이 아주 좋은 추억으로 남을 것 같습니다."

"시몬은 어디로 가는데요?"

"아, 우리와 같이 에메사로 갈 것입니다."

에메사는 수리아 북쪽에 있는 작은 토후국이었다. 시모니아 누스라는 추종 집단까지 생길 정도로 성공한 마술사 시몬이 일부러 그런 작은 나라로 간다는 것은 뭔가 특별하게 노리는 것이 있다는 뜻이었다. 아시수스 왕이 다시 말했다.

"이드란 상회도 에메사 왕국과 좋은 관계를 맺기 원합니다."

잠시 펠릭스 총독과 신부 드루실라를 번갈아 바라보고 있던 마르코스가 다시 아시수스 왕에게로 얼굴을 돌리며 대답했다.

"네, 협력할 일이 있으면 언제고 달려가겠습니다."

92

마르코스 요안네스

카이사랴를 출항한 배는 갈멜산과 악고 항을 오른쪽에 끼고 북상을 계속했다. 마술사 시몬은 뱃전에 서 있는 아시수스 왕과 드루실라 곁에 줄곧 붙어 있었고 헬레나도 그들과 함께 있었다. 멀찌감치서 그들의 모습을 지켜보고 있던 요셉이 고개를 갸웃거렸다.

"마술사가 왜 에메사에 갈까요?"
"어제 잔치 자리에서…… 펠릭스 총독을 주의해서 보셨습니까?"
"왜요?"
"계속해서 신부 드루실라에 시선을 주고 있었습니다."
"신부가 워낙 예쁘더군요."
"그냥 예뻐서가 아니라 심상치 않았지요."
"그 말씀의 의미는?"
"신부를 자기 것으로 만들고 싶어하는 표정이었습니다."
"아니, 그렇다면?"

"어제 잔치 자리에서 펠릭스 총독이 시몬에게 상쿠스라는 최상의 호칭을 써가면서 추켜세우는 것으로 보아 뭔가 특별한 부탁을 한 것 같습니다."

"마구스의 요설로 신부를 꾀어내라고?"

"신의 뜻을 빙자해서 여자를 미혹하는 것이 마귀의 오래 된 수법이지요."

"시몬이 왜 펠릭스의 부탁을 받아들였을까요?"

"아시다시피 곡예와 마술은 볼거리가 부족한 백성의 마음을 사로잡는 이 시대의 권력으로 등장하고 있습니다. 마술사 시몬이 유대와 사마리아에서 시작하여 안티오키아까지 진출했으나 그의 궁극적 목표는 어디겠습니까?"

"로마?"

"그렇습니다. 로마에 효과적으로 등장하려면 정치적 배경이 필요합니다. 권력자의 비호를 받아야 방해를 받지 않거든요. 아시다시피 안토니우스 펠릭스 총독의 형인 팔라스는 안토니아 태후의 심복이고 또 황제를 쥐락펴락 하는 아그리피나 황후와도 연결이 되어 있습니다."

"정말 그렇군요."

"마술사 시몬이 로마를 손에 넣으면 그것은 곧 세계를 쥐는 것이지요."

"그렇다면……"

요셉이 비로스 눈이 열린 듯 마르코스를 바라보았다.

"아시수스의 단꿈은 오래가지 못하겠네요."

시몬은 아시수스와 드루실라를 즐겁게 하기 위해 마술을 보여

주고 있는 것 같았다. 그의 손에서 붉고 푸른 수건이 나풀거리기도 하고 지팡이가 도는가 하면 비둘기가 날아오르기도 했다. 신랑과 신부가 손뼉을 치며 웃는 모습을 물끄러미 바라보고 있던 마르코스가 요셉에게 말했다.

"잠깐 저들을 지켜보고 계십시오. 저는 선실을 좀 둘러보겠습니다."

"그러시지요."

선실로 내려간 마르코스는 미리 위치를 알아두었던 시몬의 짐들을 조사하기 시작했다. 마술 도구과 장비들이 포함되어 있어서 시몬의 짐은 꽤 많은 편이었다.

"시몬은 아버지의 무엇을 노렸던 것일까?"

그러나 시몬의 짐에서는 마술의 도구와 장비들 외에 아무것도 이상한 것을 찾아낼 수 없었다.

"피타고라스…… 그와 시몬의 관계는?"

마술사 시몬이 뭔가 피타고라스와 관련이 있다면 그것은 밀교에 관한 이론이거나 수비학, 마법 또는 마술에 관한 것일 수 밖에 없었다.

"아버지는 21년 전에 그가 수집한 두루마리들을 수레에 싣고 세라피스의 신전 쪽으로 가고 있었다. 그렇다면?"

그는 크레온 상점에서 들은 이야기를 떠올렸다. 피타고라스의 두루마리들을 수집하던 아버지가 점쟁이나 무당의 비술, 또는 곡마단의 공연 종목 같은 것을 소개한 잡서들도 가져갔다고 했던 것이다.

"그렇다면, 피타고라스의 마술 비전?"

바로 그것이었다. 수학자를 자처했던 피타고라스가 밀교의 교주가 되었던 것처럼 그는 마법과 마술에도 관심을 갖고 있었다. 그가 애굽과 바벨론에서 만난 사람들도 대부분이 학자라기보다 사제들과 무당들 그리고 마술사들이었던 것이다. 만일 아버지가 피타고라스와 관련된 지역들을 뒤져 그가 적어 놓은 마술 비전을 발견했다면 시몬의 표적이 될 수 있었다.

"마법 비전을 빼앗으려고 아버지를 살해했을 것이다."

비전 자체가 탐나기도 했겠지만 마르코스의 부친이 그것을 입수해 마술의 비밀과 속임수를 폭로하려고 했다면 시몬은 더욱 가만있을 수 없었을 것이었다. 그러나 아무리 뒤져도 시몬의 집에서 그런 두루마리는 발견되지 않았다.

"머리가 좋아서 다 외워버렸나?"

그 때 요셉이 선실로 내려오며 급히 말했다.

"저들이 선실 쪽으로 오고 있습니다."

93

마르코스 요안네스

배가 셀류기아 항으로 들어가고 있을 때 줄곧 아시수스 왕과 드루실라 곁에 붙어 있던 시몬이 마르코스에게로 다가왔다.
"자네는 어디로 가는 길이지?"
"안티오키아로 갑니다."
"장사를 한다면 안티오키아도 중요하지. 거기도 내 제자가 있는데."
8년 전의 곡마단 전쟁 이후로 유대인 마술사의 세력이 좀 약화되기는 했으나 아직도 그들은 큰 도시에서 만만치 않은 세력을 형성하고 있었다.
"그렇습니까?"
"메난더라고…… 아주 유능한 마구스지."
마술사들은 가는 곳마다 자신의 마구스 조직을 과시하곤 했다. 백성의 마음을 조종한다고 자부하는 그들 사이에도 늘 권력의 다툼이 있기 때문이었다. 그는 필시 세바스테 구역을 물려준 마술사 하닷에게서 마르코스가 자신의 행적을 캐고 다닌다는 보고도 받았을 것이었다.

"엘루마 선생에 관한 소식은 좀 들었습니까?"

"무슨 소식?"

"파울루스님의 전도를 방해하려다가 눈이 멀었지요."

"어차피 영적인 싸움이니까."

"마술이 왜 위험한 신의 영역까지 끼어들려는 것인지 이해가 안 됩니다."

"어리석은 백성을 구원하는 길이니까."

"구원의 길?"

"백성을 구원하려면 영적인 강자가 되어야 해. 나사렛 예수가 왜 실패했는지 아는가? 영적인 능력이 부족했기 때문이야."

"그가 실패했다고 보십니까?"

"십자가에 달려서 죽었으니 그게 바로 실패한 것이지."

"다시 살아난 것은 모르는군요."

"그건 예수의 제자들이 만들어낸 이야기일 뿐이야."

"무식한 어부와 농부들이 그런 것을 지어낼 수 있었을까요?"

"죽었다가 살아난 신들의 이야기는 얼마든지 있어. 수메르의 담무스, 헬라의 디오니소스도 매년 죽었다가 살아나지."

마르코스는 부활한 예수가 자신의 집 다락방에까지 왔었다는 이야기를 해 주려다가 그만두었다. 어차피 예수를 대적하려고 마음먹은 자에게 공연히 정보를 더 제공해 줄 필요가 없기 때문이었다.

"그럼 당신은 예수보다 뛰어나다는 겁니까?"

"하나님은 그 실패한 예수 대신 뛰어난 나를 보내신 거야."

마술사 시몬의 야망이 바로 그것이었다. 자신을 예수를 대신해서 온 메시야로 자처하며 수준 높은 속임수로 로마 사람들의 마음을 흔들고 조종하려는 것이 바로 그의 원대한 계획이었던 것이다.

"메시야가 되려면 경전이 있어야 할 텐데요."

마르코스는 피타고라스의 두루마리를 생각하며 그렇게 건드려 보았다. 그러나 시몬은 자신의 수준을 과시하려고 유대인의 경전을 거론했다.

"율법서와 선지자들의 글이 다 나를 가리켜 말하고 있어. 인간을 구원할 메시야가 온다고 했는데 나사렛 예수가 십자가에 달려 죽었으니 이제는 나밖에 없거든. 어렵고 힘든 일이지만 이제는 내가 나서야지."

"당신의 스승 피타고라스는 굶어 죽었고, 파포스의 엘루마는 소경이 되었는데 그것은 어찌 된 것이지요?"

그러나 시몬은 고개를 가로 저었다.

"내 스승은 아직 살아 계셔."

"누구 말입니까?"

"티아나의 아폴로니오스."

수비학은 본래 바벨론과 페르시아 쪽에서 시작된 것이었다. 피타고라스도 바벨론에 가서 박수들의 마법을 배웠고 엘루마도 마찬가지였다. 그러나 티아나의 아폴로니오스는 자신이 마술과 마법의 정통적 계승자임을 자처하고 있었다. 시몬이 정말 그의 제자라면 아폴로니오스는 모든 거짓의 아비임이 분명했다.

"장사를 열심히 하게, 마르코스."

시몬이 빙그레 웃으며 말했다.

"우리가 다 성공하면 로마에서 만나게 되겠지."

배가 이미 셀류기아 항의 부두에 접안하고 있었다. 부두에는 이미 소식을 들은 나사렛의 요나단 촌장과 나사렛 사람들이 나와 있었고 율리아와 막시무스의 모습도 보였다. 시몬이 에메사 왕 아시수스와 드루시나에게로 가자 마르코스와 요셉은 부두에 나온 사람들을 향해 손을 흔들어 보였다.

"로마에서……"

마르코스의 생각도 베네토를 지나 로마로 들어가고 있었다.

94
마르코스 요안네스

　마르코스가 하선하여 안티오키아로 들어가는 아시수스 왕과 드루실라에게 작별인사를 끝내고 둘러보니 마술사 시몬은 어디로 사라졌는지 아무리 찾아도 보이지 않았다. 율리아는 그와 요셉을 나사렛 사람들의 임시 거처로 안내했다. 그들은 본래 장막 생활을 하던 레갑의 후예들이므로 셀류기아 항의 외곽에 장막을 쳐 놓고 베네토로 가는 날을 기다리고 있었다.
　"우리 함께 기도합시다."
　안티오키아에서 나온 루키오스 집사가 제의했다.
　"마르코스와 요셉 형제가 무사히 도착하게 된 것을 감사하나이다. 베네토에서 일하고 있는 요아스와 그 동료들, 그리고 이제 그곳으로 떠나는 요나단 어른과 요셉 형제와 나사렛의 모든 식구들을 보호하여 주옵소서."
　기도가 끝나자 나사렛 사람들과 그 가족들이 일제히 큰 소리로 외쳤다.
　"아멘."

안티오쿠스로 옮겨와 이태 가까운 날들을 보내는 동안 그들은 모두 세례를 받고 열성적인 크리스티아누스가 되어 있었다.

"베네토에 계신 요아스님께서는 초막절 전에 공사를 시작하는 것으로 계획했는데 조금 늦어졌습니다. 그러나 4년 후에 첫 번째 접안 시설을 완공하겠다는 목표는 변함이 없습니다."

그는 항해 일정도 설명했다.

"여러분은 사흘 후에 이드란 상회가 전세낸 배에 승선하게 됩니다. 배는 로도스 섬에 잠시 들렀다가 코린도스를 거쳐 겨울이 오기 전에 아드리아 해로 들어가게 됩니다."

마르코스는 베네토로 갈 사람들에게 당부했다.

"나사렛에서 오신 여러분은 이미 1천 년 전부터 내 손으로 성전을 짓겠다고 다짐하며 살아오신 레갑인들입니다. 나사렛 예수는 하나님께서 내 집이라고 말씀하신 그것이 돌로 지은 성전이 아니라 그 자녀들의 장막, 즉 교회임을 일러 주셨고 우리는 모두가 그 집을 짓는 레갑인들이 되었습니다."

그는 요나단 촌장을 바라보며 말했다.

"여기 계신 요나단 촌장께서 여러분을 보살필 것입니다."

요나단 촌장과 요셉은 또 부두 조성 공사의 진행을 위해 이드란 상회가 보내는 자금을 요아스 감독에게 전달할 책임도 맡고 있었다. 마르코스는 다시 요셉을 가리키며 그들에게 말했다.

"다윗의 아들 나단으로부터 이어진 레갑의 맥이 헬리님까지 내려왔고 그분은 요셉을 후계자로 마음먹고 있었으나 일찍 돌아가셨지요. 이제 부활하신 나사렛 예수를 여러분의 수장으로 여기고 따르십시오. 그리고 이 자리에는 부친의 이름을 승계한 요셉님도 와 있습니다."

그들이 모두 손뼉을 치며 요셉을 환영했다.

"형님께서는,"

요셉이 일어나 마르코스가 야고보에게 했던 말로 인사를 대신했다.

"겨자씨만한 믿음만 있으면 산을 바다로 옮길 수 있다고 말씀했습니다. 저도 여러분과 같이 시온산을 베네토의 바다로 옮기는 일에 힘쓰겠습니다."

잠시 기다렸던 마르코스가 다시 입을 열었다.

"그동안 측량과 지질 조사와 설계를 담당해온 요아스님은 여러분과 같은 레갑 출신이고 현지에서 채용된 사람들은 모두 크리스티아누스들이니 그들과도 형제처럼 화목하게 지내시기 바랍니다."

현지의 크리스티아누스들은 카이사랴에 파견되었다가 게바에게 세례를 받고 4년 전에 귀국한 코넬리우스가 전도하여 개종한 사람들이었다. 코넬리우스는 그동안 라벤나 군단의 장군으로 승진되어 있었다.

"또 코넬리우스 장군이 지휘하는 라벤나 군단의 모든 병사들도 만군의 하나님께로 돌아오도록 기도하고 전도해 주시기 바랍니다."

사람들이 또 입을 모아 외쳤다.

"아멘."

마르코스 요안네스

베네토로 가는 배가 출항한 후 율리아와 함께 안티오키아 지점으로 간 마르코스는 거기서 한 남자를 만났다.

"만나서 반갑습니다. 나는 루카스입니다."

마르코스가 어리둥절하여 답례를 하자 율리아가 그를 소개했다.

"루카스님은 의사세요."

마르코스는 그에게 자리를 권한 다음 사환 나나가 가져온 인진차를 마시며 율리아를 바라보았다. 의사가 왜 이드란 상회에 와 있느냐는 뜻이었다. 루카스가 그 대답을 해 주었다.

"저는 마케도니아의 필립포이 사람이고 데살로니케에서 의술을 배웠습니다만."

필립포이와 데살로니케는 마케도니아 왕 필립 2세가 건설한 성이고, 데살로니케의 이름은 그의 딸 살로니케의 이름을 따서 붙인 것이었다.

"그런데요?"

"로마에 들렀다가 시몬이라는 분을 만나 그분에게서 나사렛 예수에 관한 이야기를 들었습니다."

"시몬이라구요?"

마르코스는 바로 전 셀류기아 항에서 사라진 마술사 시몬을 생각했다.

"구레네에서 온 시몬이라고 했습니다."

"아……"

"나사렛 예수의 십자가를 대신 진 적이 있다고 하더군요."

"형장으로 가는 길에서 일부 구간을 대신 졌지요."

"그리고 예수께서 마지막 식사를 한 곳이 마르코스 요안네스의 집 다락방이었는데 그분이 부활한 후에 다시 그 집에 나타났었고, 또 그 다락방에서 성령의 강림 사건이 있었다고 하더군요."

"그렇습니다."

"안티오키아에 가면 마르코스 요안네스라는 분을 만날 수 있을 것이라고 해서 이렇게 오는 길입니다."

"그럼 로마에서 여기까지?"

"네. 오는 길에 로도스 섬에 들러서 나사렛 예수의 모친 마리아님과 사도 요한과 그 모친, 그리고 막달라의 마리아님도 만나 뵈었습니다."

의사라고 했는데 의사치고는 좀 방랑벽이 있는 별난 사람인 듯했다.

"그리고 안티오키아에 가면 사울과 바나바라는 훌륭한 교사들도 만날 수 있다고 들었거든요."

"아, 그분들은 지금 여기 안 계십니다. 복음을 전하기 위해 지난 봄 저와 함께 떠났다가 페르게에서 헤어졌지요."

그러자 루카스가 깜짝 놀라며 물었다.

"그 두 분의 외모나 행색이 어떠했습니까?"

"사울님은 파울루스라는 로마식 이름을 씁니다만 갖바치의 작업복을 잘 입는데 키가 좀 작은 편입니다. 매부리코에 안색이 좀 어둡고…… 안질 때문에 눈이 늘 젖어 있지요. 그리고 제우스의 얼굴을 닮았다고 하는 바나바는 제 외삼촌인데 유대인의 베게드를 입고 있습니다."

"그러면 혹시 그 사람들이……?"

"네?"

"그분들과 헤어진 것이 정확히 언제였습니까?"

"아프로디시아 축제의 마지막 날에 파포스에 도착해서 한 달 동안 거기 머물다가 배를 타고 페르게로 건너갔으니까……."

루카스가 눈을 가느다랗게 뜨더니 고개를 끄덕였다.

"그렇다면 그분들이 맞군요."

"무슨 말씀입니까?"

"바로 그 때 나는 피시디아의 안티오키아에서 페르게 쪽으로 내려가고 있었는데 길가에 쓰러져 있는 두 사람을 발견했지요."

"쓰러져 있었다구요?"

"강도를 만난 것인지 두 사람은 피투성이였고 더구나 키가 작은 분은 심한 학질에 걸려 거의 빈사상태였습니다."

마르코스가 그들과 헤어질 때도 그런 질병과 강도를 걱정했던 것이다.

"그래서요?"

"제가 의사인지라 그냥 지나칠 수가 없더군요. 우선 두 분을 제 나귀에 싣고 인근 마을에 가서 치료한 다음 가진 돈을 강도에게 다 빼앗긴 것 같아 집 주인에게 가지고 있던 것 중의 일부를 주고 떠났지요."

그가 말하는 것으로 보아 두 사람은 외삼촌과 파울루스였음이 분명했다.

"좋은 일을 하셨군요."
"그분들이 무사하셨으면 좋겠네요."
마르코스가 율리아를 바라보며 물었다.
"외삼촌과 파울루스님은 지금 어디 계신답니까?"
"데르베에 계시다가 루스트라로 다시 들어가셨다는군요."
"죽을뻔한 그곳에 다시?"
"네."

마르코스가 루카스를 바라보며 고개를 저었다.

"돌에 맞아 거의 죽게 되어 나온 루스트라로 다시 갔다는군요. 못말리는 분들이에요. 가는 곳마다 날아오는 것은 돌뿐이니까요. 의사가 한 분이라도 수행원으로 따라다닌다면 얼마나 좋을까 싶을 정도이지요."

루카스도 그 말에 동의한다는 듯 고개를 끄덕였다.

"그런데, 봄에 그분들을 만났다면 왜 이제야 여기 도착하셨나요?"

"타르소스에서 반년 동안 의술 강의를 했거든요."
"아……"

그와 대화를 나누고 있던 마르코스는 의사가 없는 안티오키아 공동체를 생각하며 의사이면서도 약간의 방랑벽이 있는 듯한 루카스를 어떻게 잡아둘 방법이 없을지 생각을 굴리고 있었다.

96
마르코스 요안네스

베네토로 가는 나사렛 사람들이 빠져나가 잠시나마 허전했던 안티오키아 교회에 조금씩 좋은 일이 생기기 시작했다. 파울루스와 바나바를 만나기 위해 온 의사 루카스가 페트로스 산 밑에 아예 진료소를 차려 놓고 봉사를 시작한 것이다. 그리고 무엇보다도 반가운 일은 아그립바 1세의 박해 때 예루살렘을 떠난 게바가 4년만에 안티오키아로 돌아온 것이었다.

"어서 오세요, 게바님."

마르코스가 그를 껴안으며 반가워했고 모든 형제들이 기뻐했다.

"그동안 도와주신 여러분께 감사를 드립니다."

게바가 마르코스와 모든 형제들에게 고마움을 표했다. 정처 없이 다니는 게바의 행방을 안티오키아의 형제들이 늘 수소문하여 자주 연보를 보냈고 마르코스도 역시 그렇게 하고 있었던 것이다.

"드디어 페트로스가 페트로스에 왔군."

아가보 선지자가 크게 웃으며 그렇게 말했다.
"네?"
그는 눈앞에 솟아 있는 바위산을 가리켜 보였다.
"저걸 보게. 저게 바로 페트로스야."
게바는 그 거대한 바위산을 올려다보며 감회에 젖었다. 반석 위에 교회를 세우겠다고 하던 나사렛 예수의 모습이 눈앞에 떠올랐던 것이다.
"반석 위가 아니라 반석 속에 동굴을 뚫었군요."
"교회가 반석 위로 올라가려면 아직 더 세월이 필요하겠지."
마르코스가 게바에게 물었다.
"아디아베네는 어떻습니까?"
"유대인들과 크리스티아누스들이 모노바수스 왕을 자기네 편으로 끌어들이기 위해 서로 경쟁을 하고 있지. 그러나 왕비와 왕자들은 거의 다 세례를 받았어. 주님께서 하시는 일은 아무도 막지 못하거든."
"함께 가신 두 분 사도는 어떻게 되었습니까?"
"다대오는 나다나엘이 먼저 가 있는 아르메니아 쪽으로 갔고 시몬은 나와 함께 파르티아로 들어갔다가 다시 페르시아 쪽으로 떠났지."
"페르시아에는 도마님이 먼저 들어가 있지 않습니까?"
"도마는 벌써 힌두에 들어갔어. 규다포루스 왕의 딸이 먼저 세례를 받았고 나중에 그 부모도 세례를 받았다고 하더군."
그날 밤 페트로스 산의 동굴에는 저절로 집회가 열렸다. 게바로부터 그가 다녀온 비투니아, 북부 갈라티아, 갑파도키아 그리고 폰투스와 아디아베네, 파르티아 등 모든 지역에서 복음을 받아들인 사례와 거기서 일어난 기적들에 대해서도 들었다. 아멘과 할렐루야로 밤새 이어진 집회가 끝나고 사람들이 모두 흩어졌을 때 유대인 형제 중 몇 명이 게바를 찾아왔다.

"저, 게바님."

"피곤할 텐데 돌아가서 좀 쉬게나."

"급히 의논드릴 일이 좀 있어서요."

"뭔데 그러나?"

"주님께서 말씀하신대로 게바님께 천국의 열쇠를 주신 것을 믿습니다."

"그건 내게만 주신 것이 아니라 그분을 그리스도이며 살아계신 하나님의 아들로 고백하는 모든 사람들에게 주신 거야."

"그리고 게바님 위에 교회를 세우리라고 하셨지요."

"게바는 헬라어로 페트로스, 즉 반석이 아닌가? 내가 아니라 반석, 즉 믿음의 반석위에 교회를 세운다고 하신 말씀이지."

"어쨌든 저희는 게바님을 주님께서 지명하신 교회의 대표로 압니다."

"그것도 잘못되었군."

"네?"

"교회의 머리는 예수 그리스도가 아니신가?"

계속되는 게바의 지적에 그들이 겸연쩍어 하는 것을 보고 그가 물었다.

"무슨 문제라도 생겼나?"

"그동안 바나바와 사울 두 분께서 말씀의 해석을 주도해 왔습니다."

그러자 다른 사람이 말했다.

"사울은 요즘 파울루스라는 로마식 이름을 쓰고 있답니다."

그 말이 어쩐지 호의적이 아닌 것으로 들렸다.

"이방인들에게 복음을 전할 때에는 그것도 좋은 방법이지. 나도 이제부터는 페트로스라는 이름을 쓸 생각이네."

게바는 그들의 의도를 대강 눈치채고 미리 말했다.

"파울루스이든 사울이든 그는 가말리엘 문하에서 율법을 배운 사람이고 바나바는 레위 지파 출신이어서 어려서부터 율법을 익힌 사람이니 그분들의 해석은 누구보다도 탁월할 것이 아닌가?"

"그러나 두 분이 지나치게 이방인 전도에만 힘을 쓰고 있어서……."

"그것이 주님의 뜻이지."

"이방인 전도가 율법을 무시하면 문제가 되지요."

"무슨 말인가, 주님께서는 율법을 완전케 하기 위해 왔다고 하셨어."

"그런데 이 문제는……."

그들이 계속 말꼬리를 잡자 게바가 답답하다는 듯 물었다.

"도대체 뭐야?"

"할례 문제입니다."

"뭐라구?"

"하나님께서 아브라함에게 명하시기를 너희 중 남자는 다 할례를 받으라고 하셨으며 그것이 나와 너희 사이의 언약을 증거하는 표라고 하셨습니다."

그것은 창세기에 나오는 대목이었다.

"그런데?"

"우리 공동체에 들어온 이방인들은 할례를 받지 않고 있습니다."

"그들은 아브라함의 자손이 아니니까."

"그러나 하나님께서는 집에서 난 자나 이방 사람에게서 돈으로 산 자를 막론하고 난지 8일만에 모두 할례를 받으라고 명하셨거든요."

"할례가 약속의 표징이라면 하나님의 독생자이신 주님께서 이미 세상에 오셔서 약속이 이루어졌으니 성취가 표징을 넘는 것 아닌가?"

"그러나 독생자께서도 할례를 받으셨습니다."

게바의 이마에 주름이 생기고 있었다. 그들이 할례를 내세우는 것은 말씀의 해석에 관한 문제가 아니라 이방인의 수가 많아지는 것에 대한 경계이고, 자신들의 우월성을 내세우려는 수단이었던 것이다.

"자네들 말은 알아들었으니 이제 그만들 가서 쉬게."

"쉬는 것보다 더 중요한 문제입니다."

그들의 말은 이제 거의 위협에 가까웠다.

"파울루스와 바나바 형제가 돌아오면 그들과 의논해 보겠네."

마르코스 요안네스

해가 거의 저물어갈 무렵 페트로스에는 또 반가운 일이 있었다. 여러 차례 죽을 고비를 넘기며 복음 전파에 진력하던 파울루스와 바나바가 돌아온 것이다. 유대인 형제들의 할례 논쟁 때문에 약간은 위축되어 있던 헬라인 형제들이 더 기뻐하며 그들의 귀환을 반겼다.

"얼마나 고생이 많으셨습니까?"

"많이 보고 싶었습니다."

"이제 파울루스라는 이름을 쓰신다죠?"

특히 파울루스가 처음 왔을 때부터 늘 아들처럼 보살펴 주었던 구레네 시몬의 아내 마리아가 달려나오며 그를 껴안았다.

"파울루스, 내가 그동안 얼마나 마음을 졸였는지."

"어머니, 저도 늘 뵙고 싶었습니다."

페트로스의 헬라인 형제들도 제가끔 달려 나와 두 사람을 꼭 껴안아서 숨을 쉬기조차 어려울 지경이었다. 사람들의 흥분이 좀 가라앉을 때를 기다려 게바가 나섰다.

"수고가 많았네."

그가 게바인 것을 알아보고 그들이 놀라며 인사를 했다.

"게바님도 폰투스, 갑파도키아 지역에서 많은 일을 하셨다고 들었습니다."

"다대오는 아르메니아로, 시몬은 페르시아로 갔지."

"주님께서 땅끝까지 가라고 하셨으니까요."

마르코스도 인사를 했다.

"두 분에 대한 걱정으로 늘 마음이 편하지 않았습니다."

페르게에서 헤어진 일 때문에 외삼촌의 표정에는 아직도 서운함이 남아 있는 듯 했으나 파울루스는 고개를 끄덕이며 마르코스를 위로했다.

"가는 곳마다 적지 않은 생활비를 보내 주어 많은 도움이 되었네."

"부끄럽습니다."

"군대에는 최전선에서 싸우는 병사도 있고 뒤에서 지원하는 군인도 있는 걸세."

"그렇게 이해해 주셔서 감사합니다."

마르코스가 그렇게 대답하더니 의사 루카스를 돌아다보며 물었다.

"루카스, 치료해드린 두 분이 이 분들 맞습니까?"

그가 두 사람을 살펴보더니 고개를 끄덕였다.

"그렇군요, 이 분들입니다."

마르코스가 우선 루카스를 두 사람에게 소개했다.

"마케도니아 출신의 의사 루카스입니다."

그리고 방금 묻고 대답한 이야기의 곡절을 설명했다.

"피시디아의 산길에서 피투성이가 되어 쓰러져 있는 두 분을 이 분이 발견하고 인근 마을까지 모셔다가 치료를 해 드렸답니다. 또 집 주인에게 약간의 돈을 주며 잘 보살펴달라고 부탁을 한 다음 그곳을 떠났다는군요."

그 말을 듣고 두 사람은 깜짝 놀랐다.

"정신이 든 후에 집주인으로부터 그런 말을 듣고 그분이 누구인가 지금까지 궁금했는데 주님께서 다시 만나게 해 주셨군요."

페트로스의 형제들도 그동안 의료 봉사를 해 준 루카스에게 고마운 마음을 갖고 있었는데 그 이야기를 듣고 더욱 감동하여 눈시울을 붉혔다. 파울루스가 먼저 루카스에게 물었다.

"그런데, 어떻게 이곳까지 오셨습니까?"

"로마에서 구레네에서 오신 시몬이라는 분을 만나 나사렛 예수에 관한 이야기를 들었습니다. 그분의 말씀이 안티오키아에 가면 사울과 바나바라는 두 좋은 교사를 만날 수 있다고 해서 찾아오던 길에 피시디아의 산길에서 쓰러져 계신 두 분을 발견했던 것이지요."

"오, 주님. 저희를 살리시려고 이분을 보내 주셨군요."

둘러서 있던 형제들이 모두 외쳤다.

"할렐루야, 주님을 찬양하라."

게바가 돌아왔을 때와 마찬가지로 동군의 집회가 열렸고 파울루스와 바나바가 안티오키아를 출발해서부터 키프로스의 살라미스와 파포스 그리고 피시디아의 안티오키아와 이코니온, 루스트라, 데르베에서 있었던 일들을 다 보고했다.

"루스트라에서도 큰 봉변을 당했다면서요?"

"그렇습니다. 돌로 때린 저들이 제가 죽은 줄로 알고 성 밖에 내다버렸는데 바나바님이 다시 찾아내어 데르베로 데려갔지요."

그러나 파울루스는 바나바와 함께 죽을뻔한 루스트라로 다시 들어갔고, 이코니온과 피시디아의 안티오키아도 재차 방문하여 가는 곳마다 교회를 만들고 장로들을 택하여 세웠다. 그리고 다시 강도를 만났던 피시디아 산길을 지나 팜필리아의 페르게에서 복음을 전한 후 앗탈리아에서 배를 탔다고 했다.

"우리가 비록 돌에 맞고 많은 피를 흘렸으나 저들에게 믿음의 문을 여신 분은 오직 하나님이십니다."

보고를 들은 형제들이 모두 감동하여 하나님께 감사를 드릴 때 갑자기 좌중에 있던 한 유대인 형제가 일어나 질문을 했다.

"두 분께서 저들에게 세례를 베풀 때 할례도 행했습니까?"

파울루스가 눈을 크게 뜨며 그를 바라보았다.

"할례라니요?"

"하나님께서 우리 조상 아브라함에게 네 집의 모든 남자는 물론 이방에서 사들인 모든 남자들도 다 할례를 받으라 명하셨고, 그것이 나와 너희 사이의 언약을 증거하는 표라고 하셨는데, 이방인들이 비록 믿고 세례를 받았다고 하더라도 그들이 과연 구원을 받은 것입니까?"

질문한 형제의 어조는 매우 도발적이었다. 그러나 그를 쏘아 보는 파울루스의 시선은 더 무서울 정도로 번쩍거렸고 화를 참느라 깊은 숨을 들이마시고 있었다. 잠시 마음을 다스린 후에 그가 질문한 형제에게 물었다.

"형제는 예수 그리스도를 믿습니까?"

그는 어이없다는 듯 대답했다.

"물론입니다."

"믿는다는 것은 무엇입니까?"

"예수 그리스도가 하나님이 아들이고 구원자임을 믿는 것입니다."

"그렇습니다. 우리가 다 죄인이나 의롭게 되는 것은 율법의 행위로 말미암는 것이 아니고, 오직 예수 그리스도를 믿음으로 얻는 것입니다. 우리가 의롭게 됨이 율법으로 말미암는다면 그리스도께서는 헛되이 죽으신 것이지요."

거기까지 말하던 파울루스의 음성이 갑자기 커졌다.

"나도 태어난 지 8일 만에 할례를 받았고, 히브리인 중의 히브리인이며, 율법으로는 바리새인이며, 가말리엘 문하에서 엄격한 교육을 받았고, 열심으로 교회를 핍박하던 자이고, 율법적으로는 흠이 없는 자였습니다."

그는 좌중의 모든 사람들을 둘러보았다.

"내가 그 모든 것을 버린 것은 주님께서 십자가에 달리심으로 내 모든 죄를 감당하고 완성하셨기 때문입니다. 여러분은 소와 양을 잡은 시절로 다시 되돌아가 그리스도의 고난을 헛된 것으로 만들려 하십니까?"

그는 다시 핵심을 찔렀다.

"지금 우리에게 중요한 것은 다른 복음을 물리치는 일입니다. 가르침을 변질시켜 그리스도의 십자가를 무효케 하는 것이 다른 복음입니다. 주님께서 가르치신 것 외에 다른 복음을 전하면 저주를 받을 것입니다."

파울루스의 어조가 점점 격해지자 게바가 나섰다.

"주님께서 승천하신 후 복음의 방향은 줄곧 이방을 향하고 있습니다. 가장 큰 일을 앞에 두고 우리가 안에서 갈라지면 이는 사탄에게 유익을 주는 것입니다. 우리에게 필요한 것은 우리가 들은 대로 믿는 것입니다."

98
마르코스 요안네스

　해가 바뀌어 나사렛 예수가 십자가에 달린 후 19번째 유월절이 돌아왔다. 오래간만에 평온한 유월절을 보내는 것 같아 안티오키아의 형제들은 페트로스의 동굴 교회에서 무교병과 포도주로 예수의 마지막 식사를 기념했다.
　"마르코스, 한 말씀 하시게나."
　게바가 마르코스를 보며 그렇게 말했다. 유월절을 기념하는 성찬 때마다 마르코스에게는 다락방집 아들의 자격으로 발언할 기회가 주어졌다. 베다니에서는 그의 모친 마리아가 같은 처지로 참석하고 있을 것이었다.
　"벌써 19년이 되었군요."
　이제 그도 36살이 되어 있었다.
　"저는 그분께서 잡히시던 밤에 겉옷을 벗어던지고 부리나케 도망쳤지요."
　언제나 똑같은 말만 해온 그는 색다른 말을 덧붙였다.
　"지금 생각해 보면 그분께서 마지막 식사 때 떡을 떼어 나누시며 내 살이라 하시고 또 포도주를 돌리시며 내 피라고 하신 것은 그분 안에서 하나가 되라는 의미였던 것 같습니다."

시작한 김에 그는 설명을 조금 더 달았다.

"우리가 해마다 그 날을 기념하는 것은 그분 안에서 하나가 되기를 다짐하는 일이고 또 그런 자리가 되어야 할 것입니다."

그것은 할례 문제를 놓고 서로 대립하는 일을 그만두자는 뜻이었다.

"박해보다 더 무서운 것은 내부의 균열입니다."

그러나 할례 논쟁은 아직 물 밑에서 계속되고 있었다. 가말리엘의 문하였고 바리새인 출신이었던 파울루스의 말에 함부로 맞서기가 어렵고, 또 교회의 수장으로 떠받드는 게바가 편 가르는 행위를 제지하여 논쟁이 조금 수그러들기는 했으나 불만의 씨가 다 꺼진 것은 아니었다.

"아니, 저들이 누구죠?"

무교절의 둘째 날, 동굴 밖에서 따스한 봄볕을 쬐며 게바와 파울루스 그리고 바나바 등과 함께 식사를 하고 있던 헬라인 형제들이 페트로스로 들어오는 낯선 사람들을 발견하고 말했다. 마르코스가 먼저 그들을 알아보았다.

"베다니에서 온 사람들인데요."

바나바의 그것을 확인하고 얼굴이 굳어졌다.

"저들이 무슨 일이지?"

게바 역시 긴장한 표정이었다. 일부 유대인 출신 형제들이 할례 문제를 꺼낸 시기에 베다니에서 사람이 왔다면 야고보가 보냈을 수도 있겠기 때문이었다. 식사하던 게바가 자리에서 일어섰다. 안티오키아 교회의 책임자로 일컬어지는 그가 이방인과 함께 식사했다는 시비를 피하기 위함이었다. 바나바를 비롯한 다른 유대인들이 따라 일어서자 파울루스가 외쳤다.

"왜 이러십니까, 게바님."

그 목소리가 너무 컸기 때문에 함께 식사하던 형제들과 주변에 있던 사람들은 물론이고 들어오고 있던 베다니 사람들도 그것을 들었다.

"그대가 유대인으로서 유대인처럼 살지 않고 이방인들을 형제로 받아들이면서 어찌하여 억지로 그들을 유대인처럼 살게 하려는 것입니까?"

게바가 멈칫 하는 사이 그 목소리는 더 커졌다.

"당신이 사도로 부르심을 받은 것은 유대인이기 때문입니까, 아니면 예수를 그리스도로 믿었기 때문입니까?"

평소에 겸손하던 파울루스가 게바를 질책하자 사람들은 깜짝 놀랐다. 모든 형제들이 게바를 사도들 중의 대표이며 교회의 수장으로 여기는데 파울루스가 그를 책망하는 것에 놀라지 않을 수가 없었던 것이다. 베다니에서 온 사람들 중 하나가 놀라며 파울루스를 제지했다.

"파울루스, 당신이 무슨 권세로 형제들 앞에서 게바님을 면박하시오?"

그러자 파울루스가 그를 쏘아보았다

"당신은 지금 그 말을 무슨 뜻인지 알고 하는 겁니까?"

"뭐라고?"

"주님께서 말씀을 가르치실 때 대제사장과 서기관들이 그분께 무슨 권세로 이런 일을 하느냐고 물었소. 당신들은 지금 어떤 권세를 말하는 것이오? 그 때의 대제사장처럼 지금 당신들도 무슨 권세냐고 묻는 것이오?"

그러나 베다니에서 온 사람들이 대답했다.

"할례는 아브라함에게 내리신 하나님의 명령이었소. 할례가 없으면 언약도 없고, 언약이 없으면 구원도 없는 것이오. 그러면 당신은 하나님의 권세를 인정하지 않겠다는 것입니까?"

"주님께서 이르시기를 성령이 모든 것을 생각나게 하실 것이라고 하셨으며 우리는 지금 다 성령께서 이끄시는 대로 일하고 있습니다."

베다니 사람들도 그 말을 맞받았다.

"우리도 그렇소이다."

파울루스가 말을 이었다.

"성령을 받았다는 것은 무슨 뜻입니까? 유대인이든 이방인이든, 할례를 받은 자나 받지 않은 자나 성령을 받은 자마다 아들이 영을 받아 하나님을 아빠, 아버지라고 부르게 되므로 그들은 다 하나님의 자녀가 된 것입니다."

그리고 파울루스는 거기서 멈추지 않았다.

"형제들이여, 주님께서 필라투스의 법정에 섰던 날을 떠올려 보시오. 주님을 십자가에 못박으라고 소리치던 그 사람들이 할례를 받은 사람들이었습니까, 아니면 할례를 받지 않은 사람들이었습니까?"

그 말에 웅성거리던 사람들이 순식간에 조용해졌다. 그것은 무서운 말이었다. 이방인에게 할례를 받으라고 강요하는 사람들은 예수 그리스도를 십자가에 못 박으라고 소리치던 그들과 똑같다는 의미였다. 사태가 심각해지자 게바가 나서지 않을 수 없었다. 그는 먼저 베다니에서 온 사람들에게 물었다.

"야고보님이 당신들을 보냈습니까?"

그들이 약간 기세를 누그러뜨리면서 대답했다.

"아닙니다. 안티오키아 교회에 갈등의 조짐이 있다고 해서."

야고보가 그들을 보낸 것이 아니라면 필시 안티오키아의 유대인 형제들 중 누군가가 베다니의 유대인들에게 연락해서 응원을 요청한 것이 분명했다. 사태를 대강 짐작한 게바가 모든 형제들에게 방안을 제시했다.

"여러분, 이 문제를 끊임없는 논쟁과 변론으로 끌고 갈 것이 아니라 근본적으로 해결해야 할 것 같습니다. 우리가 파울루스와 바나바와 또 할례가 필요하다고 생각하는 유대인 형제 중 몇을 베다니에 있는 사도들과 장로들에게 보내 이 문제를 충분히 의논하게 하는 것이 어떻겠습니까?"

교회의 모든 형제들이 손뼉을 쳐서 게바의 제안에 찬성했다.

"그것이 좋겠습니다. 게바님도 가실 것입니까?"

"물론 나도 함께 갈 것입니다."

게바도 그들과 함께 손뼉을 치며 파울루스의 귀에 대고 낮은 음성으로 말했다.

"자, 우리가 베다니에 가서 진술할 말을 정리해 봅시다."

255

99

마르코스 요안네스

 게바와 파울루스와 바나바 그리고 몇 사람이 예루살렘으로 떠난 지 한 달이 가까워오고 있었다. 페트로스에 필요한 식량과 물품들을 공급하기 위해 페트로스에 들렀던 마르코스는 진료 받는 병자들이 좀 뜸한 틈을 타서 루카스의 옆 자리에 걸터앉으며 말했다.
 "수고가 많으십니다."
 "여기 와서 의사가 된 보람을 느낍니다."
 "구레네 시몬으로부터 나사렛 예수의 이야기를 듣고 먼 길을 찾아 오셨는데 혹시 실망하시지는 않았습니까?"
 "실망이라니요?"
 "믿는 형제들이 서로 화합하지 못하고 다투는 것만 보았으니까요."
 "보이지 않는 것을 믿는 일이 쉬운 일은 아니지요."
 루카스는 잠깐 망설이다 마르코스를 바라보았다.
 "저, 마르코스님."

"말씀하세요."

"한 가지 이상한 점이 있습니다."

"무엇이 말씀인가요?"

"아시다시피 우리 의사들이 하는 일은 사람의 생명을 다루는 것입니다."

"그래서요?"

"매우 신중한 관찰과 민첩한 판단이 필요한 일이지요."

"그렇겠습니다."

"그래서 의술을 배울 때 많은 실습도 하지만 역대 명의들의 임상 연구 결과를 기록한 책으로 공부를 합니다. 인체 각부의 기능과 역할을 파악한 내용이나 질병을 판단하는 기준과 치료 방법의 표준도 기록되어 남아 있거든요."

"그렇겠군요."

"여기 와서 보니 교회의 사도들과 교사들이 말씀을 가르치고 전하는 일들도 역시 생명을 다루는 일들이네요. 의사는 몸의 병을 치료하지만 교회의 교사들은 더 중요한 영혼의 병을 치료하고 있습니다."

"맞습니다. 그래서 예수께서 말씀하시기를 건강한 자에게는 의사가 쓸데없고 병든 자에게 필요하다고 하셨던 것이지요."

"그런데 예수께서 가르치신 말씀과 행하신 일들이 하나도 기록으로 남아 있지 않군요. 그것이 저는 이상하다는 것입니다. 물론 그분과 직접 함께 했던 모든 사도들께서 아직 대부분 살아계시니 그들의 기억으로 말씀이 전해지겠지만 그들이 하나 둘씩 세상을 떠난다면 어찌 되겠습니까?"

마르코스는 루카스가 꺼낸 말의 뜻을 알아들었다. 의사는 아니지만 그도 알렉산드리아에서 10년간 공부를 했다. 어느 학교이든 스승이 제자를 가르칠 때에는 선현들이 기록해 남겨 놓은 책을 통해서 가르쳤던 것이다.

"그렇군요. 세상 학문을 전하는데도 수십만 권의 두루마리가 도서관에 비치되어 있는데 예수의 말씀과 행적에 관한 기록이 없다니."

"더구나 말은 여러 입을 거치면서 의미가 달라지기도 합니다. 파울루스 선생님께서 다른 복음을 전하면 저주를 받으리라고 하셨는데 비록 예수 그분이 하신 말씀이라 하더라도 여러 입을 거쳐 전해지다 보면 의미가 달라질 수도 있거든요. 그런데 왜 그분의 말씀과 행적을 적어 놓은 기록이 없을까요?"

"내가 보기에는……"

마르코스는 잠시 생각해 보다가 입을 열었다.

"그것도 역시 그분께서 하신 말씀 때문인 것 같습니다."

"어떤 말씀이죠?"

"이 세대가 지나가기 전에 이 일이 다 이루리라."

"그래서요?"

"사도들은 그 말씀을 굳게 믿고 있습니다. 이 세대가 지나가기 전에 다 이룬다는 것은 그분께서 다시 오시는 심판의 날이 곧 임한다는 뜻이지요. 그래서 사도들은 자신들이 세상을 떠난 후의 일은 생각하지도 않는 것 같습니다."

루카스는 고개를 저었다.

"이 세대라는 것의 의미가 무엇인지는 그 말씀을 하신 분만 아십니다. 누구를 기준으로 한 세대입니까? 그것이 백년이 될지, 천년이 될지는 아무도 모릅니다. 하나님의 시간은 사람의 시간과 다르니까요."

나사렛 예수가 세상에서 일할 때 마르코스처럼 그를 잠시나마 만난 사람들이 아직 많이 있으나 늘 생활을 같이 했던 사람들은 12명의 제자들이었다. 그 중에서 가룟의 유다는 목을 매었고 요한의 형제 야고보는 참수되었다.

"나사렛 예수가 선택한 12명의 제자들이 있었습니다만 그들도 늘 그분과 함께 하지는 않았으니 완전한 기록이 나오기는 어려울지도 모릅니다."

"무슨 말씀이죠?"

"내가 알기로는 중요한 때나 장소에는 늘 세 사람과 동행을 했답니다."

"그게 누구죠?"

"게바와 요한 그리고 이미 예루살렘에서 참수된 야고보."

"그럼 이제 두 분만 남았네요."

"게바보다는 요한이 기록을 담당할만한 분이죠."

"왜요?"

"아시다시피 게바님은 어부 출신이고 글을 쓸 만한 형편이 아닙니다. 그에 비해 요한과 야고보 형제는 가버나움에서 여러 척의 배를 가진 부유한 선주 세배대의 아들들이고 다른 분들보다 공부도 제법 했거든요."

루카스가 고개를 갸웃거렸다.

"실은 제가 로도스 섬에 들러 요한님을 만났을 때 그런 말씀을 나눈 적이 있습니다. 저와 같은 사람들이 읽고 믿을 수 있도록 예수에 관한 기록을 남겨야 하지 않겠느냐고 물었지요."

"그랬더니 뭐라고 하시던가요?"

"자기는 그럴 자격이 없다고 하시더군요. 제자들 중에서 그런 일을 하려면 알패오의 아들 레위가 적당하다고 하시며 더 이상은 말씀을 하지 않으셨습니다."

"레위 역시 그 일을 사양할 것 같은데요."

"왜요?"

"그분은 세리 출신입니다. 아시다시피 유대에서 세리는 창녀와 같은 천한 존재로 여기기 때문에 그분 자신이 나사렛 예수의 이름을 더럽힐까봐 드러나는 일을 사양하고 있을 정도거든요."

"게바, 요한과 야고보 외에 그분과 오래 생활한 분은 누구십니까?"

"요한과 안드레, 그리고 게바가 그분을 먼저 만나기는 했으나 제자로 부름을 받은 것은 빌립과 나다나엘이었지요. 그 후에 게네사렛 호수에서 게바와 요한과 야고보를 다시 만나 그분들을 부르셨고 다음이 도마의 순서였습니다. 레위가 그 다음일 텐데 그는 항상 자신의 순서가 맨 마지막이라고 자처하는 분입니다."

"예수와 함께 자라난 아우들은 어떻습니까?"

"그분들은 본래 생각이 열심당 쪽에 가까웠거든요. 형님의 생각이 자신들의 기대와 다르다는 것을 알고 그분을 따르지 않았지요."

그 때 페트로스를 향해 다가오는 말발굽 소리가 들렸다. 말은 순식간에 가까이 이르렀고 한 사내가 말에서 뛰어내렸다.

"누구지요?"

"크라투스 필롤로구스, 경호 업체 피데스를 운영하는 사람입니다. 안티오키아 교회의 대표들이 예루살렘으로 갈 때 경호를 맡았지요."

그가 크라투스에게 물었다.

"어째서 혼자 오는가?"

"오늘 셀류기아 항에 잘 도착했습니다. 모두들 걸어오시기 때문에 제가 말을 타고 먼저 왔지요."

"결과는?"

"일단 잘 된 것 같습니다."

그는 대표단이 출발할 때부터의 일을 간추려 설명했다.

"아시다시피 대표단이 갈 때에는 배를 타지 않고 페니키아 지방을 지나 사마리아를 거쳐 예루살렘으로 들어갔습니다. 가는 곳마다 교회를 방문하여 형제들을 만나고, 또 믿지 않는 자들에게 복음을 전했지요."

"그러느라고 시일이 많이 걸렸군. 베다니에서는?"

"야고보님과 베다니에 남아 계신 사도들, 그리고 장로들이 나와 대표단을 영접했습니다만 베다니에도 바리새파 출신들 중에는 이방인도 할례를 꼭 받아야 한다고 주장하는 사람들이 있었습니다."

"사도들 중에는 누가 계시던가?"

"빌립과 안드레 그리고 레위와 야고보 형제분이 계셨습니다. 아, 그리고 로도스 섬에 계시던 요한 사도께서 오셨습니다."

"요한 사도께서?"

"마리아님의 막내아들 유다를 데리러 오셨더군요."

예수의 모친 마리아도 이미 70이 넘었으니 막내아들이 보고 싶었을 것이었다.

"회의 결과는?"

"할례 문제에 관한 많은 논의가 있은 후에 게바님이 일어나 비투니아, 북부 갈라티아, 갑파도키아 그리고 폰투스, 아디아베네와 파르티아까지 모든 지역에서 일한 결과를 설명했습니다."

"그리고?"

"성령께서는 유대인과 이방인을 차별하지 않았다고 증언했지요."

"파울루스 선생은?"

"그분 역시 키프로스와 페르게 그리고 피시디아의 안티오키아, 이코니온, 루스트라, 테르베 등 남부 갈라티아에서 있었던 일을 보고했습니다."

"야고보님의 판단은?"

"일단 할례 문제는 더 이상 꺼내지 않기로 결론을 내렸습니다. 다만 유대인들 형제들의 입장을 배려하는 의미에서 안티오키아와 모든 교회의 이방인 형제들에게 몇 가지 주의와 권고 사항을 덧붙여 예루살렘 교회의 공식 서한을 작성하고 바사바와 실라 두 사람을 보내 이를 전달하기로 결정했습니다."

"야고보님의 중재가 탁월하구만."

마르코스 요안네스

　예루살렘에 갔던 대표단이 안티오키아로 돌아왔다. 게바는 아예 안티오키아의 페트로스를 근거지로 삼을 생각인지 아내와 식구들을 다 데리고 왔다. 베다니에서 보낸 바사바와 실라 두 사람이 페트로스의 형제들을 다 모아 놓고 이방인 형제들에게 보내는 예루살렘 교회의 공식 서한을 낭독했다.

　"여러분과 한 형제가 된 우리 사도와 장로들은 안티오키아와 수리아와 킬리키아에 있는 이방인 형제들에게 문안을 드립니다."

　유대인과 이방인의 모든 형제들이 그것을 들었다. 그것은 사도들과 장로들의 공식 의견이고 이름을 적지는 않았으나 나사렛 예수의 아우이며 베다니 공동체를 이끄는 야고보의 중재에 기초한 것이어서 그 권위는 절대적이었다.

　"베다니의 공동체에 속한 몇 사람이 우리의 지시도 없이 나가서 여러분을 말로 괴롭게 하고 마음을 혼란스럽게 했다는 말을 들었습니다. 이에 우리는 바사바와 실라를 택하여 사랑하는 바나바와 파울루스와 함께 보내기를 만장일치로 결정하였습니다."

서한은 바나바와 파울루스에 대한 절대적 신임을 강조했다.

"바나바와 파울루스는 예수 그리스도의 이름을 위해 목숨을 걸고 일하는 사람들이며 성령께서 그들을 이끌고 계시니 앞으로도 모든 형제들의 아낌없는 기도와 지원을 바랍니다."

그리고 유대인 형제들의 입장을 배려하여 몇 가지를 권고했다,

"다음 몇 가지 사항 외에는 여러분에게 다른 짐을 지우지 않으려는 것이 성령과 우리의 결정입니다. 즉 우상에게 바쳤던 제물을 먹지 말고, 피나 목 졸라 죽인 짐승을 먹지 말고, 음란한 행동을 하지 마십시오. 이런 몇 가지만 스스로 삼가면 잘 될 것입니다. 안녕히 계십시오."

서한의 내용은 그것으로 끝이었다. 결국 할례 문제에서는 파울루스의 단호한 주장대로 그리스도의 고난을 헛되게 하는 논란을 잠재웠고, 이방의 풍습이나 습관에서 올 수도 있는 오는 그들의 일탈을 미리 경계하는 것으로 서한은 마무리되었다. 서한을 다 읽고 나서 바사바가 말했다.

"아시다시피 교회는 지금 중요한 시기를 지나고 있습니다. 거짓말 하는 사람들이 하나님과 예수를 팔고, 점치는 무당들이 감히 성령의 능력이라며 거짓을 말하고 있습니다. 이들을 가려내며 싸워나가려면 먼저 우리가 하나 되어야 합니다. 목숨 걸고 말씀을 전하는 안티오키아 교회에 주님께서 함께 하시기를 바랍니다."

바사바와 실라도 예언의 은사를 받은 사람들이어서 안티오키

아의 모든 형제들이 다 감사함으로 그의 말을 받았고 또 일제히 다짐을 했다.
"우리가 그렇게 하겠습니다."

101
마르코스 요안네스

 서한을 전달한 후 바사바는 예루살렘으로 돌아갔고 실라는 안티오키아 형제들의 동향을 좀 더 관찰하기 위해 남아 있기로 했다. 야고보의 현명한 중재로 그 후로는 더 이상 교회 안에서 교리적 갈등이 일어나지 않았다. 갈등이 봉합되자 게바는 또 안티오키아를 떠났다.
 "이번에는 어디로 가십니까?"
 파울루스가 물었을 때 그가 대답했다.
 "바벨론 쪽으로 가려네."
 "아……"
 애굽에 들어가 힘든 세월을 보낸 야곱의 자손들이 430년 만에 그곳을 탈출하여 천신만고 끝에 가나안 땅에 세운 다윗의 나라는 420년 만에 바벨론에 멸망했다. 포로가 되어 끌려간 이스라엘 백성들은 바벨론의 강가에 앉아 눈물을 흘렸다.

 우리가 바벨론의 여러 강변 거기 앉아서

시온을 기억하며 울었도다

페르시아 왕 고레스의 호의로 포로들은 예루살렘에 귀환했으나 그 후에도 이스라엘 자손들은 헬라에 이어 프톨레마이오스, 셀류코스 왕조에 유린되다가 결국 로마의 속국이 된 것이었다. 그런 이스라엘 자손들에게 바벨론은 조상들의 눈물 자국이 남아 있는 회한의 땅이었다. 게바가 바벨론으로 떠난 후 마르코스도 그쪽에 관심이 생겨 바벨론의 시장을 점검했다.

"바벨론은 로마와 파르티아 양쪽에서 모두 잊혀진 도성이 되어가고 있으나 또한 우리에게는 기회가 될 수도 있어요."

율리아가 지도를 들여다보며 특유의 호기심을 보였다.

"강대국들의 관심이 사라진 곳이어서?"

뿐만 아니라 두로의 상인들도 이미 거기서 눈을 돌렸던 것이다.

"동방과의 교역에는 아직도 유리한 위치거든요."

해가 바뀌어 나사렛 예수가 십자가에 달린 지 20년째가 되었다. 마르코스는 그 20년의 절반을 알렉산드리아에서 보냈고 나머지 절반은 부친의 사업을 재건하는 데 사용했다. 부친이 살해당한 지 23년이 되었고 그는 이제 37살이었다. 알렉산더보다 늦기는 했으나 그의 시선은 동방을 향하고 있었다.

"페르시아와 파르티아 그리고 아디아베네를 통해 들어오는 물품을 바벨론에 모아들인다는 것입니까?"

"그래요. 동방의 상품들을 안티오키아로 끌어모아 셀류기아 항을 통해 지중해로 실어내면 동과 서를 관통하게 되거든요."

"안티오키아의 역할이 더욱 커지게 되겠군."

"그래서 알렉산더도, 아우구스투스도 안티오키아를 거점으로 삼았지요."

군대를 지휘한 왕들만이 아니었다. 만군의 주로 일컬어지는 하나님도 안티오키아에 주목하고 있었음이 분명했다. 페트로스가 이방인 전도의 기지로 된 것만 해도 그런 섭리가 있었던 것으로 보였다.

"하나님도 그렇게 하셨구요."

"네?"

"선지자 이사야는 장차 올 메시야를 놀라운 전략가라고 표현했거든요. 그 최고의 전략가가 안티오키아를 놓칠 까닭이 없지요."

율리아가 고개를 끄덕이며 그 말에 동의했다. 그녀는 벌써 페트로스 공동체에서도 이방인 형제들을 보살피는 중요한 역할을 맡고 있었다.

"페트로스에서 갈등이 해결되어 다행이에요."

"야고보님의 중재가 효과를 본 겁니다."

"그런데 궁금한 것이 하나 있어요."

"뭐지요?"

"게바님이 바벨론으로 떠날 때 파울루스님과 포옹하면서 뭔가 귓속말을 하셨는데 파울루스님이 고개를 끄덕이더라구요."

"그래서?"

"그 때 서로 무슨 말을 하셨는지 그게 궁금해요."

그러나 얼마 안 되어 율리아의 궁금증은 풀렸다. 파울루스가 파피루스 종이로 된 여러 개의 두루마리를 품에 안고 직접 이드란 상회를 찾아왔던 것이다.

"어쩐 일이십니까?"

사환 나나가 내온 소향차를 권하며 마르코스가 묻자 그가 대답했다.

"부탁이 있어서 찾아왔네."

"무슨 일인데요?"

그는 안고 있던 두루마리들을 탁자 위에 내려놓았다.

"이드란 상회의 판매망을 통해 이것들을 좀 배송해 주게."

"이게 뭐죠?"

"갈라티아의 교회들에 보내는 내 서한이네."

"어느 쪽의 갈라티아지요?"

갈라티아라고 하면 남부의 피시디아와 루카오니아에서 타우루스 산맥 북쪽의 안퀴라와 타비움 등에 이르는 광대한 지역을 말하는 것이었다. 파울루스는 주로 남부 갈라티아 쪽의 도시들을 찾아다니며 말씀을 전했고 게바는 북부 갈라티아 지역에서 전도를 했던 것이다.

"내가 전도한 교회들과 게바가 개척한 모든 교회들에게."

"이 두루마리들이 모두 다른 내용입니까?"

파울루스는 고개를 저었다.

"모두 같은 내용이야."

그는 두루마리 중의 하나를 집어 봉한 끈을 풀었다. 두루마리에는 큰 글자로 쓴 파울루스의 서한이 적혀 있었다.

"사람들에게서 난 것도 아니고, 사람으로 말미암은 것도 아니며, 오직 예수 그리스도와 그를 죽은 자 가운데서 살리신 하나님

아버지로 말미암아 사도된 파울루스는 함께 있는 모든 형제와 더불어 갈라티아 여러 교회들에게 우리 하나님 아버지와 주 예수 그리스도로부터 은혜와 평강이 있기를 바랍니다."

그렇게 시작된 파울루스의 서한은 그가 전도 여행에서 돌아와 예루살렘 회의까지 있었던 할례 논쟁의 경위를 설명하고, 그리스도의 고난과 구원과 자유에 대한 그의 견해와 권고를 밝혀 놓은 것이었다.

"이 많은 사본들을 모두 직접 필사하셨습니까?"

파울루스가 고개를 끄덕였다.

"그렇다네."

그것이 바로 게바가 페트로스를 떠나면서 파울루스와 포옹할 때 그에게 부탁한 것이었다. 파울루스가 전도했던 남부 갈라티아의 교회들과 게바 자신이 개척한 북부 갈라티아의 모든 교회들이 더 이상 다른 복음에 미혹되지 않도록 파울루스가 서한을 써서 보내달라고 당부했던 것이다. 그리고 파울루스는 안질로 짓무른 눈을 부벼가며 그 일을 다 해낸 것이었다.

"알겠습니다. 모두 틀림없이 배송하겠습니다."

마르코스가 손끝으로 눈가를 눌렀다.

"잘 부탁하네."

파울루스를 전송하고 들어온 율리아도 손수건으로 눈물을 닦고 있었다.

"두 분 사도의 믿음이 정말 대단하시네요."

게바는 많은 사람들 앞에서 자신을 질책했던 파울루스의 말이 옳다고 믿어 예루살렘까지 올라가 그의 입장을 관철시켰다. 그리고 그 파울루스에게 자신이 개척한 북부 갈라티아의 교회들까지 포함해서 서한을 보내달라고 부탁했다. 또 파울루스는 페트로스의 당부를 이행하기 위해 서한을 쓰고, 안질로 짓무른 눈을 부벼가며 수많은 사본까지 직접 필사한 것이다.

"그런 것이 바로 성령께서 하는 일인 것 같습니다."

율리아도 고개를 끄덕였다.

"사탄이 더 이상 주님의 교회를 얕보고 덤벼들지는 못하겠지요."

율리아의 말에 마르코스가 빙그레 웃었다.

"당분간은요."

"네?"

"창세기의 두루마리를 읽어본 적이 있습니까?"

"제가 보안대 출신이거든요."

속주의 동향이나 민생 뿐 아니라 종교의 경전까지도 샅샅이 뒤져서 위험 요소를 찾아내는 것이 로마 보안대가 하는 일이었던 것이다.

"창세기에 보면 하나님과의 사이를 떼어 놓기 위해 사람을 유혹한 존재가 뱀으로 나타나 있습니다. 뱀의 특징은 작은 틈새만 있으면 스며들어가는 것이지요. 그것이 바로 사탄의 특징이기도 합니다."

"교회에도 틈새기 많다는 뜻인가요?"

"역시 사람의 모임이니까요."

102

마르코스 요안네스

　입에서 나온 말에 열매가 있다는 잠언처럼 마르코스가 염려했던 그 틈새가 엉뚱하게도 마르코스 자신 때문에 벌어지게 되었다. 페트로스의 외삼촌이 그를 만나자고 해서 찾아갔을 때 외삼촌과 파울루스는 이미 두 번째 전도 여행을 계획하고 있었다. 지난번에 갔던 지역들을 다시 돌아보며 교회들이 어떻게 하고 있는지 점검하고 더 든든하게 다지자는 것이었다.

　"저를 오라고 하셨습니까, 외삼촌?"

　그가 찾아가자 외삼촌이 반색을 했다.

　"파울루스 선생님과 나는 두 번째 전도 여행을 계획하고 있다."

　"그런데요?"

　"마르코스, 이번에는 꼭 우리와 함께 가자."

　혹시나 했던 일이 또 생겼다. 외삼촌 바나바는 마르코스에게 두 번째 전도 여행에 함께 갈 것을 권하려고 그를 불렀던 것이다.

　"외삼촌, 저는……"

"지난번에 네가 페르게에서 우리를 떠났기 때문에 주님께서 하시는 큰일들을 못 보지 않았느냐? 이번에는 너의 모든 것을 전도에 쏟아 붓기 바란다."

그러나 파울루스의 생각은 달랐다.

"바나바, 조카에게 너무 강권하지 마시지요. 지난번에 조카 자신도 말했지만 사람은 모두 자신의 쟁기가 있는 것입니다."

"그러나 선생님, 주님의 날이 코앞에 다가왔는데"

외삼촌은 역시 이 세대가 지나기 전에 모든 일이 이루어질 것이라는 예수의 말에 매달리고 있었다. 곧 심판의 날이 다가오는데 전도의 열매를 준비할 것이지, 시장을 개척하고 교역을 확대하는 일들이 무슨 소용이냐는 뜻이었다. 그러나 파울루스는 마르코스와의 동행을 찬성하지 않았다.

"밖에 나가서 전도하는 것만이 주님의 일은 아닙니다."

평소에 파울루스를 공경하고 따르던 바나바가 어쩐 일인지 이번에는 그의 말을 받아들이지 않고 오히려 강경했다.

"모든 족속으로 제자를 삼아 아버지와 아들과 성령의 이름으로 세례를 주고, 내가 너희에게 분부한 모든 것을 가르쳐 지키게 하라는 것이 주님의 마지막 부탁이었습니다."

나사렛 예수가 승천하기 전에 제자들에게 당부했다는 그 말은 파울루스가 직접 듣지 못한 것이었다.

"그 모든 족속이란 이웃과 고객을 다 포함하는 것이겠지요."

즉 다른 마을과 다른 나라에 가서 말씀을 전하는 것과 마찬가지로 하던 일을 계속하며 동료나 고객에게 전도하는 것도 필요하다는 뜻이었다. 그러나 외삼촌은 몹시 답답해하며 고개를 저었다. 그들이 다투는 것을 보며 마르코스는 당황했다. 자신의 문제로 가장 친근했던 두 사람 사이에 틈새가 생긴 것 같아서였다. 바나바가 다시 파울루스의 말에 이의를 달았다.

"선생님의 조카라도 같은 말씀을 하시겠습니까?"

무슨 말을 해도 통하지 않을 것 같았는지 파울루스는 결론을 내렸다.

"나는 마르코스를 데리고 가지 않겠습니다."

"왜요?"

"마르코스는 지난번에도 페르게에서 우리를 떠나 돌아갔는데 이번에도 그런다면 우리 일에도 차질이 생길 것입니다. 전처럼 우리의 가는 곳마다 마르코스가 생활비만 보내 주어도 큰 도움이 되고, 그것도 역시 주님의 일입니다."

"생활비는 주님께서 주시는 것입니다."

"마르코스가 보내도 주님께서 그를 통해 주시는 것이지요."

바나바는 본격적으로 예수의 가르침을 들고 나왔다.

"가진 것을 다 가난한 자들에게 나눠주고 너는 나를 따르라고 하신 주님의 말씀은 어떻게 생각하십니까?"

"그것은 자기 주장을 버리라는 말씀이었지요."

바나바가 또 예수의 말을 인용했다.

"주님께서는 하나님과 재물을 겸하여 섬기지 못한다고 하셨습니다."

그러자 파울루스가 마르코스에게 직접 물었다.

"마르코스, 자네는 재물을 하나님보다 더 섬기는가?"

"그렇지 않습니다."

그러자 파울루스가 더 이상 논쟁을 하지 않으려고 단호하게 말했다.

"예루살렘 대표로 왔던 실라와 의사 루카스가 내게 전도 여행의 기회가 있으면 함께 가고 싶다는 의사를 말하더군요. 나는 실라와 루카스를 데리고 킬리키아를 거쳐 갈라티아 지역으로 갈 것입니다."

바나바가 크게 한숨을 쉬더니 말했다.

"좋습니다. 저는 키프로스로 가겠습니다. 3년 전 파포스를 떠날 때 그곳 사람들에게 꼭 다시 오겠다고 약속한 것이 늘 마음에 걸렸었는데 저는 마르코스와 함께 키프로스로 가지요."

마르코스의 동의도 받지 않은 채 외삼촌은 그렇게 말해 버렸다. 안티오키아 교회의 할례 논쟁은 해결이 되었으나 가장 친했던 바나바와 파울루스의 전도 여행은 서로 다른 지역을 택하여 결국 갈라서게 되었던 것이다.

마르코스 요안네스

"외삼촌, 제발 저를 좀 놓아 주세요."

살라미스로 가는 배에서 마르코스는 끈질기게 외삼촌 바나바를 설득했다. 그러나 외삼촌은 오히려 그를 설득하려 들었다.

"마르코스, 네 친구 게메로스가 아직 파포스에 있지?"

"그렇습니다."

"그 친구는 아직도 마술의 미혹에서 벗어나지 못하고 있다던데."

"오랫동안 배운 것이니까요."

"네 말에 의하면 게메로스와 함께 엘루마의 문하였던 마술사 시몬이 예수 대신에 온 메시야라고 자칭한다면서?"

"그렇습니다."

"시몬에게는 시모니아누스라는 추종자들이 있다고 들었다."

"그렇다고 하더군요."

"마귀가 인간을 속이는 상투적 수법은 사람의 눈에 환각을 일으켜 중요하지 않은 것을 크게 보이게 하고 정말로 중요한 것을 못 보게 하는 것이야. 마술사 시몬의 거짓말은 앞으로 수많은 사람들을 시모니아누스로 만들겠지."

"그럴 것입니다."

"아마도 그것은 주님의 가장 큰 대적이 될 수도 있어."

그것은 사실이었다. 철학이나 수학은 소수의 지식인들에게 주목을 받고 있지만 곡마단의 공연과 인기는 지식의 많고 적음이나 지위의 높고 낮음을 떠나 감동과 흥미를 추구하는 거의 모든 사람들의 마음속에 파고들어 그것을 조종하는 가장 효과적인 권력이었다.

"그럴 수도 있겠군요."

거기까지 말하고 외삼촌의 어조는 갑자기 위압적으로 바뀌었다.

"그런데도 지금 네 친구는 주님의 반대편에 서 있어."

"외삼촌, 그것은……"

"그가 강의를 하고 있을 뿐이라고?"

"그렇습니다. 단지 수학과 기구학을 강의하고 있거든요."

"내가 알아보니 엘루마 학당의 수학은 사람을 현혹하는 수비학이고, 그들의 기구학은 마술 장치를 만드는데 필요한 것이더구나. 네 친구 게메로스는 이미 마귀의 조교가 되어 마귀의 제자들을 길러내고 있어."

"학문이 다 속임수는 아닌데요."

"마르코스, 네 집 다락방에서 주님이 유월절 식사를 하셨고, 그 자리에서 성령이 강림하셨어. 그런데 너는 네 친구가 마귀의 미혹에 빠져 지옥 길로 가고 있는데 그저 장사에만 매달려 있을 셈이냐?"

역시 외삼촌의 결론은 그것이었다. 그리고 외삼촌이 한번 마음을 먹으면 어떤 말로도 설득하기가 어려운 것을 마르코스도 알고 있었다. 그는 다시 빠져나갈 길을 찾아야 했다. 무엇으로 외삼촌의 논리에서 벗어날까 궁리하다가 문득 한 가지 생각이 떠올랐다.

"그런데 외삼촌."

"왜?"

"사실 저는 성령께서 어떤 일을 원하시는지 아직 지시를 못 받았거든요."

"응답이 없을 땐 일단 시작을 하면서 뜻을 묻는 거야."

"그래서 말씀인데……"

"무슨 말이야?"

"저는 이왕이면 게바님을 따라가 보고 싶습니다."

"왜?"

"게바님께서 바벨론에 가신 것에 의미가 있다고 봅니다. 바벨론은 우리 선조들이 끌려가 고난을 당한 땅이거든요."

"원수의 땅에 무슨 의미가 있단 말이냐?"

"예수께서는 원수를 사랑하라고 말씀하셨으니까요."

외삼촌이 파울루스와 다툴 때 예수의 말씀을 인용했던 것처럼 마르코스가 갑자기 같은 방법으로 말을 하자 외삼촌은 잠시 멈칫했다. 기회를 잡은 마르코스에게 이제 필요한 것은 외삼촌을 혼자 남겨 놓고 떠나는 것에 대한 면책을 위해 대안을 제시하는 것이었다.

"그런데 외삼촌, 파울루스님은 남부 갈라티아 지역으로 다시 가신다고 했는데 물론 루스트라에도 가시겠지요?"

"개척한 교회들을 둘러보겠다고 했으니 물론 가시겠지."

"파울루스님과 외삼촌이 루스트라에 계실 때 어떤 헬라인의 집에서 묵으셨다고 하더군요."

외삼촌이 고개를 끄덕였다.

"그 부인이 유니케라는 이름의 유대인이었어."

유대인이라도 그녀는 헬라식 이름을 쓰고 있었던 것 같았다.

"제가 듣기로는 그 댁에 티모데오스라는 아들이 있었는데 그가 믿음이 있고 아주 명석하여 파울루스님의 마음에 들었던 모양이더군요. 그 젊은이에 관한 이야기를 여러 번 하시는 것으로 보아, 이번에 가시면 필시 그 젊은이를 제자로 삼아 데리고 다니실 것 같다고 사람들이 말하던데요."

"그럴지도 모르지."

"그 이야기를 들으니까 문득 생각나는 것이 있어서요."

"뭐가?"

"우리가 3년 전에 파포스에서 묵었던 곳이 레아님 집이었지요?"

외삼촌이 고개를 끄덕였다.

"그랬었지."

"레아님의 신심도 대단했지만 그 아들 이피스가 매우 명석하고 믿음이 있어보였지요. 티모데오스라는 젊은이의 이야기를 들으면서 그가 생각나더라구요."

외삼촌도 그 때의 생각을 떠올리며 감회에 잠기고 있었다.

"좋은 인상이었어."

"잘 기르면 좋은 일꾼이 되겠더군요."

외삼촌은 잠시 입을 다물고 있었다. 티모데오스와 이피스의 기이한 공통점이 외삼촌의 마음을 사로잡고 있는 것 같았다. 안티오키아의 큰 일꾼인 파울루스와 바나바에게는 젊은 후계자가 필요했다. 파울루스가 유니케의 아들 티모데오스를 제자로 삼는다면 바나바는 레아의 아들 이피스에게 같은 기대를 걸 수도 있었다. 마르코스의 그런 암시에는 효과가 있었다.

"마르코스."

"네, 외삼촌."

"게바님을 따라가고 싶으냐?"

마르코스가 기회를 놓지지 않고 말했다.

"그렇게 하면서 하나님의 뜻을 묻고 싶습니다."

그 말은 마르코스가 다시 도망칠 길을 만들어 놓으려는 안전장치였다. 게바를 따라가지 못하게 되었을 때 왜 그랬느냐고 물으면 하나님의 뜻이 아니었던 것 같다고 핑계를 댈 수가 있기 때문이었다.

"네 생각이 정 그렇다면……"

살라미스에서 내려 셀류기아로 되돌아가 바벨론으로 가라는 외삼촌의 말이 미처 다 끝나기도 전에 마르코스가 얼른 대답했다.

"외삼촌, 고맙습니다."

마르코스 요안네스

 새로운 지역을 찾아갈 때에는 언제나 흥분과 긴장이 있게 마련이었으나 특히 바벨론으로 갈 것을 준비하는 마르코스는 다소 들떠 있었다. 655년 전에는 다니엘이 바벨론으로 잡혀갔고 그 8년 후에는 에스겔이 끌려갔다. 다니엘은 후일 바벨론의 총리가 되었고, 에스겔은 함께 끌려간 동포들에게 소망을 전했다. 게바가 왜 그리로 가고 싶어 했는지 알 것 같았다.
 "자료들을 다 챙겼습니까?"
 그가 묻자 사환 나나와 함께 짐을 챙기고 있던 율리아가 대답했다.
 "네. 혹시 몰라서 선물용 견본들도 준비했어요."
 새로운 지역에 가서 낯선 사람들을 만나려면 선물도 많이 필요했다.
 "상회 일을 잘 부탁해요."
 어쩐지 이번 여행길은 좀 오래 걸릴 것 같은 생각이 들었다.
 "당분간 특별한 위기는 없을 것 같으니 걱정 마세요."

"베네토 건설 자금도 유의하세요."

요아스가 현지 실사를 위해 베네토로 간 것은 5년 전이었고 요나단과 요셉이 나사렛 사람들을 이끌고 그곳에 간 것은 한 해 전이었다.

"네, 곧 3차 송금을 계획하고 있어요."

"파울루스님과 외삼촌의 행방을 추적하며 생활비도 챙겨 주시고."

"그럴게요."

활기찬 태도로 대답을 하고 있었으나 율리아의 눈빛에는 파란 하늘에 구름이 지나가듯 얼핏 하얀 그늘이 지나가고 있었다. 문이 열리더니 피데스의 크라투스가 들어서며 물었다.

"별도의 경호원은 필요 없겠습니까?"

"혼자 가는 것이 홀가분하지."

율리아가 허전하게 웃으며 말했다.

"언제나 홀가분한 것을 좋아하시는 것이 바로 대표님의 문제점이죠."

그 말을 들으며 마르코스의 마음에 찔리는 것이 있었다. 홀가분하게 돌아다니는 것을 좋아하니까 37살이 되도록 결혼도 못하지 않았느냐는 말로 들린 것이다. 그러고 보니 율리아를 만난 지도 벌써 10년이 넘었다.

"율리아, 다음 출장에는 같이 한번 가는 것도 좋겠지요?"

그녀가 방그레 웃으며 대답했다.

"내일 일은 내일 염려하라고 주님께서 말씀하셨어요."

마르코스 요안네스

수리아 북쪽의 작은 토후국 에메사에 들어서면서 마르코스는 마술사 시몬의 동향부터 알아보았다. 그가 짐작했던 대로 시몬은 거의 매일 왕궁에 들어가 거기서 살다시피 하고 있었다. 아시수스 왕과 그의 어린 왕비를 위해 마술 공연을 해 준다는 명목이었으나 점술과 예언으로 국정을 도와주고 그들의 건강을 위해 비법을 시술해 준다는 것이었다.

"마술사 시몬의 집이 이 거리에 있습니까?"

"아, 시몬 마구스의 집요?"

팔미라에서 시몬은 왕보다 더 유명했다.

"동쪽 끝에 있는 하얀 집이에요."

"고맙습니다."

시몬의 집은 왕궁처럼 넓었고 신전처럼 위압적이었다. 그의 요설에 빠진 아시수스 왕이 큰 집을 제공해 준 것 같았다.

"시몬 마구스를 뵈러 왔습니다."

정문을 지키고 있는 경비원에게 마르코스가 말했다.

"지금 안 계신데요."

그가 집에 없는 것은 이미 알고 온 터였다.

"그러면 부인에게라도 알려 주십시오."

"실례지만 누구십니까?"

"이드란 상회의 대표 마르코스 요안네스입니다."

시몬이 헬레나에게 혹시라도 마르코스가 찾아오면 만나 주지 말라고 일러두었을 수도 있었다. 그러나 뜻밖에도 안에 연락을 취해본 경비원이 문을 열었다.

"정원을 지나 왼쪽으로 돌면 현관이 있습니다."

"고맙소."

그는 말에서 내려 미리 준비해온 선물 상자를 꺼내들고 안으로 들어섰다. 정원을 지나 현관 쪽으로 돌아서니 이미 헬레나가 현관에 나와 있었다. 20년 전에 알렉산드리아로 갈 때만 해도 귀엽고 예뻤던 얼굴이 많이 달라져 있었다.

"시몬은 왕궁에 들어간 모양이죠?"

현관에 들어서며 마르코스가 묻자 헬레나가 건성으로 대답했다.

"늘 들어가니까요."

자리에 앉자 그녀는 소향차를 따라주었다.

"여전히 아름답군요."

인사삼아 한 것이나 헬레나는 그런 말을 오래간만에 들어보는 모양이었다.

"그동안 이렇게 늙어버렸는걸."

"아니, 지금이야말로 활짝 핀 전성기가 아닌가요?"

헬레나는 가볍게 한숨을 쉬었다.

"전성기면 뭘 해. 이렇게 집안에 갇혀 지내는데."

"요즘은 함께 공연하지 않나요?"

헬레나가 고개를 저었다.

"무대에 함께 출연하는 도우미는 시몬이 젊은 애들로 다 바꿨거든."

마르코스가 짐짓 안타깝다는 얼굴로 말했다.

"아니, 이렇게 아름다운 여인을 두고."

그는 기회를 놓치지 않고 선물 상자를 내밀었다.

"오래간만에 미인을 만나러 오는데 빈손으로 올 수가 없어서 준비했지요."

그녀는 선물을 받는 것도 오래간만인 것 같았다. 가슴에 손을 대더니 조심스럽게 상자를 열었다. 백금으로 조각한 장식에 커다란 홍보석을 물리고 녹옥으로 두른 목걸이가 화사한 빛을 내뿜고 있었다.

"어머……"

"마음에 들어요?"

"네, 예뻐요."

그는 일어서서 헬레나의 하얀 목에 그것을 걸어 주었다.

"역시 보석은 제 임자를 만나야 본래의 빛을 발하는 것 같군요."

"정말 고마워요."

"미인을 돋보이게 하는 것이 내 취미거든요."

헬레나의 눈빛이 반짝거리더니 그를 바라보며 물었다.

"그런데 마르코스, 왜 아직도 결혼을 안해요?"

그는 일부러 한 번 더 빈 말을 했다.

"세상에서 가장 아름다운 여자가 이미 다른 사람에게로 가버렸거든요."

헬레나가 눈을 크게 뜨며 물었다.

"네? 그게 누군데요?"

"그 여자가 지금 내 눈 앞에 있네요."

그것이 무슨 말인지 알아들은 헬레나가 달아오르는 두 뺨을 손으로 가렸다.

"어머, 무슨 그런 농담을."

그러면서도 살짝 들뜬 헬레나가 얼른 화제를 바꿨다.

"참, 게메로스도 여자가 생겼다죠?"

그녀는 게메로스와 눈을 맞춘 사이였다가 시몬에게로 옮겨갔던 것이다.

"네. 니오베라는 여자에게 장가들어 벌써 아이를 둘이나 낳았지요."

"아폴로스라는 친구도 있었는데."

"그 친구는 아직도 아테네에 가 있구요."

마르코스는 이야기가 장황하게 흩어지지 않도록 자신이 원하는 쪽으로 화제를 몰아갔다.

"시몬은 늘 공연 때문에 왕궁에 들어가나요?"

"왕과 왕비에게 건강의 비법을 가르쳐 주기도 하고."

"어떤 비법이죠?"

헬레나가 다시 얼굴에 홍조를 띠며 웃었다.

"침실에서의 비법 같은 거겠죠."

"아하……"

마르코스도 짐짓 얼굴을 붉히며 따라 웃다가 다시 물었다.

"그것 뿐인가요?"

"진짜 목적은 드루실라 왕비를 꾀는 거죠."

"꾀다니요? 시몬이 왕비에게 흑심을 품고 있단 말입니까?"

"아뇨, 실은 카이사랴의 펠릭스 총독에게서 부탁을 받았대요. 드루실라 왕비가 아시수스 왕을 버리고 자기에게 오도록 설득해 달라구요."

"어허, 그게 될까요?"

"시몬이 늘 하는 수법이 있지요. 아시수스 왕과 계속 살면 흉한 일이 생기고 일찍 죽는다…… 펠릭스 총독은 너와 결혼하기 위해 태어난 사람이다, 신이 정해 준 너의 짝이고, 장차 로마에서 큰 인물이 될 사람이라고 꾀는 거죠."

"저런."

"내가 보기엔 드루실라 왕비는 곧 카이사랴로 돌아갈 것 같아요."

"허어……"

마르코스는 고개를 끄덕이고 있다가 다른 것을 물었다.

"게메로스가 말하기를 시몬이 가장 아끼는 책이 있다고 들었는데 그게 뭐지요?"

"아, 피타고라스의 마술 비전요?"

오래간만에 만난 어릴 적 친구인데다 마음에 드는 선물까지 받은 터여서 그녀는 숨길 것이 없다는 듯 다 말해버렸다.

"바로 그것이었구나."

그는 궁금한 것이 풀렸다는 듯 말하다가 다시 물었다.

"시몬은 그걸 집에 두고 다닙니까?"

"아뇨, 은밀한 곳에 숨겨 두었어요. 시몬은 이미 그걸 다 봤거든요."

"은밀한 곳이라면?"

"크레타……"

헬레나는 거기까지 말하다가 얼른 손으로 제 입을 막았다. 더 이상은 말하면 안되는 모양이었다. 마르코스는 더 이상 묻지 않고 몇 가지 잡담을 더 나누다가 자리에서 일어섰다.

"시몬을 만나지 않고 가려구요?"

"실은 시몬보다 당신이 보고 싶어 왔거든요. 아무래도 시몬이 오기 전에 가는 것이 좋을 것 같군요."

"왜요?"

"그가 혹시 총각 마르코스에게 질투를 할지도 모르니까. 내가 왜 왔었느냐고 물으면 그냥 지나가는 길에 들렀다가 인사만 한 후 갔다고 하세요."

"질투하면 뭐 어때서요?"

헬레나는 제법 외로운 모양이었다. 그녀가 언젠가는 또 도움이 될 수도 있겠다는 생각에 조금 더 연결의 끈을 만들어 놓았다.

"시몬이 당신을 계속 외롭게 만든다면 내가 가만히 있지 않을 겁니다."

"가만히 있지 않는다면?"

"나는 외로운 여자를 보면 가슴이 뜨거워지거든요."

마르코스 요안네스

아라랏 산 아래서 발원하여 타우루스 산맥의 기슭을 따라 서쪽으로 흐르다가 갈그미스에서 방향을 바꾼 유프라테스 강은 하란에서 흘러내리는 발리 강과 고잔 쪽에서 내려오는 하볼 강을 아우르면서 동남쪽을 향해 흘러내리고 있었다. 아브라함 시대에 딥사가 있던 곳에서 유프라테스를 만난 마르코스는 강을 따라 옛 마리와 아낫 지역을 향해 말을 몰고 있었다.

"다니엘과 에스겔이 끌려갔던 길이로군."

왕실의 소년 다니엘과 그 친구들이 끌려가고 에스겔과 유다 백성들이 잡혀갈 때에는 예루살렘에서 사마리아와 갈릴리를 지나 다메섹을 거쳤고 거기서 다드몰을 지나 마리에서 유프라테스 강과 만났던 것이다. 에메사에서 출발한 마르코스는 그 마리를 지나 그 때의 길을 내려갔다.

"우리가 바벨론의 여러 강변 거기 앉아서 시온을 기억하며 울었도다……."

시편에 남아 있는 그 노래를 흥얼거리며 투둘을 지나고 네할

데아를 지나자 바벨론의 거대한 두 신전탑이 보였다. 바벨로니아의 도성인 바벨론은 유프라테스 강이 니느웨 쪽에서 내려오는 또 하나의 큰 강 티그리스와 차츰 거리를 좁히다가 가장 가까워지는 자리에 있었다.

"유대 사람들은 예루살렘이 가장 큰 성인 줄 알았을 텐데"

아다드 성문을 지나 일곱 개의 교각 위에 건설된 대교를 건너 2백 규빗이 넘는 두 신전탑 아래로 걸어들어갈 때 그들이 어떠했을지 짐작할 수 있었다. 두 신전탑은 말둑 신과 나부 신을 위해 세운 것이었다.

"아마도 놀라서 기절했을 거야."

특히 묶여온 포로들을 이끌고 개선 행진을 하던 행렬로의 양쪽에는 청색 유약을 칠해 구워낸 벽돌로 만든 화려한 장식벽이 있고 그 벽에는 수많은 용과 사자의 모습들이 조각되어 있었다. 여러 신상들 사이를 지나 북쪽 성채를 향해 가던 그는 광장에 모여 있는 많은 사람들을 보았다.

"무슨 일이지?"

사람들 앞에서 긴 삼베옷을 걸친 맨발의 사내가 말을 하고 있었다.

"태어나는 것도 없고 죽는 것도 없느니라."

그의 목소리는 제법 위엄이 있었다.

"다만 그렇게 보일 뿐이로다."

그는 뭔가 주문을 외우는 것 같았다.

"저 사람이 누구지요?"

모여 있는 사람들 중의 하나에게 묻자 그가 이상하다는 듯 마르코스의 행색을 살펴보더니 말했다.

"아폴로니오스를 모르시오?"

"저 사람이 티아나의 아폴로니오스입니까?"

"그렇다오."

그가 바로 흑마술의 대부라는 티아나의 아폴로니오스였던 것이다. 그는 계속해서 주문을 외우듯이 중얼거렸다.

"태어나는 것도 없고 죽는 것도 없으니 다만 그렇게 보일 뿐이로다. 나타난 것은 사라지고 사라진 것은 다시 나타나매 모든 것이 수레바퀴처럼 돌고 있도다. 슬퍼하지 말라, 나타날 것이요, 기뻐하지 말라, 사라질 것이니라."

그것은 마치 솔로몬의 코헬렛, 즉 전도서에 나오는 구절들을 읽는 것과 비슷한 느낌이었다. 전도서에도 그와 유사한 대목이 있었던 것이다.

"이미 있었던 것이 후에 다시 있겠고, 이미 한 일을 후에 다시 할지라. 해 아래는 새것이 없나니, 무엇을 가리켜 이르기를 보라, 새 것이라 할 것이 있으랴. 우리 오래 전 세대에도 이미 있었느니라."

솔로몬의 전도서는 하나님을 떠나 타락한 인간이 새로운 것을 찾으려고 애를 쓰나 결국 죄와 타락을 반복할 뿐이라고 교훈하는 글이었다. 그러나 가나안 사람들은 그것을 담무스의 신화와 뒤섞어 윤회설로 만들었고 힌두스 사람들도 그렇게 받아들였던 것이다. 힌두스에 가서 마법의 반지를 받아왔다는 티아나의 아폴로니오스도 사람들에게 그것을 말하고 있었다.

"내 아들을 구해 주소서."

한 사람이 앞으로 나서며 아폴로니오스에게 애원을 했다.

"무슨 일인가?"

"내 아들이 나면서부터 사지가 마비되어 움직이지를 못합니다."

"그대는 내가 아이를 고쳐 주리라고 믿는가?"

"네, 믿습니다."

"그를 내게로 데려오라."

그러자 두 사내가 들것에 담아 온 아이를 내려놓았다. 아비의 말대로 아이는 땅바닥에 무기력하게 쏟아졌다. 아폴로니오스가 다가가서 아이의 팔과 다리를 잡았다가 놓자 그대로 털썩 떨어질 뿐이었다. 아폴로니오스는 하늘을 바라보며 뭔가 주문을 외우더니 아이를 향해 외쳤다.

"악귀는 물러갈지어다."

그러자 아이가 고개를 돌려 아폴로니오스를 바라보더니 팔과 다리를 움직이기 시작했다. 그리고 손과 발로 땅을 짚고 몸을 일으키자 사람들이 손뼉을 치며 일제히 환호했다. 그러자 아이는 벌떡 일어나 아폴로니오스에게 넙죽 절을 했다. 그것을 보며 마르코스가 고개를 갸웃거렸다.

"이건, 나사렛 예수가 한 일과 비슷하지 않은가?"

게바와 요한과 야고보를 데리고 헬몬산에 올랐던 예수가 하산했을 때 카이사랴 필립피의 많은 사람들이 모여 있었고 한 사람이 그 아들을 살려달라고 호소한 적이 있었다. 그의 아들은 나서부터 간질에 걸려서 잦은 발작으로 고생하는 중이었다. 예수는 그 아이에게서 귀신을 쫓아내어 낫게 했던 것이다. 그러나 아폴로니오스의 경우에는 그와 다른 점이 드러났다.

"당신은 사기꾼이야."

엎드려 절을 하던 아이가 갑자기 일어서며 소리쳤다. 그는 손가락으로 아폴로니오스를 가리키며 큰 소리로 떠들었다.

"당신은 수하들을 시켜 나를 돈으로 매수했어. 나는 나면서부터 사지가 마비된 것이 아니라 본래 이렇게 멀쩡했거든."

그는 품속에서 주머니 하나를 꺼냈다.

"아폴로니오스, 당신과 당신의 돈이 함께 망할지어다."

아이가 주머니 속에서 무엇인가를 한 움큼을 꺼내더니 아폴로니오스를 향해 던졌다. 그것은 모두 금화였고 엄청난 액수였다. 사람들이 금화를 줍기 위해 일제히 달려들어 광장에 큰 소동이 벌어졌다. 아폴로니오스는 나사렛 예수를 모방하려고 무리한 일을 꾸몄다가 들통이 난 것이었다.

"처음부터 나사렛 예수를 모방하려고 애를 쓰더니."

그렇게 말하는 사람들도 있었다. 나사렛 예수가 처녀에게서 태어났다고 하니까, 자신도 그 모친이 처녀일 때 바다의 노인 프로테우스와 통정하는 꿈을 꾸고 자신을 임신했다고 퍼뜨렸던 것이다.

"거짓을 말할 때마다 제 것으로 말하나니"

나사렛 예수가 경고했던 일이 온 세상에서 벌어지고 있었다. 광장에 모였던 사람들이 금화를 주우려고 소동을 벌이는 동안 아이의 아버지로 가장했던 사내와 그 패거리들이 아이를 잡으려고 달려들었다.

"저 놈을 잡아라."

아이의 발은 매우 빨랐다. 그러나 사방에서 달려드는 자들에게 얼마 못가 덜미를 잡힐 것 같았다. 그들에게 끌려가면 목숨을 잃을 것이 뻔했다. 마르코스는 우선 복면을 한 후 말의 배를 차며 그들 사이로 달려들어가 아이에게 소리쳤다.

"날 잡아라."

아이의 동작은 매우 빨랐다. 날쌔게 뛰어오른 아이를 앞자리에 태운 채 말은 행렬로를 따라 힘차게 달려 남쪽의 에놀 성문에 이르렀다. 뒤에 따라오는 자들이 없는 것을 확인하고 그는 비로소 말을 천천히 몰았다.

"왜 그런 일을 했나?"

"그가 사기꾼임을 폭로하려고 오랫동안 별렀거든요."

성문을 나서서 강을 따라 좀 더 내려가다가 마르코스는 아이와 함께 말에서 내려 강변에 앉았다.

"쉽지 않았을텐데."

"그의 제자들을 오래 따라다니며 마술을 배웠지요."

그렇게 해서 자신을 믿게 했다는 것이었다.

"그런데 왜?"

"마술은 재미있었으나 마법으로 사람을 속이는 것은 참을 수 없었지요."

마법의 발상지라는 바벨론에서 그 말은 뜻밖이었다.

"속이면 안 된다는 것은 어디서 배웠어?"

그러자 아이가 그를 바라보며 물었다.

"아저씨는 어디서 온 분이세요?"

"내 이름은 마르코스 요안네스이고 유대인이다."

"아……"

아이는 비로소 안심을 한 듯 말했다.

"사실은 우리 집이 선조 때부터 여호와 하나님을 믿었거든요."

"그럼 너도 유대인이냐?"

"아뇨, 우리 집안의 선조가 느부갓네살 시대의 시위대 장관이었어요."

마르코스가 깜짝 놀라며 물었다.

"그럼 아리오크?"

그는 유대인이라면 다 아는 유명한 사건에 관계되어 있었다. 바벨론 왕 느부갓네살이 이상한 꿈을 꾸고 바벨론의 박수와 술객과 점술가를 다 불러 자기 꿈을 해석하라 명했으나 꿈의 내용을 말해주지 않으므로 아무도 답하는 자가 없었다. 왕이 시위대 장관 아리오크에게 그들을 다 죽이라고 했으나 다니엘이 말미를 얻어 기도한 후 들어가 그것을 해석했다.

"네 맞았어요. 그 이후로 시위대 장관 아리오크는 다니엘에게 그 꿈의 내용과 해석을 알려준 여호와 하나님을 믿게 되었고, 자손들에게도 대대로 하나님에 대한 신앙을 잊지 말라고 당부했지요."

"그 꿈의 내용을 너도 알고 있느냐?"

"그럼요. 느부갓네살 왕은 꿈에 큰 신상을 보았는데 머리는 금이고 가슴과 두 팔은 은이며 배는 놋, 종아리는 철이었대요. 손대지 않은 한 돌이 날아와 철과 진흙이 섞인 발과 발가락을 치니 신상이 무너져 다 사라지고 돌은 태산을 이루었다더군요."

"그 해석도 알고 있어?"

"다니엘은 금의 머리가 바벨론이고, 그 후에 페르시아와 메디아가 일어날 것이며 다시 놋의 나라인 헬라와 철의 나라 로마가 일어나게 되나 하나님이 그것들을 치고 영원한 나라를 세우시리라고 해석했다더군요."

아이아 다니엘서의 내용을 정확히 알고 있는 것으로 보아 유대 경전에 대한 교육을 제대로 받은 것 같았다.

"그러면 네 이름은 무엇이냐?"

아이가 서슴지 않고 자랑스럽게 대답했다.

"아리오크."

"네 조상의 이름이 아리오크라더니?"

"아버지가 제 이름을 그렇게 지어 주셨어요. 네 조상 아리오크님의 믿음을 잃지 말라구요."

"네 아버지는 살아 계셔?"

"아버지가 돌아가셔서 아멜 삼촌이 저를 길러 주셨답니다."

"네가 아폴로니오스에게 대들어서 네 가족이 위험하지는 않을까?"

어디를 가나 마술사들의 조직이 강력한데 더구나 마술사의 대부로 일컬어지는 아폴로니우스의 세력은 대단할 것이었다.

"제가 마술을 배우러 들어갈 때 수마라는 이름을 썼고 고아라 했으니 괜찮을 거예요. 그리고 아멜 삼촌은 총독의 경호대장이거든요."

바벨론은 파르티아 총독의 관할지였다.

"유대인의 회당은 어디 있지?"

"바벨론 성 안에도 있지만 여기서 조금 더 가면 '고센' 이라는 유대인 마을이 있는데 거기도 회당이 있어요."

지난날 야곱의 자손들이 애굽에 내려가 살던 곳도 고센 땅이었다.

"성 안의 회당과 성 밖의 회당은 어떻게 다른데?"

"페르시아 왕 고레스의 호의로 유대인들이 돌아갈 때 가지 않고 남은 사람들이 있었어요. 주로 바벨론에서 장사에 성공한 사람들이었죠. 그 사람들이 성 안의 회당에서 모이고 있지요."

"그러면 고센 사람들은?"

"대개가 크리스티아누스들이에요."

"여기도 나사렛 예수를 믿는 사람들이 많이 있는 모양이지?"

"그럼요. 저도 크리스티아누스인데요."

"혹시, 게바라는 분을 아느냐?"

아이는 처음 듣는다는 듯이 고개를 갸웃거렸다. 이상한 일이었다. 바벨론의 크리스티아누스라면 게바를 모를 리가 없었던 것이다.

"그러면 고센 회당에서 말씀을 가르치는 분은 누구인데?"

"페트로스요."

마르코스는 눈을 크게 떴다. 안티오키아에서 유대인 형제들이 파울루스가 로마식 이름을 쓴다고 힐난했을 때 게바는 자기도 페트로스라는 이름을 쓰겠다고 대꾸한 적이 있었던 것이다. 그제서야 아이가 아폴로니우스를 저주할 때 당신과 당신이 돈이 함께 망하라던 말이 생각났다. 그것은 세베스테에서 게바가 마술사 시몬을 저주할 때 했던 말과 같은 것이었다.

마르코스 요안네스

"오, 마르코스. 자네가 어쩐 일인가?"
고센 마을의 회당에서 아이들을 가르치고 있던 게바가 일어서며 그를 맞았다. 마르코스가 그를 마주 포옹하며 대답했다.
"바벨론에도 장사할 일이 있는가 하여 왔습니다."
"사람들이 사는 곳이라면 어디나 장사할 일이 있겠지."
그는 아이들에게 마르코스를 소개했다.
"애들아, 내가 주님께서 마지막으로 식사하신 다락방 이야기를 했었지?"
아이들이 일제히 대답했다.
"네."
"그 다락방이 바로 이 아저씨네 집이었단다."
"아저씨 이름이 뭔데요?"
"마르코스 요안네스."
"우와……"
아이들은 벌써 그의 이름을 알고 있었는지 작은 손으로 손뼉을 치며 그를 환영했다. 게바가 그에게 물었다.

"그런데, 아리오크와는 어떻게 만났지?"

마르코스가 아리오크를 한번 바라보더니 페트로스의 귀에 대고 말했다.

"이 아이가 큰 사고를 쳤거든요."

"뭐라구?"

게바는 아이들에게 잠시 쉬자고 말한 후 마르코스와 함께 자신의 숙소로 자리를 옮겼다.

"아리오크가 무슨 사고를 쳤는데?"

마르코스가 성안 광장에서 있었던 일을 다 설명하자 게바가 빙그레 웃었다.

"그 아이가 좀 맹랑하지만, 영리하고 담대한 녀석이야."

"그렇더군요. 어쨌거나 아폴로니오스의 세력이 만만치 않을 텐데 저렇게 건드려 놓았으니 그들이 가만히 있지 않을 것 같습니다."

"얼굴을 기억하고 있으니 언젠가는 찾아내겠지."

그러나 게바는 별로 걱정하지 않는 눈치였다. 세바스테에서 마술사 시몬을 만나 꾸짖어 물리친 적도 있고 하나님을 대적하는 자들에게는 겁내거나 피할 것이 없다는 생각인 것 같았다.

"아리오크에게 혹시 게바님을 아느냐고 물어보니까 모른다고 하더군요."

"아, 페트로스라는 이름을 쓰기로 했으니까."

"저도 앞으로 그렇게 부르겠습니다."

"그러게나."

페트로스는 우선 아리오크를 불러서 당분간 밖에 나다니지 말고 자신의 은신처에 숨어 있으라고 일렀다. 그러나 페트로스가 언젠가는 찾아낼 것이라고 하던 상황은 좀더 일찍 닥쳐오고 있었다. 바로 그날 해가 꽤 기울었을 때 아리오크의 아버지로 가장했던 자가 고센 마을로 게바를 찾아왔던 것이다.

"페트로스, 할 말이 있으니 나오시오."

밖으로 나선 페트로스가 그를 알아보았다.

"아니, 당신은 아폴로니오스의 제자 다미스가 아니오?"

그는 무장한 사내들 십여 명을 거느리고 와 있었다. 페트로스가 자신을 알아보는데도 아랑곳하지 않고 그는 자기가 할 말을 먼저 했다.

"수마라는 아이를 잡으러 왔으니 내놓으시오."

"그런 아이를 모르는데, 무슨 일이오?"

"그 놈이 우리 스승님을 심하게 모욕하고 도망쳤소. 우리가 다 알고 왔으니 어서 내놓으시오."

"그런 이름을 가진 아이는 이 고센 마을에 없소."

아폴로니우스의 세력이 크기 때문에 바벨론 일대의 주민들에 대한 정보는 상당히 파악하고 있을 것이었다. 그들이 우선 수소문한 쪽은 아폴로니오스와 마술사 조직을 불편하게 여기는 외래인들이었을 것이다. 그 대상은 성 안의 유대인, 헬라인들과 성 밖의 크리스티아누스 주민들인데 성 안의 헬라인, 유대인 세력은 마술사 조직과 가까운 관계를 유지하고 있었다.

"페트로스."

다미스가 단호하게 말했다.

"내일 정오까지 말미를 주겠소. 그 아이 수마를 내놓지 않으면 고센 마을을 모두 불질러 버리겠소. 그런 일을 당하지 않으려면 아이를 내놓거나 아니면 내일 정오에 성 안의 나부 광장으로 나와 우리 스승님과 담판을 하시오."

다미스가 온 목적은 아이를 잡는 것보다 페트로스를 광장으로 끌어내려는 것인 모양이었다. 많은 사람들이 보는 앞에서 아폴로니우스의 수준 높은 마술로 페트로스를 망신 주려는 것이 분명했다. 그가 돌아간 후에 마르코스가 물었다.

"저들과 만나려면 경호할 인원이 좀 필요하지 않을까요?"

마르코스가 묻자 페트로스가 고개를 저었다.

"성령께서 할 일을 일러 주시겠지."

그러나 준비할 일은 해 놓아야 할 것 같았다.

"저, 페트로스님. 제가 잠시 다녀올 데가 있어서."

"왜?"

"장사를 하려면 많은 사람을 미리 알아 놓아야 하거든요."

그는 페트로스에게 그렇게 말해 놓고 나서 다시 성 안을 향해 말을 달렸다. 성문을 들어서자마자 그는 총독궁으로 향했다. 우선 아리오크의 삼촌이라는 아멜 경호대장을 만나는 일이 급했다.

"누구십니까?"

총독궁의 경비원이 신분을 묻자 그가 말했다.

"이드란 상회의 대표인 마르코스 요안네스가 아멜 경호대장을 만나러 왔다고 전해 주시오."

그가 바벨론에 온 것은 처음이나 이드란 상회는 이미 바벨론 쪽에도 상당한 거래를 하고 있기 때문에 그 이름이 알려져 있을 것이었다. 잠시 기다리자 아멜 경호대장의 부관이 정문으로 나왔다.

"저는 아멜 대장의 부관 실루아노스입니다. 무슨 일이시죠?"

"몇 가지 의논드릴 일이 있어서 왔습니다."

"따라 오십시오."

실루아노스의 안내로 접견실에 들어간 마르코스가 잠시 기다리자 경호대장 아멜이 나왔다. 아리오크의 말대로라면 그도 크리스티아누스일 것이었다.

"이드란 상회는 지금까지 바벨론에 지점이나 대리점이 없이 여러 중개상들과 직접 거래를 해 왔습니다만 앞으로 지점을 개설하려 합니다. 이곳에 관한 정보가 빈약하여 어떤 사람들을 믿고 접촉해야 좋을지 추천을 받고 싶습니다."

"그것뿐입니까?"

"그리고 여러 나라와 교역하는 상인은 어느 곳에서든 유력한 인사 또는 관료들과도 친분 관계를 유지해 두어야 하는데 그런 일에 대한 자문도 부탁드립니다. 이드란 상회는 늘 진출한 지역의 발전에도 기여하는 것을 원칙으로 하고 있습니다. 총독 각하와도 한번 뵐 기회를 만들어 주십시오."

"잘 알겠습니다."

새로운 시장을 개척하기 위해 필요한 여러 가지 정보들을 아멜 경호대장에게 부탁하고 난 후에 그가 말했다.

"사적인 부탁을 하나 드려도 되겠습니까?"

"말씀하시지요."

"이곳에 출장 온 김에 제가 고센 마을의 페트로스님을 만나뵈었습니다만."

아멜이 깜짝 놀라며 그를 바라보았다.

"그분을 잘 아시나요?"

"네, 그렇습니다."

"그러면 대표께서도 역시?"

크리스티아누스냐는 물음이었다.

"나사렛 예수께서 그 제자들과 마지막 식사를 저의 집에서 하셨지요."

아멜이 더욱 놀라며 다시 물었다.

"그러면 대표께서 바로 그……?"

"네, 제가 그 마르코스 요안네스입니다."

아멜의 감동이 더 길어지면 용건을 다 말하기 어려울 것 같아서 마르코스는 얼른 다음 화제로 넘어갔다.

"대장님께 아리오크라는 조카가 있으시지요?"

아멜이 또 놀라며 대답했다.

"그렇습니다만."

"낮에 성 안으로 들어왔다가 우연히 보았습니다만 실은 그 아이가 오늘 한 가지 일을 저질렀습니다."

"네?"

마르코스는 낮에 성 안의 광장에서 있었던 일을 다 말하고, 아폴로니오스의 제자 다미스가 고센 마을까지 찾아와 페트로스를 위협한 것과 내일 정오에 나부 광장에서 아폴로니오스와 담판을 짓자고 한 것까지 다 알려 주었다.

"페트로스님은 오직 믿음으로 혼자 나가서 아폴로니오스를 만나려고 하시지만 마술사들의 조직이 워낙 방대하고 강력하므로 만일의 일에 대비하여 준비를 해 놓아야 할 것 같습니다."

무슨 말인지 알아들은 아멜 경호대장이 고개를 끄덕이며 대답했다.

"알겠습니다. 제가 모든 조치를 해 놓겠습니다."

그는 밖에서 대기하고 있던 부관 실루아노스를 급히 부르고 있었다.

108

마르코스 요안네스

정오가 되기 전부터 나부 광장에는 많은 사람들이 모여들고 있었다. 이미 백성들 사이에 그곳에서 대단한 볼거리가 있으리라는 소문이 나돌았던 것이다. 광장에는 수십 개의 깃대가 서고 붉고, 푸르고, 노란 여러 가지 빛깔의 기치와 기장 등이 바람에 펄럭거리고 있었다.

"저게 뭐지?"

사람들이 손가락으로 가리키는 곳에는 검은 색 천으로 덮은 커다란 상자 하나가 놓여 있었던 것이다. 곡마단의 패에서 나온 것으로 보이는 자들이 줄지어 서서 모여드는 사람들을 정리하고 있었다.

"저들이 통제하고 있는 방법을 잘 보십시오."

마르코스가 사복을 입고 나온 경호대장 이멜에게 말했다.

"관중들을 자기네가 원하는 방향을 향해 모이게 하고 있습니다."

아멜이 고개를 끄덕였다.

"그렇군요. 상자에 관심을 끌게 하여 그것이 잘 보이는 쪽에 사람들이 모이게 해서 깃발들이 서 있는 쪽에는 사람들이 거의 없네요."

"그 쪽에서는 상자가 잘 보이지 않으니까요. 광장 마술은 관중의 시선과 배경과 햇살의 방향을 이용하는 것입니다."

"알겠습니다. 그렇다면······"

"아멜님의 사복 경호원들을 깃발들 뒤쪽에 은폐물을 이용해 배치시키세요. 깃발들 중에는 배경의 풍경을 똑같이 그려 놓은 화폭들이 있고 그 사이에서 여러 가지 속임수가 연출될 것입니다. 대장께서 신호를 하면 곧 아폴로니오스와 그 동조자들을 기습하여 제압하도록 하십시오."

"그렇게 하지요. 그런데 저 상자는 무엇에 쓰는 것일까요?"

마르코스가 먼저 그에게 물었다.

"곡마단에서 잘 쓰는 짐승은 어떤 것이 있습니까?"

"주로 곰이나 사자이지요."

"상자 안에는 필시 사자가 들어 있을 것입니다. 페트로스님이 위험해지게 되면 매복시킨 궁수들이 사자를 쏘아야 합니다."

"알겠습니다."

아멜 대장이 부하들을 필요한 곳에 배치하고 있는 동안 해가 머리 위에 자리를 잡기 시작했다. 웅성거리던 사람들이 볼거리를 기대하며 차츰 조용해지자 검은 천으로 덮은 상자 앞에는 삼베옷을 걸친 맨발의 마술사 아폴로니오스와 그 제자 다미스의 패들과 곡마단의 악사들이 나와서 도열했다.

"온다, 페트로스가 왔어."

사람들이 길을 터 주자 페트로스가 광장 가운데로 걸어나왔다. 고센 마을의 주민 몇 명이 그를 뒤따르고 있었다. 광장에 나와 있는 사람들의 숫자만으로도 이미 페트로스 쪽은 어림도 없이 약해 보였다.

"어서 오시오, 페트로스."

아폴로니오스가 두 손을 번쩍 들었다. 힌두스의 마법사에게서 받았다는 마법의 반지가 그의 손가락에서 번쩍거리고 있었다. 그에게로 다가가던 페트로스가 그와 열 걸음쯤 사이를 두고 멈추어 섰다.

"나를 왜 보자고 했는가, 아폴로니오스?"

아폴로니오스가 목소리를 높였다.

"갈릴리의 작은 물에서 고기나 잡던 네가 감히 위대한 신들의 성 바벨론에 와서 신들의 백성들을 미혹하고 있다 하니 그 불경한 죄를 자복하거라. 그렇지 않으면 내가 모든 신들의 위임을 받아 너를 징계할 것이다."

페트로스가 그에게 물었다.

"네게 위임한 신들이 얼마나 되느냐?"

"바벨론에 말둑 신과 나부 신 그리고 벨 신을 비롯하여 많은 신들이 있고, 메소포타미아의 여섯 성에 여섯 신이 있으며, 크고 작은 모든 신을 합하여 그 수가 3천 6백이니 그들 앞에 너는 속히 무릎을 꿇거라."

메소포타미아의 여섯 성은 니푸르, 기스, 에리두, 우르, 라르사와 우룩을 말하는 것이었다. 페트로스가 음성을 조금 높여 그에게 물었다.

"메소포타미아에 일곱 큰 신이 있다더니 하나는 어디로 갔느냐?"

"하늘의 신 아누는 하늘로 올라갔다."

그러자 페트로스가 갑자기 큰 소리로 말했다.

"네 이놈, 아폴로니오스."

페트로스가 손가락을 들어 아폴로니오스를 가리켰다.

"온갖 속임수와 거짓말로 바벨론 백성을 기롱하고 악귀의 힘을 빌어 세상을 미혹하는 자여, 하늘과 땅을 창조하신 하나님이 고통 속에서 신음하는 인간을 구원하기 위해 독생자 예수 그리스도를 보내사, 그 몸으로 막힌 휘장을 찢게 하시고 구원의 길을 열어 놓으셨거늘, 네 어찌 그 길을 막아서려 하느냐?"

아폴로니오스도 지지 않으려 목소리를 높였다.

"예수는 이미 죽었고 나는 여기 있다. 예수가 한 일을 나도 하거늘 너는 왜 그를 독생자라고 하느냐?"

페트로스가 다시 그를 꾸짖었다.

"네가 세상의 신들을 내세워 주의 길을 막으니 어찌 벌을 면하겠느냐?"

광장이 적막에 휩싸인 가운데 페트로스의 호통이 이어졌다.

"오늘 네가 오직 한 분 뿐이신 하나님을 대적하기 위해 이곳에 많은 사람을 모았으니 전지, 전능하신 그분께서 너를 그냥 두시지 않을 것이다. 네가 오늘 이 자리를 온전히 걸어서 나가지 못하리라."

페트로스의 꾸중을 들은 아폴로니우스가 그 턱을 쳐들었다.

"네가 숨이 넘어가면서도 그리 말할 수 있나 보자."

다미스가 손짓을 하자 그의 수하들이 상자에 덮여 있던 검은 천을 벗겨냈다. 사면을 쇠창살로 두른 상자 안에는 아무것도 없었다. 사내들이 그것을 확인시키기 위해 상자를 한바퀴 돌렸으나 역시 상자 안에는 아무것도 보이지 않았다. 사람들이 빈 상자를 보며 수군거리기 시작했다.

"뭐야, 아무것도 없잖아?"

"그럼 도대체 뭘 하려는 거지?"

아폴로니오스는 마치 춤을 추는 것처럼 기묘한 동작을 계속하더니 다미스의 수하들이 쇠창살로 두른 상자의 한쪽 면을 열자 그 안으로 들어갔다. 사내들은 그가 들어간 상자를 다시 닫은 후 검은 천으로 상자를 덮었다. 그와 함께 곡마단의 악사들이 요란하게 피리를 불어대기 시작했다.

"천을 벗겨라."

다미스의 지시와 함께 피리 소리가 멈추었고 사내들이 검은 천을 벗겨내자 그것을 주목하고 있던 사람들이 일제히 소리르 질렀다.

"사자다."

"아폴로니오스가 사자로 변했어."

상자 안으로 들어갔던 아폴로니오스는 사라지고 그 안에는 사자 한 마리가 당장 뛰어나올 듯 서성대고 있었던 것이다.

구경하던 사람들이 놀라는 가운데 사내들이 상자의 문을 열었다. 사자가 크게 포효하며 상자에서 걸어나오자 어떤 사람들은 소리를 지르며 달아나고, 다른 사람들은 숨을 죽인 채 일이 어떻게 되는가를 주시하고 있었다. 사자는 한 번 더 울부짖더니 곧장 페트로스를 향해 걸어가고 있었다.
"페트로스가 위험하다."
사람들이 떠들어대는 가운데 잠복하고 있던 아멜의 궁수들이 활시위를 당기려 할 때에 놀라운 일이 일어났다.
"아니……"
페트로스 앞으로 다가온 사자가 멈추어 서더니 무릎을 꿇었던 것이다. 그가 사자를 바라보며 부드러운 음성으로 말했다.
"네가 하나님의 명을 받았구나, 너의 할 일을 하라."
그러자 사자가 일어나더니 다시 몸을 돌이켜 상자가 있는 쪽을 향해 걸어가기 시작했다.
"사자가 돌아섰어."
"이게 어떻게 되는 거야?"
그 때 상자 뒤쪽에 서 있는 깃발들 사이에서 소리가 들렸다.
"사자야, 돌아서서 페트로스를 물어뜯어라."
사람들이 바라보니 아폴로니오스가 어느새 상자를 빠져 나와 거기 서 있었던 것이다. 모두들 놀라는 사이에 다시 그의 모습이 연기처럼 사라졌다. 나타났다가 사라지는 것도 부활한 예수를 모방하기 위한 마술이었다.
"어떻게 된 거야?"
"아폴로니오스는 정말 신의 대리자인가?"
그는 사람들 앞에 나타났다가 다시 사라지기를 몇 번씩 계속했다. 그러자 갑자기 깃발들 뒤에서 시끄러운 소리가 들리더니 깃발들 사이를 드나들며 사람들의 눈을 속이고 있던 아폴로니오스가 아멜의 부관 실루아노스가 지휘하는 사복 경호원들에게 끌려 나왔다.

"뭐야?"

"신의 대리자가 잡혔어."

"깃발들 뒤에서 우리를 속인 거야."

그 때 갑자기 사람들이 비명을 질렀다. 다미스의 패들이 손을 쓸 틈도 없었다. 상자를 향해 걸어가던 사자가 갑자기 방향을 틀어 아폴로니오스에게로 달려가더니, 사복의 경호원들이 놀라 물러나는 사이에 아폴로니오스의 몸뚱이를 사정없이 물어뜯고 발톱으로 그를 찢었던 것이다. 곧 출동한 아멜의 경호대가 다미스와 그 수하들을 살인 미수와 사기 혐의로 체포했다.

여호와께 감사하라, 그는 선하시며
그 인자하심이 영원함이로다
다니엘 앞에서 사자를 다스리신 하나님께 감사하라
그 인자하심이 페트로스를 지키셨도다

페트로스를 따라온 고센 마을의 장로들과 구경꾼들 속에 섞여서 모든 일을 지켜보던 크리스티아누스들의 찬양이 광장 가득히 울려 퍼졌다.

마르코스 요안네스

　에놀 성문 남쪽의 고센 마을에서 조금 떨어진 언덕에 페트로스의 은신처가 있었다. 무성한 잡초로 덮여 있는 뚜껑 밑에 땅 속으로 내려가는 계단이 있었고, 그 계단을 다 내려서자 좁고 긴 통로가 나타났다. 통로의 벽에는 이따금씩 작은 등잔 불이 있어서 길을 밝혀 주었다.
　"이 지하 통로를 직접 파셨나요?"
　"우리 선조들이 만들어 놓은 거야."
　"네?"
　"바벨론에 잡혀와서 운하 공사에 동원된 유다 사람들이 예배를 드리거나 비밀 회의를 하기 위해서 이 장소를 만들어 놓았다는군."
　"이 통로에서 집회를요?"
　"더 따라와 봐."
　그를 따라 조금 더 가자 갑자기 눈 앞이 환해졌다. 여러 사람이 모여 앉을 수 있는 커다란 공간이 있었고 거기서 또 사방으로 통로가 뚫려 있었다.

"어서 오세요, 선생님."

한 아이가 달려와 허리를 굽혔다. 페트로스의 지시대로 그의 은신처에 들어와 있던 아리오크였다. 마르코스가 살펴보니 탁자와 의자도 있고, 꽤 여러 날을 지낼 수 있는 식량과 취사 시설도 준비되어 있었다.

"그런데 마르코스, 아까부터 손에 들고 있는 그 보따리는 무엇인가?"

"아, 이것은……"

마르코스가 의자에 앉으며 손에 들고 있던 보따리를 탁자 위에 놓고 그 속에 있던 것을 다 꺼내 놓았다. 그것은 여러 장의 파피루스 종이를 두루마리 형태로 말지 않고 제본하여 한 장씩 넘겨가며 볼 수 있도록 만든 여러 권의 책이었다.

"이게 다 뭐지?"

페트로스는 그 중의 한 권을 집어 표지를 넘겨보았다.

"글자가 없지 않은가?"

"이제부터 적어 넣어야 합니다."

마르코스는 페트로스를 앉게 하고 설명을 시작했다.

"지난해의 할례 논쟁 때 파울루스님이 했던 말을 기억하시지요? 주님께서 가르치신 것 외에 다른 복음을 전하면 저주를 받는다고 했습니다."

페트로스가 그 때의 일을 떠올리며 대답했다.

"그런 말을 했었지."

"다른 복음이 교회 밖에서 만들어지기도 하지만 지난번 할례 논쟁 때에도 그랬던 것처럼 교회 안에서 나올 수도 있습니다."

"그것이 더 큰 문제지."

"지금은 나사렛 예수와 함께 했던 12사도 중 열 분이 생존해 계시므로 오직 그분들의 기억에 의지하여 말씀을 전하고 있습니다. 그러나 그분들이 모두 세상에 계시지 않게 되면 어떻게 되겠습니까?"

"주님께서는 이 세대가 지나가기 전에 모든 일이 이루어진다고 하셨어."

"그것은 누구를 기준으로 한 세대일까요? 참수당한 야고보님이십니까, 혹시 선생님입니까? 아니면 예수 그분 자신을 기준으로 한 세대입니까?"

"주님의 시간은 우리가 계산할 수 없지."

"그렇습니다. 만일 남아 계신 열 분의 사도마저 세상에 계시지 않게 되면 그 때엔 나사렛 예수의 일과 말씀을 어떻게 전할 것입니까?"

"전해들은 자들이 들은 대로 또 전하겠지."

마르코스는 루카스가 했던 말을 생각하며 말했다.

"말이라는 것은 여러 입을 거치면서 의미가 달라질 수도 있습니다. 사도들의 다음 세대는 나사렛 예수의 말씀과 전혀 다른 복음을 전하게 될지도 모릅니다. 그렇게 되지 않으려면 반드시 기록을 남겨야 합니다."

결국 페트로스가 기록이 필요하다는 것은 인정했으나 자신은 물러섰다.

"그러나 마르코스, 나는 그것을 기록할 자격이 없어."

"자격이 없다니요?"

"자네도 알다시피 나는 어부 출신이야. 이름이나 겨우 쓰는 내 서툰 솜씨로 그분의 일과 말씀을 기록할 수는 없지. 레위나 빌립이라면 몰라도."

"그러나 중요한 자리에 늘 동행하셨던 분은 선생님과 세배대의 두 아들 요한과 야고보, 그렇게 세 분이었다고 들었습니다. 그러나 야고보님은 참수되었고 이제 두 분만 남았습니다."

"요한이 오히려 나보다 잘 할 수 있을 거야."

"의사 루카스가 로도스 섬에 들렀을 때 요한 사도를 만나 그 일을 말씀드렸더니 그분도 역시 자격이 없어서 못한다고 하시더랍니다."

"언젠가는 그가 하게 될 거야."

"그렇게 서로 미루다가 아무도 하지 않으면 도대체 어떻게 되는 겁니까?"

마르코스는 속히 결론을 내려고 서둘렀다.

"자격이 없다고 하시는 것은 혹시 밤새 기도하고 나서 선생님을 제자로 택한 나사렛 예수를 부인하는 것과 같은 것 아니겠습니까?"

예수가 잡혀 대제사장 가야바의 집에서 심문을 당할 때 페트로스는 그 아래 뜰의 모닥불 곁에서 사람들이 당신도 그의 제자가 아니냐고 묻자 나는 그를 모른다고 세 번이나 부인한 적이 있던 것이다.

"마르코스, 자네……"

등잔 불빛에 페트로스의 눈이 흔들리고 있었다. 그를 설득하기 위해 너무 아픈 곳을 찌른 것 같아 마르코스가 얼른 대안을 제시했다.

"선생님, 이렇게 하면 어떻겠습니까?"

"말해 보게."

"선생님께서 기억나는 대로 말씀해 주시고 제가 받아서 적는다면."

결국 패트로스는 고집을 꺾었다.

"자네가 그것을 해 주겠나?"

그렇게 해서 나사렛 예수의 행적과 말을 기록으로 남기는 최초의 일이 시작되었다. 마르코스는 보따리에서 꺼낸 먹을 갈면서 그에게 물었다.

"어느 나라 말로 적을까요?"

"물론 헬라어로 해야지."

예수의 일과 그가 남긴 말을 기록하는 것이 이방인 선교를 위해서라는 것을 그가 명백히 하고 있었다. 먹을 다 갈아 놓은 후 마르코스는 붓에 먹을 찍어 페트로스에게 주었다. 그가 다시 놀라며 물었다.

"왜 내게 붓을?"

"제목만이라도 선생님 손으로 적으십시오."

페트로스가 할 수 없다는 듯 붓을 받아 들고 잠시 생각하더니 자신이 말했던 것처럼 서툰 솜씨로 헬라어 글자를 적어 넣었다.

KATA᾿ MAPKON (카타 마르콘)

그것은 유앙겔리온 카타 마르콘, 즉 마르코스가 기록한 복음서라는 뜻이었다. 제목을 적어 놓고 나서 페트로스가 말했다.

"마르코스, 우리가 이제 큰 일을 시작하게 되었으니 함께 기도하자."

"네, 그러지요."

그가 손을 내밀어 마르코스의 손을 잡았다. 그 손이 몹시 뜨거워 마치 불덩이가 마르코스의 손에 닿은 것 같았다. 그리고 그 뜨거운 기운이 그의 온 몸으로 퍼지기 시작했다. 그것이 너무 뜨거워 견딜 수 없게 되자 마르코스의 입에서 소리가 나왔다. 누군가 마르코스의 혀를 주장하는 듯, 아람어나 히브리어도 아니고 헬라어나 로마어도 아닌 말을 하고 있었다.

"내가, 내가 왜 이러지?"

그리고 마르코스는 깨달았다. 7년 전 카이사랴의 코넬리우스 백부장 집에서 일어났던 일이 지금 그에게 일어나고 있었던 것이다. 페트로스에게 잡힌 그의 손이 마구 떨리다가 온 몸이 떨렸고, 굳게 잡은 두 사람의 손등에 마르코스의 뜨거운 눈물이 쏟아져 내리고 있었다. 그들의 기도는 등잔의 기름이 다 되어 아리오크가 더 보충해 넣을 때까지 계속되었다.

마르코스 요안네스

나사렛 예수의 행적과 가르침을 불러 주기 전에 페트로스는 잠시 눈을 감고 있더니 번쩍 뜨면서 말했다.
"나는 내가 보고 들은 것만 말하겠네."
"물론입니다."
마침내 그가 입을 열기 시작했다.
"세례자 요한이 광야에서……"
"아버지, 잠깐만요."
그렇게 말해 놓고 나서 마르코스도 놀라고, 페트로스도 놀랐다.
"지금 나를 뭐라고 불렀나?"
일이 그렇게 된 것을 이제는 어쩔 수 없다고 생각했다.
"아버지라고 불러도 괜찮겠습니까?"
페트로스가 그를 바라보았다.
"내게 이미 아내가 있으니 그런다고 해서 자네 모친의 남편이 될 수는 없네."

"잘 압니다. 다만 저의 영적인 아버지로 부르고 싶습니다."

그가 고개를 끄덕였다.

"그러게나."

잠시 아버지와 아들 사이의 따스한 시간이 흘렀다.

"그런데, 아까 왜 나를 불렀지?"

마르코스가 다시 하려던 말을 꺼냈다.

"아…… 아무리 보고 들은 것만 적는다고 해도 매우 중요한 기록이 될 것이니 이것을 적게 된 간단한 취지나 서문 같은 것이 필요하지 않겠습니까?"

"그런 건 난 모르는데."

"아버지, 이렇게 하면 어떨까요? 하나님의 아들 예수 그리스도의 복음은 이렇게 시작되었다."

"그것이 괜찮겠군."

"그리고, 시작하자마자 갑자기 세례자 요한이 등장합니다만 그분은 자신이 누구이며 왜 나타났다고 말했습니까?"

"자신을 가리켜 광야에 외치는 자의 소리라고 했지."

"이사야서에 나오는 말씀이죠?"

"맞았어."

"자, 그럼 이렇게 하지요. 하나님의 아들 예수 그리스도의 복음은 이렇게 시작되었다. 선지자 이사야의 글에 이제 내가 사자를 네 앞에 보내노니 그가 네 길을 예비하리라 하였고, 또 광야에 외치는 자의 소리가 있어 너희는 주의 길을 닦아 그가 오시는 길을 평탄케 하라 한대로, 세례자 요한이 광야에서……"

"그게 훨씬 좋군."

그렇게 해서 페트로스는 말하고 마르코스가 받아 적는 일이 시작되었다. 페트로스가 본 세례자 요한의 모습과 그가 자기 뒤에 오실 분이 있다고 말하는 대목을 적다가 마르코스가 다시 물었다.

"요단강에서 세례자 요한을 보셨습니까?"

그가 고개를 끄덕였다.

"낙타 털 옷을 입었고, 허리에는 가죽띠를 띠고 있었지."

"예수께서 그에게 세례를 받는 것도 보셨구요?"

"요한과 안드레가 요단강으로 가기에 그들을 뒤따라가서 그 광경을 다 보았지만 정작 우리가 부름을 받은 것은 게네사렛 호수에서였지."

"자, 다음을 말씀해 주세요."

"성령이 즉시 예수를 광야로 몰아내셨다. 그는 거기서 40일 동안 계시면서 사탄에게 시험을 받으셨다. 들짐승들과 함께 지내셨으나 천사들이 시중을 들었다."

"세 가지 시험을 받으셨다고 하던데요?"

"갈릴리에서 주님이 그 이야기를 들려주실 때 레위와 몇 제자들은 자세히 들은 모양인데 나는 시험을 받으셨다는 데까지만 듣고 그 내용은 못 들었어."

"왜요?"

"장모님이 아프다고 해서 잠시 집에 갔었거든."

"알겠습니다. 다음으로 넘어가지요."

"세례자 요한이 잡힌 후에 주님은 갈릴리로 오셨지. 그 때 전파하신 말씀은…… 때가 찼고 하나님 나라가 가까웠으니 회개하고 복음을 믿으라는 것이었어."

"회개하고 복음을 믿으라, 그 다음은요?"

게바는 곧장 자기가 예수의 부름을 받은 장면으로 들어섰다.

"갈릴리 호숫가를 지나가시다가 어부인 나와 동생 안드레가 그물 던지는 것을 보셨다. 예수께서 말씀하시기를 나를 따라오라, 내가 너희로 사람을 낚는 어부가 되게 하리라고 하셔서 나와 아우는 곧 그물을 버리고 따라갔다. 조금 더 가시다가 세배대의 아들들 야고보와 요한이 배에서 그물 깁는 것을 보시고 부르시자 그 부친과 품꾼들을 남겨둔 채 예수를 따랐다."

이어서 그는 예수가 안식일에 가버나움 회당에서 가르치다가 귀신들린 사람에게서 귀신을 쫓아내고 고친 일과, 열병으로 누워 있던 그의 장모를 일으킨 것과, 또 문둥병자, 중풍병자 등을 고친 일에 대해 말했다.

"중풍병자를 데리고 온 사람들이 지붕을 뚫었다지요?"

그가 또 고개를 끄덕였다.

"가버나움의 집에 계실 때 네 사람이 병자를 들것에 메고 왔는데 사람들이 너무 많아 들어갈 수가 없어서 지붕을 뜯고 들것을 달아 내렸지. 예수께서 그들의 믿음을 보시고 병자에게 너의 죄가 사함을 받았다고 하시며, 일어나 네 들것을 가지고 집으로 돌아가라 하셨어."

또 페트로스는 세관에서 일하던 레위를 제자로 삼고 함께 식사한 것과 안식일에 병자를 고친 일을 비난하던 바리새인들과의 논쟁에 대해서 말했다.

"세리와 함께 식사하신 일에 관하여는 병든 자에게만 의사가 필요하다는 말씀으로 대꾸했고, 안식일 시비에 대해서는…… 안식일은 사람을 위해 있는 것이지 사람이 안식일을 위해 있는 것이 아니라고 말씀하시며, 인자는 곧 안식일의 주인이라고 선언하셨지."

"그 다음은요?"

"제자 12명을 택하신 것이 그 때쯤이었어."

그는 12명의 이름을 다 불러준 후에 덧붙여 말했다.

"나를 게바, 즉 페트로스라는 이름으로 불러 주신 것이 그 때부터였지. 처음 그 이름을 지어 주신 것은 여리고로 가는 길에서였지만."

페트로스는 다시 바알세불 논쟁에 대해 말해 주었다. 바알세불은 유대인들이 블레셋 사람들의 신을 비하해서 똥의 바알이라고 부르는 말이었다.

"예루살렘에서 내려온 서기관들이 예수가 바알세불에 사로잡혀 귀신을 쫓아낸다고 하자 그분이 말씀하셨다. 사탄이 어찌 사탄을 쫓아낼 수 있느냐? 누구든지 성령을 모독하는 자는 영원히 용서받지 못하고, 심판을 받게 되리라."

"아우들이 그 때 찾아왔나요?"

"그렇지. 예수가 미쳤다는 사람들도 있고, 바리새인과 서기관들은 귀신들렸다고 하므로 모친과 아우들이 걱정되어 찾아왔었지. 그 때만 해도 주님의 가족들은 그분이 이스라엘을 구하지 않고 다른 일을 하는 것에 불만이 많았거든."

"그래서요?"

"모친과 아우들이 밖에서 선생님을 찾는다고 알려드리자, 그분이 말씀하셨지. 누가 내 모친이며 아우들인가? 누구든지 하나님의 뜻대로 행하는 자가 내 형제요, 자매요, 모친이다."

페트로스는 다시 예수가 말한 비유들을 들려 주었다. 말씀과 듣는 자를 씨와 밭으로 비유하는 결실의 비유, 진리는 가릴 수 없다는 등불의 비유, 하나님 나라의 완성을 말하는 추수의 비유 그리고 겨자씨의 비유 등이었다.

"들음의 지혜에 대해서도 말씀하셨지."

페트로스는 열심히 듣고 있는 아리오크를 보며 빙그레 웃었다.

"어떤 건가요?"

"잘 헤아려 들으면 듣는 만큼 얻을 것이고 더 얻을 수도 있을 것이다. 있는 자는 더 받을 것이고, 없는 자는 그 있는 것도 빼앗기게 될 것이다."

그는 거라사 쪽으로 건너갈 때의 이야기로 들어섰다.

"그 날 저물녘에 예수께서 호수 건너편으로 가자고 하셔서 말씀하시던 배에 그대로 모시고 가는데 큰 광풍이 일어났어. 배에 물이 넘쳐 들어오자 고물에서 베개를 베고 주무시던 주님을 깨우며 우리가 다 죽게 되었다며 떠들었지."

"그래서요?"

"잠에서 깨신 예수께서 바람을 꾸짖고 바다더러 이르시되 잠잠하라, 고요하라 하시니까 바람이 그치고 물결도 잔잔해진 거야. 수님께서 우리에게 왜 이렇게 무서워하느냐, 어찌 그리 믿음이 없느냐고 나무라셨지. 그 일을 겪고 우리가 서로 수군거렸어. 도대체 누구시기에 바람과 바다도 순종하는가?"

"사탄이 바람과 파도를 일으켰을까요?"
"아니, 하나님께서는 그 권능을 사탄에게 주신 적이 없어."
마르코스가 어이없다는 듯 다시 물었다.
"그러면 아들이 아버지를 꾸짖고, 아버지는 아들에게 순종했다는 것입니까?"
"자네와 나처럼 서로 사랑하는 사이가 되면"
페트로스가 말했다.
"서로가 서로에게 순종하는 거라네."
마르코스가 그 말에 눈시울을 적시며 다시 그 다음으로 넘어갔다.
"거라사 지방에선 군대 귀신 들린 자가 있었다지요?"
"무덤 사이에서 소리를 지르고 자기 몸을 돌로 치는 자가 있었는데, 고랑을 채워도 깨뜨리고 쇠사슬로 묶어도 끊어버려 아무도 제어할 수가 없었지. 그가 예수께 달려와 절하며 말하기를 지극히 높으신 하나님의 아들 예수여, 내가 당신과 무슨 상관이 있습니까? 나를 괴롭게 마소서."
"그래서요?"
"주님께서 물으셨지. 네 이름이 무엇이냐? 그가 내 이름은 군대인데, 그 수가 많다고 하더군. 그가 우리를 쫓아내지 말고 돼지에게로 들어가게 해달라 간청하므로 주님께서 허락하시자, 귀신들이 그에게서 나와 돼지에게로 들어갔고 2천 마리 정도의 돼지떼가 비탈로 내리달아 바다에서 몰사했지."
"귀신들렸던 그 사람은요?"
"옷을 갈아입고 정신이 멀쩡하여 주님을 따라가겠다고 했으나, 가족에게로 돌아가서 하나님이 네게 큰일을 행하여 불쌍히 여기신 것을 전하라고 하셨지. 그래서 데카폴리스 지방에 두루 소문이 퍼지게 되었던 거야."

페트로스는 예수가 다시 가버나움에 건너갔을 때의 일을 말했다. 회당장 야이로가 그의 딸이 죽게 되었다며, 와서 손을 얹으사 살려 달라고 했다. 예수가 그의 집으로 갈 때 열두 해를 혈루증으로 앓던 여자가 예수의 옷에 손을 대어 낫게 되었고, 회당장의 딸은 이미 죽어 그 손을 잡아 일으켰는데 그 소녀도 12살이었다. 두 사건은 모두가 12 해로 연결되어 있었다.

"무슨 의미였을까요?"

"예수의 손과 몸, 즉 그분 자신이 말씀이었다는 뜻이었어."

그 다음에는 예수가 고향 나사렛에 가서 배척을 당한 일과, 12 제자를 둘씩 보내 전도하게 하신 일, 그리고 헤롯 안디바가 헤로디아의 딸 살로메의 요구대로 세례자 요한의 목을 벤 것도 들려주었다. 그리고 이야기는 다시 빈들에서 보리떡 두 개와 물고기 다섯 마리로 5천명을 먹인 사건으로 이어졌다.

"주님의 고난을 예고한 사건이었지."

"네?"

"그분 자신이 곧 말씀이었다는 것은, 그것을 세상의 모든 사람에게 나눠 주어 먹게 해야 한다는 것이었어."

"어떻게 그런 일이 생겼지요?"

"우리도 알 수 없었어. 주님께서 무리를 백 명씩, 오십 명씩 둘러앉게 하신 다음 떡과 물고기를 들어 축사하시고 우리에게 주셨는데, 우리는 주시는 대로 그들에게 나눠 주었을 뿐이야. 나중에 남은 것을 모으니 열 두 바구니나 되었지."

"그 후에 더 놀라운 일이 있었다지요?"

"기적에 놀란 사람들이 주님을 왕으로 삼으려 하자, 우리를 서둘러 배에 태워 보내시고 그분은 무리를 피해 혼자 기도하러 가셨지. 그날 밤에 주님께서 물 위를 걸어 우리 배로 오신 거야. 모두들 유령을 본 줄로 알았어."

페트로스가 불러 주고 마르코스가 받아 적은 그 일은 그렇게 계속되었다. 그들이 일하는 동안 아리오크는 옆에서 먹을 갈며 그 내용들을 남김없이 머리와 마음속에 담아 넣고 있었다.

마르코스 요안네스

나사렛 예수의 행적과 가르침을 불러주는 대로 받아 적는 것도 그리 쉬운 일은 아니었다. 사도들이 없을 때 예수의 행적과 가르침을 전하는 기준이 되어야 하므로 글자 하나라도 잘못되면 안 되기 때문이었다. 성전의 제본소에서 필사를 하는 사람들이 점 하나라도 틀리면 도려내고, 하나님이란 글자가 나오면 목욕을 하고 새 붓을 사용한다던 말이 이해가 되었다.

"왜 그렇게 목욕을 자주 하는가?"

받아 적는 도중 자주 유프라테스 강에 나가 목욕을 하는 마르코스에게 페트로스가 물었다.

"레위 지파의 습관이죠."

특히 대제사장이 지성소에 들어갈 때에는 반드시 목욕을 하는 것이 규례였다. 결국 페트로스도 함께 강변에 자주 나가 그와 함께 목욕을 하게 되었다. 그리고 제본소에서 필사자의 일을 감독하는 사람이 그렇게 하듯 마르코스가 받아 적은 내용을 일일이 점검하고 바로잡았다.

"오병이어의 기적 이후 그분의 모습은 어땠나요?"
"우리는 미처 깨닫지 못했으나 홀로 계시는 경우가 많았지."
"고난당할 일을 생각하고 계셨을까요?"
"그랬을 거야."
"따르는 사람들은 더 많았겠군요."
페트로스는 고개를 저었다.
"오히려 줄어들었어."
"왜요?"
"주님께서 임금 되시기를 거부하셨기 때문이지."
"아……"
"오히려 바리새인들의 추궁이 더 심해졌어. 주님을 위험인물로 간주한 예루살렘의 바리새인들과 서기관들이 내려와 우리를 관찰하다가 주님께 따졌지. 왜 당신의 제자들은 장로들의 규례를 무시하고 손을 씻지 않은 채 음식을 먹느냐?"
"그분의 대답은요?"
"이사야의 글로 대답하셨어. 이 백성이 입술로는 나를 공경하되 마음은 내게서 멀도다. 사람의 계명으로 교훈을 삼아 나를 헛되이 경배하는도다."
선지자들이 늘 강조한 것은 바로 그 마음의 문제였다.
"언제나 그 마음이 문제로군요."
"그리고 또 그들에게 말씀하셨어. 당신들은 사람의 규례를 지키기 위해 하나님의 계명을 버리고 있다. 밖에서 사람에게 들어오는 것은 사람을 더럽게 하지 못하나 사람 안에서 나오는 것이 사람을 더럽게 하는 것이다."

마음이 쓸쓸해진 예수는 갈릴리를 떠나 페니키아의 두로 쪽으로 들어갔다. 거기서 조용히 지내려고 했으나 한 여자가 소문을 듣고 찾아와서 귀신 들린 자기 딸을 고쳐달라고 간청했다.

"그 여자는 가나안에 속하는 수로페니키아 여자였어."

"가나안은 저주받은 족속이 아닙니까?"

"그래서 주님께서도 여자의 청을 들어주시지 않았지. 자녀에게 줄 떡을 개에게 줄 수가 없다면서. 그러나 여자는 더 매달렸어. 개들도 주인의 상에서 떨어지는 부스러기를 먹지 않느냐고."

"그래서요?"

"시름에 잠겨 계시던 주님께서 그 말에 큰 감동을 받으셨지. 그 여자의 말을 선하게 보신 주님께서 말씀하셨어. 당신의 그 말이 당신을 구했으니 이제 안심하고 돌아가시오. 귀신이 딸에게서 나갔을 것이오."

아이는 나음을 입었고 저주받은 페니키아 땅과 그곳의 사람들에게도 말씀이 들어갔다. 가나안 여인 때문에 적이나 위안을 얻은 예수가 다시 갈릴리 지경으로 돌아왔을 때, 귀먹고 벙어리 된 자를 만나서 탄식하며 말했다.

"에바다."

아람어로 열리라는 뜻이었다. 그 사람은 곧 귀가 열리고 말을 하게 되었다. 그리고 다시 칠병이어, 떡 일곱 개와 물고기 두 마리로 4천 명을 먹이는 일이 생겼다. 이번에도 먹고 남은 것이 일곱 광주리였다. 그리고 벳새다에서 소경의 눈을 뜨게 한 사건이 있은 후 예수는 카이사랴 필립피로 올라갔다. 그곳의 한 계곡에서 예수는 내가 누구라고 생각하는가를 물었다.

"주님은 그리스도이십니다."

그것이 페트로스의 대답이었다.

"너는 페트로스라, 그 반석 위에 내 교회를 세우리라고 하셨다죠?"

"그것은 적을 필요 없다."

그것이 페트로스의 겸손이었다.

"주님을 그리스도라고 말한 그 고백 위에 교회를 세우리라고 하신 것인데, 사람들이 그것을 나 페트로스로 오해하면 곤란해."

페트로스의 고백을 들은 후 예수는 자신이 대제사장들과 서기관들에게 버린 바 되어 죽임을 당하고 사흘만에 살아날 것을 처음으로 알려주었다. 페트로스가 놀라서 그러시면 안 된다고 말하자 이번에는 오히려 그를 꾸짖었다.

"사탄아, 내 뒤로 물러가라. 그대가 하나님의 일을 생각하지 않고 도리어 사람의 일을 생각하는구나. 누구든지 나를 따라오려면 자기를 부인하고 자기 십자가를 지고 나를 따라야 할 것이다."

그리고 또 제자들에게 일렀다.

"여기 서 있는 사람들 중에는 죽기 전에 하나님의 나라가 권능으로 임하는 것을 볼 자들도 있을 것이다."

마르코스가 다시 궁금했던 그 대목에 대해서 물었다.

"그것이 무슨 의미였을까요?"

페트로스는 주저하지 않고 대답했다.

"그 말씀을 하신지 엿새 후에 그 일이 일어났지."

"엿새 후에요?"

"주님께서는 야고보와 요한과 나를 데리고 헬몬산에 올라가셨어."

헬몬산은 만년설이 덮여 있는 높은 산이었다. 그래서 이스라엘 사람들은 헬몬산이 하늘의 성소를 상징하고 갈릴리의 다볼산은 땅의 성소를 의미한다고 했다.

다볼과 헬몬이
주의 이름으로 말미암아 즐거워하나이다

그 산에서 예수의 모습이 놀라운 모습으로 바뀌었다. 옷이 희어지고 온 몸에서 광채가 났다. 예수는 모세와 엘리야로 더불어 무엇인가를 의논하고 있었다. 페트로스와 야고보와 요한은 거기서 하나님의 나라가 큰 권능으로 임한 것을 보았던 것이다. 그때를 떠올리는 페트로스의 얼굴도 환하게 빛났다.

"내가 황홀하여 부지중에 주님께 말씀드렸지. 우리가 여기 있는 것이 좋사오니 우리가 초막 셋을 짓되 하나는 주님을 위하여, 하나는 모세를 위하여, 하나는 엘리야를 위하여 짓겠습니다. 그때 구름 속에서 큰 소리가 들렸어."

"무슨 소리가요?"

"이는 내 사랑하는 아들이니 너희는 그의 말을 들으라."

"그래서요?"

"눈늑 정신을 차려 둘러보니 주님과 우리 셋만 거기 있었지."

그 날 산에서 내려왔을 때 한 사람이 귀신들려 거품을 흘리며 쓰러지는 그의 외아들을 데리고 왔다. 선생님의 제자들이 고치지 못하니 선생님께서 낫게 해 달라고 간청을 했다. 그러자 예수는 길게 탄식하며 말했다.

"믿음이 없는 세대여, 내가 얼마나 너희와 함께 있으며 얼마나 너희에게 참으리요?"

거기까지 듣고 마르코스가 물었다.

"그런데 아버지, 예수께서 이 세대라고 말씀하신 것이 지금 말씀하신 그 믿음이 없는 세대를 의미하는 것이 아닐까요?"

믿음이 없는 세대는 아직도 계속되는 중이고, 앞으로 얼마를 더 계속될 것인지 알 수 없었다. 페트로스가 고개를 끄덕였다.

"그럴 수도 있겠어."

그는 다시 갈릴리에서 다시 모일 때의 이야기로 들어갔다.

"주님께서는 다시 우리들에게 자신의 죽음과 부활에 대하여 두 번째로 말해 주셨다. 그리고 사람들이 어린 아이들을 데리고 왔을 때 제자들이 꾸짖으니 주님께서 말씀하셨다. 어린 아이들이 내게 오는 것을 용납하고 금하지 말라. 하나님의 나라가 이런 자의 것이다."

마르코스가 다시 고개를 갸웃거렸다.

"그런데, 아버지."

"왜 그러나?"

"제가 듣기로는 그 사이에 예수께서 예루살렘에 한 번 더 가신 적이 있고, 그 때 베다니의 라사로가 죽은 것을 무덤에서 다시 살려내셨다고 하던데 그 이야기는 왜 해 주시지 않는 거죠?"

그러자 페트로스는 갑자기 입을 다문 채 눈을 감았다.

"그 이야기가 나올 순서인 것 같은데요."

그래도 그는 묵묵부답이었다.

"아버지."

마르코스가 몇 번 더 채근을 하자 그는 비로소 눈을 떴다.

"그 일은 요한이 써야 한다."

"네?"

"주님께서 죽은 라사로를 살리는 그 장면은 요한밖에 본 사람이 없어."

"무슨 말씀이죠?"

"요한이 직접 쓸 때까지 기다리기로 하자."

페트로스는 더 이상 머뭇거리지 않고 다음 이야기로 옮겨갔다. 계명을 다 지켰다는 부자가 영생의 도리를 물었을 때 가진 것을 다 팔아 가난한 자들에게 주라고 하자 근심하며 떠났다는 이야기, 예루살렘으로 올라가는 길에 자신의 죽음과 부활을 세 번째 말해 준 이야기, 그리고 야고보와 요한이 예수께 그 좌우편에 앉는 자리를 부탁했다는 이야기도 해 주었다.

"너희가 구하는 것이 무엇인지 알지 못하는구나. 내가 마시는 잔을 너희가 마실 수 있으며 내가 받는 세례를 너희가 받을 수 있느냐?"

야고보와 요한 형제가 할 수 있다고 말하자 예수가 대답했다.

"인자는 섬김을 받으려고 온 것이 아니라 도리어 섬기기 위해 왔고, 자기 목숨을 많은 사람의 대속물로 주기 위해서 온 것이나."

페트로스의 이야기는 다시 예수가 여리고에서 소경 바디매오의 눈을 뜨게 한 일로 이어졌다. 그리고 마침내 예수는 베다니에

도착했다. 거기서부터 스가랴 선지자의 예언대로 나귀 새끼를 타고 예루살렘에 들어간 것이다.

"그 때의 광경은 저도 보았지요."

"감격스러운 행진이었지. 많은 사람들이 자기들의 겉옷과 들에서 벤 나뭇가지를 길게 펴며 크게 외쳤어. 호산나, 찬송하리로다. 주의 이름으로 오시는 이여, 우리 조상 다윗의 나라여, 가장 높은 곳에서 호산나."

호산나는 히브리어로 구원하소서의 뜻이었다. 그 후로 다시 열매 없는 무화과나무를 저주한 이야기와, 성전 안에서 제물 파는 자들과 환전상들을 내쫓은 이야기, 그리고 저주한 무화과나무가 마른 것을 보고 제자들이 놀라는 대목에서 마르코스가 기대했던 말이 나왔다.

"누구든지 이 산더러 들리어 바다에 던져지라 하며 그 말하는 것이 이루어질 줄 믿고 마음에 의심하지 않으면 그대로 되리라."

바다 위에 항구를 건설하는 베네토의 접안 시설이 순조롭게 축조되고 있다는 보고를 받았던 것이다.

"예루살렘에 입성하시자 제사장들의 공격도 본격화되었지요?"

대제사장과 서기관들의 관심은 복음보다 권력이었다.

"네가 무슨 권세로 이런 일을 하느냐?"

그렇게 묻는 자들에게 예수는 포도원 주인이 아들을 보냈으나 농부들이 죽였다 한 것을 비유로 말한 다음 시편의 글을 들려주었다.

"건축자의 버린 돌이 모퉁이의 머릿돌이 되었나니, 이것은 주로 말미암아 된 것이요 우리 눈에 기이하도다."

그 돌은 바벨론 왕 느부갓네살이 보았던 신상을 깨뜨렸던 바로 그 돌이었던 것이다. 바리새인들이 다시 예수를 함정에 빠뜨리기 위해 카이사르에게 세금을 바치는 것이 옳으냐고 묻자 그는 카이사르의 것은 카이사르에게, 하나님의 것은 하나님께 바치라고 응수했다. 또 사두개인이 부활에 대하여 따지며 질문하자 하나님은 산 자의 하나님이라고 그가 대답했다.

"그리고 서기관 중의 한 사람이 계명 중에 첫째가 무엇이냐고 물었어. 주님께서는 다시 신명기의 말씀으로 대답하셨지."

마르코스도 그것을 알기 때문에 받아서 외웠다.

"네 마음을 다하고 목숨을 다하고 뜻을 다하고 힘을 다하여 주 너의 하나님을 사랑하라."

페트로스가 그 다음을 이었다.

"둘째는 이것이니, 네 이웃을 네 몸과 같이 사랑하라."

서기관들이 또 예수께 질문했다.

"선지자들의 글에는 다윗의 자손 중에서 메시야가 온다고 했는데 당신은 정말 다윗의 자손인가?"

그 질문에는 다윗의 시를 인용하여 대답했다.

"주께서 내 주께 이르시되 '내가 네 원수를 네 발 아래 둘 때까지 내 오른편에 앉아 있으라' 라고 쓴 다윗의 글을 보았는가? 다윗이 메시야를 주라 하였으니 어찌 그의 자손이 되겠는가?"

그들과의 문답을 마치고 성전을 나갈 때 제자 중의 하나가 말했다.

"선생님, 돌로 쌓은 저 성전 건물이 정말 웅장하지요?"

그들의 선생님이 그 큰 성전의 주인이 되리라는 기대에 부풀어 그렇게 말했던 것이다. 그러나 예수는 뜻밖의 대답을 했다.

"그렇게 보이는가? 그것이 돌 위에 돌 하나도 남지 않고 다 무너질 것이다."

그 말을 듣고 놀란 제자들이 물었다.

"어느 때에 그런 일이 있겠습니까? 무슨 징조가 있겠습니까?"

예수는 가짜 그리스도가 많이 나타나는 미혹의 때가 올 것을 예고했다. 난리와 난리가 계속되다가 민족이 민족을, 나라가 나라를 대적하여 전쟁이 일어나고 지진과 기근이 있으리라고 했다. 박해와 수난이 계속되나 성령이 너희를 이끌 것이며, 복음이 만국에 전파되어야 끝이 오리라고 했다.

"그 환난 후에 해가 어두워지며, 달이 빛을 내지 아니하며, 별들이 하늘에서 떨어지며, 하늘에 있는 권능들이 흔들릴 것이다. 그 때에 사람들이 인자가 구름을 타고 큰 권능과 영광으로 오는 것을 보게 된다. 또 인자가 천사들을 보내 자기가 택한 자들을 땅 끝으로부터 하늘 끝까지 사방에서 모을 것이다."

제자들이 아직 이해하지 못하고 있는 이 세대라는 말도 그 때 들었다.

"이 세대가 지나가기 전에 이 일이 다 이루어질 것이다."

그 두려운 예고는 예수의 간곡한 당부로 끝났다.

"그러므로 깨어 있기 바란다. 집 주인이 언제 올는지 혹 저물 때일는지, 밤중일는지, 닭 울 때일는지, 새벽일는지 너희가 알지 못하기 때문이다."

(3권에 계속)